Georges LIZERAND

CLÉMENT V

ET

PHILIPPE LE BEL

PARIS
LIBRAIRIE HACHETTE ET Cie
79, BOULEVARD SAINT-GERMAIN, 79
1911

3 fr. 50

CLÉMENT V ET PHILIPPE LE BEL

Du même Auteur à la même Librairie :

Clément V et Philippe IV Le Bel. Un volume
  in-8º, broché . . . .   10 fr.

Aetius. Un volume in-8º, broché . . . . .   3 fr.

Georges LIZERAND

CLÉMENT V
ET
PHILIPPE LE BEL

PARIS
LIBRAIRIE HACHETTE ET Cie
79, BOULEVARD SAINT-GERMAIN, 79
1911

AVERTISSEMENT

Nous avons publié, en décembre dernier, une thèse principale pour le doctorat ès-lettres intitulée : *Clément V et Philippe IV le Bel*. L'ouvrage destiné surtout aux érudits était précédé d'une introduction bibliographique, accompagné de références et de discussions et suivi de pièces justificatives. Le livre a été accueilli de telle sorte qu'il est, aujourd'hui, presque épuisé.

Nous ne croyons pas devoir, pour le moment, le rééditer intégralement. Mais nous avons pensé qu'il ne serait peut-être pas superflu d'en extraire un exposé narratif des relations du pape Clément avec le roi Philippe, en laissant de côté tout appareil d'érudition. Les lecteurs qui désireront vérifier nos assertions pourront toujours se reporter, pour en faire le contrôle, aux documents cités dans l'édition in-8º.

Il nous reste à souhaiter que ce petit livre trouve un accueil bienveillant auprès de ceux qui n'étudient pas spécialement l'histoire, mais veulent avoir « des clartés de tout. »

Vergigny, mars 1911.

CLÉMENT V

ET

PHILIPPE LE BEL

I

RETOUR SUR BENOIT XI

Pour expliquer les rapports que Clément V entretint avec Philippe le Bel, il est nécessaire de retourner un peu en arrière, parce qu'une bonne partie des négociations qui prennent place entre 1305 et 1314 a pour objet la liquidation d'affaires qui datent du temps de Boniface VIII.

Boniface avait eu la prétention d'appliquer de vieilles doctrines, favorables à l'absolutisme des papes, en un temps où le roi de France portait son pouvoir aux dernières limites. Il s'ensuivit deux conflits successifs entre les deux souverains qui n'avaient pas les mêmes moyens d'action : Philippe était obéi dans son royaume par les laïcs et les clercs ; Boniface, mal vu par une partie du clergé de France, mal soutenu par une partie des cardinaux, n'était pas même en sûreté à Rome.

Le premier conflit fut d'ordre financier ; le 24 février 1296, Boniface défendit aux princes de lever des subsides extraordinaires sur le clergé et au clergé d'en payer sans l'autorisation du saint-siège ; Philippe répondit en défendant de faire sortir de l'argent de son royaume. Boniface, ennuyé par les dommages probables que cette mesure allait causer à la cour de Rome, embarrassé par le conflit qu'il avait alors avec les Colonna, céda le 31 juillet 1297 et abandonna ses prétentions de l'année précédente. Il s'ensuivit une période de calme relatif qui dura jusqu'en 1301.

A cette date se produisit le second conflit, qui fut d'ordre judiciaire. Philippe avait fait arrêter l'évêque de Pamiers, qu'il accusait de faire de l'opposition à son gouvernement ; il le maintint en état d'arrestation et envoya une ambassade au pape pour réclamer sa punition. Mais, le 5 décembre, Boniface ordonna au roi de délivrer l'évêque et de donner main-levée de ses biens. Il profita de l'occasion pour revenir à ses procédés de 1296 ; il attaqua le gouvernement du roi et convoqua pour le 1er novembre 1302, à Rome, un concile qui devait examiner la conduite de Philippe. Ainsi, le dissentiment primitif se doublait d'un conflit très général entre le roi et le pape.

Philippe prit les devants ; le 10 avril 1302, il fit convoquer à Notre-Dame une assemblée de délégués des trois ordres et lui fit approuver sa conduite ; le clergé envoya une lettre au pape, la noblesse et le tiers-état écrivirent aux cardinaux ; leurs lettres étaient une condamnation de la conduite de Boniface, violente de la part des nobles et du commun, modérée, mais réelle, de la part du clergé. De plus, un concile se tint à Rome à la date fixée ; plusieurs prélats français y assistaient, malgré la défense de Philippe, à cause des menaces du pape. Mais les deux adversaires étaient d'abord allés si loin qu'ils s'étonnèrent de leur audace. Boniface, à Rome, proclama à nouveau, par la bulle *Unam sanctam*, la doctrine de l'autorité supérieure de l'Eglise et fit un article de foi de la soumission au souverain pontife ; mais il n'examina pas la conduite du roi ; il se contenta de lui faire présenter ses griefs en douze articles : si le roi donnait satisfaction, une entente pouvait se faire. Philippe consentit à s'expliquer, probablement parce qu'il avait subi un échec à Courtrai et que Pierre Flotte, qui jusqu'alors l'avait conseillé dans son conflit, était resté sur le champ de bataille.

Vers le début de 1303, un nouveau conseiller, Guillaume de Nogaret, prit en main la cause du roi. Le 12 mars, dans une assemblée tenue au Louvre, il accusa Boniface de toutes sortes de crimes et requit le roi de provoquer la réunion d'un concile qui jugerait le pape. On travailla l'opinion les 13 et 14 juin, dans deux nouvelles réunions tenues au Louvre, pour la préparer à ce qui allait s'ensuivre ; et, pendant ce temps, Nogaret, avec l'appui d'ennemis personnels de Boniface, arrivait à Anagni pour arrêter le pape et le ramener en France afin qu'on lui fît son procès. L'opération, menée avec rapidité, eut lieu le 7 septembre ; elle échoua, puisque le surlendemain Boniface fut délivré par les gens d'Anagni ; mais ce ne fut qu'un échec partiel, puisque Boniface mourut peu après, le 11 octobre.

Le jour de la mort de Boniface, Charles II, roi de Sicile, était entré dans Rome; c'est lui qui protégea le conclave et qui, peut-être, aida à son choix : il avait à sa disposition une suite armée et il désirait que le nouveau pape l'aidât dans ses entreprises hongroises. Après onze jours d'interrègne, le 22 octobre, le cardinal Nicolas Boccasini fut élu. C'était le fils d'un notaire de Trévise ; entré dans l'ordre des prêcheurs, il en était devenu en 1296 le général. Il était honnête, bon, pacifique, religieux, instruit. On ne sait pas bien ce qu'il pensait du conflit de Boniface avec Philippe. Il était certainement dévoué à son prédécesseur à qui il devait beaucoup. En 1297, il avait recommandé aux frères de son ordre d'obéir au pape alors attaqué. Boniface, en 1298, l'avait créé cardinal ; il l'avait chargé de travailler à rétablir la paix entre la France et l'Angleterre ; en 1301, il l'avait envoyé en mission en Hongrie ; le 7 septembre 1303, Nicolas fut un des trois prélats qui se tenaient à Anagni aux côtés du pape ; une fois élu, il prit le nom de Benoît XI, peut-être par reconnaissance pour son bienfaiteur qui portait ce prénom (Benoît Gaëtani). Toutefois le nouveau pape n'était pas de ceux qui avaient pris violemment parti pour les doctrines de Boniface ; son élection, soustraite à l'influence de Philippe, n'avait pas une signification anti-française ; ce qu'on disait de sa douceur naturelle explique l'accord rapide qui se fit sur son nom.

Benoît se trouva d'abord fort embarrassé. Les

troubles qui, à Rome, avaient suivi la mort de Boniface duraient encore ; ils ne s'apaisèrent pas, et ils devinrent même si violents qu'en 1304, dans la Semaine Sainte, Benoît quitta cette ville pour s'installer à Pérouse. Il y avait toujours deux factions dans le collège des cardinaux : les Bonifaciens, les amis de Philippe, et ces derniers étaient d'autant moins timides que Nogaret n'avait pas désarmé. Après l'affaire d'Anagni, il s'était retiré dans la petite ville de Ferentino ; auprès du capitaine de cette ville, Renaud de Supino, son complice, il était en sûreté ; il se conduisait comme s'il était le maître de la situation. Le 17 octobre, il donne des lettres de sauvegarde aux gens de Ferentino ; il leur promet au nom du roi de France tous les secours dont ils pourraient avoir besoin contre les gens d'Anagni ; il reproche à ceux-ci de l'avoir trahi et d'avoir traîné dans les rues la bannière et les armes du roi. D'ailleurs, il ne lâche pas sa proie ; la mort de Boniface, n'a pas, à son avis, interrompu le procès entamé contre lui, car ses crimes : hérésie, simonie, sodomie, sont imprescriptibles. Nogaret avait même la hardiesse de s'approcher de Rome, afin — comme il disait plus tard — de continuer la procédure commencée, de négocier avec Benoît et d'obtenir de lui la convocation d'un concile. Benoît essaya d'abord de gagner du temps ; il fit dire à Nogaret par l'évêque de Toulouse qu'il souhaitait la paix avec le roi et le pria de ne pas continuer sa route avant d'avoir reçu de nouveaux ordres de Philippe. Vers le même temps, le prieur Pierre de Paraï, envoyé par Philippe vers Boniface qu'il n'avait pu voir, exprima à Benoît le désir qu'avaient le roi et son peuple de voir se réunir un concile à Lyon ou ailleurs; on ne connaît pas la réponse que Benoît fit à cette communication.

Nogaret obéit, et, au début de 1304, il revint en France, dans le Midi, où le roi se trouvait alors pour enquêter sur les plaintes que soulevait l'inquisition. Il rendit compte de sa conduite; elle fut sans doute approuvée, car Philippe dans la première moitié de février ajouta cinq cents livres de rente aux trois cents qu'il lui avait données en mars 1303, en considération de ses utiles et fidèles services. Il semble pourtant qu'il y ait eu d'abord quelque flottement dans les conseils du roi. Un avis confidentiel, adressé par un anonyme à Philippe vers cette époque, décrit ainsi la situation : les prélats les plus illustres de l'église gallicane, tout ce que le clergé compte d'hommes fameux par leur science ou leurs vertus sont — allégation très exagérée — partisans de Boniface; la plupart n'attendent qu'un moment favorable pour se déclarer contre le roi; ils repoussent comme calomnieuses les accusations portées contre le pape; des princes, des hauts personnages, des amis du roi partagent cette opinion et trouvent que Philippe a chargé sa conscience d'un poids bien lourd. Le passé n'est pas seul à donner des inquiétudes; l'avenir se présente comme incertain et menaçant. Qu'il y ait dans ce mémoire l'exagération d'un homme qui désire se faire employer et se croit capable de trouver un remède au mal, cela est évident; pourtant, il est sûr que la situation était délicate. On voudrait savoir les paroles que le roi et son conseiller échangèrent en ce moment difficile; on connaît seulement le résultat de leurs entrevues : Nogaret fut approuvé par le roi et conserva la direction de l'affaire. Le 16 février, à Béziers, Philippe donna pleins pouvoirs à Béraud de Mercœur, Pierre de Belleperche, Guillaume de Plaisians, pour négocier avec n'importe qui en ce qui concernait cette affaire et pour suspendre, à leur volonté, l'interdiction d'exporter de l'argent hors du royaume, qu'il avait promulguée autrefois pour nuire à Boniface. Le 22 février, à Nîmes, le roi chargeait les mêmes personnes, non pas de demander son absolution, mais seulement de la recevoir au cas où il serait tombé sous le coup de l'excommunication. Le même jour, il donnait mission à ces trois ambassadeurs et à Guillaume de Nogaret de féliciter le pape pour son avènement et de négocier avec lui, en tenant compte de l'honneur de la couronne et des libertés de l'église gallicane. Toutes ces mesures avaient été proposées par Nogaret.

Mais, en cinq mois, Benoît avait eu le temps de se remettre. Il imagina de séparer la cause du roi de celle de Nogaret et, en se conciliant le premier, d'accabler le second. Le 25 mars, il délia Philippe de toutes les sentences qu'il pouvait avoir encourues. Le 2 avril, il lui donnait avis de cette grâce sous une forme assez protectrice : il se comparait au bon pasteur qui court après la brebis égarée et la rapporte sur ses épaules; il l'engageait à prêter une oreille bienveillante à ses paternels avis et à rester un fils fidèle de l'Eglise. Peu après, il replaça le roi et son royaume dans la situation qu'ils occupaient avant le conflit, par une série de décisions bienveillantes : abolition des mesures prises contre les universités de France, contre les droits du roi et des églises de France, concession au roi d'un décime de deux ans et des annates pendant une période de trois ans, absolution de ceux qui n'étaient pas venus au concile de Rome en 1302, retrait de l'interdit jeté snr Lyon et Pamiers, de l'anathème prononcé contre Pierre Flotte, absolution des cardinaux Jacques et Pierre Colonna et des envoyés du roi.

Ce qui rendait Benoît si conciliant, c'était le cas de Boniface, et, lié à celui-ci, le cas de Nogaret. En 1303, le 1er juillet, Philippe avait chargé Guillaume de Chatenai et Hugues de la Celle d'aller demander aux cardinaux la convocation d'un concile. A cause des évènements d'Anagni et de leurs suites, ces envoyés ne purent accomplir leur mission qu'au printemps de 1304; à leur requête, Benoît répondit qu'il communiquerait leur demande au consistoire et qu'il aurait avec les cardinaux une délibération. Ceux-ci, interrogés par les deux ambassadeurs français, se partagèrent : six acceptèrent un concile, huit déclarèrent s'en remettre au pape. Benoît restait donc maître de la situation. En donnant satisfaction au roi sur tous les autres points, il espérait pouvoir enterrer la question du concile ; il espérait se débarrasser de Nogaret et ruiner par avance ses récriminations en entamant une poursuite contre lui. Quand Nogaret arriva avec ses trois collègues, Benoît refusa de le recevoir; Nogaret avait demandé son absolution à cautèle : le pape la lui refusa ; il l'excepta nommément de l'absolution générale qu'il accorda le 13 mai. Puis, le 8 juin, il prit contre lui l'offensive par la bulle *Flagitiosum scelus*. Il s'indignait — assez tard — contre l'acte d'Anagni, « crime monstrueux que des hommes scélérats ont commis contre la personne du pape Boniface, de bonne mémoire... Lèse-majesté, crime d'Etat, sacrilège, violation de la loi Julia « de vi publica », de la loi Cornelia sur les sicaires, séquestration de personnes, rapines, vol, félonie, tous les crimes à la fois !... O forfait inouï !... O malheureuse Anagni qui a souffert que de telles choses s'accomplissent dans tes murs ! Que la rosée et la pluie tombent sur les montagnes qui t'environnent, mais qu'elles passent sur ta colline maudite sans l'arroser !... Et il citait Nogaret, Sciarra Colonna, Renaud de Supino et d'autres à comparaître à Pérouse, le 29 juin, pour entendre le jugement qui interviendrait.

Nogaret courut un grand danger. La condamnation du pape n'était pas en soi très grave ; mais son effet possible en France l'était. Nogaret avait des ennemis ; à eux se joignaient des gens mal informés pour le diffamer auprès du roi à l'occasion de l'attentat d'Anagni. Quand Louis de Nevers en 1313 parlait du sacrilège Nogaret, fils d'hérétique, il ne faisait que répéter ce qu'on disait déjà, dix ans avant. Il y avait des gens graves qui pensaient qu'on était allé trop loin dans la lutte et qu'il valait mieux s'entendre avec le pape, — sans doute sur le dos de Nogaret. Ainsi, Philippe avait entamé la lutte avec Boniface ; au fort du combat, Nogaret était intervenu et avait porté tout le poids de l'affaire ; Philippe était maintenant hors de danger, mais la sûreté de Nogaret n'était plus garantie que par la fidélité du roi. Philippe ne paraît pas avoir songé à abandonner son conseiller, comme le donne à croire l'assignation qu'il fit en 1304 des rentes qu'il lui avait données : les trois cents livres sur Marsillargues et environs, les cinq cents livres sur Calvisson et environs. Dès lors, c'était une nouvelle lutte qui se préparait. Nogaret était résolu : « Si (ce qu'à Dieu ne plaise), écrivait-il plus tard, Benoît eût donné suite au procès, il se fût constitué fauteur d'hérésie, et, s'il eût vécu davantage, j'aurais poursuivi devant lui le redressement des injustices que (sauf son respect) il avait commises contre nous. » De son côté, Benoît paraissait inébranlable ; il se disposait à condamner les accusés avant qu'ils eussent eu le temps de se défendre. Nogaret a décrit lui-même, d'une façon dramatique et peut-être exagérée, ces préparatifs : « Tout était prêt, dit-il ; la sentence allait être prononcée contre moi ; le pape avait fait dresser sur la place, devant son hôtel, un échafaud tendu de drap d'or... » Un miracle, comme il disait, se produisit le 7 juillet, jour où Benoît mourut pour avoir trop mangé de figues fraîches. Nogaret était sauvé ; il avait provisoirement les mains libres, car l'excommunication n'avait pas été formellement prononcée contre lui.

Le règne de Benoît XI comportait donc des leçons ; il y avait un groupe de personnes qui désiraient fortement que son successeur ne lui ressemblât pas : en première ligne, Nogaret, qui ne voulait pas se trouver dans l'alternative d'être abandonné par Philippe ou d'être obligé de l'entraîner dans une nouvelle lutte avec le nouveau pape; en second lieu, les Colonna, qui, réintégrés partiellement dans leurs biens, mais non dans leurs dignités, voulaient une réparation complète et tremblaient d'impatience; à ces mécontents, il faut joindre un groupe franciscain qui tenait pour la légitimité de Célestin et qui, dans Benoît, n'avait pas aimé le prêcheur, partial pour son ordre. Ce sont ces haines et ces espérances qui donnent au conclave de 1304-1305 un intérêt exceptionnel.

II

L'ÉLECTION DE CLÉMENT V

Les cardinaux entrèrent en conclave dans le palais pontifical de Pérouse, le 18 juillet 1304, dix jours après la mort de Benoît, conformément au décret de Grégoire X. La police du conclave fut exercée par les Pérugins; elle ne fut pas extrêmement sévère, puisque des cardinaux réussirent à se procurer par ruse des aliments; mais elle fut assez vigilante à l'égard des étrangers, puisque, l'année suivante, des ambassadeurs français furent arrêtés et sommés d'expliquer leur présence dans la ville. On peut donc dire qu'au point de vue matériel, le conclave fut libre.

Le collège des cardinaux comprenait alors dix-neuf membres, dont un anglais, Gauthier Winterburn, un espagnol, Pierre, évêque de Sabine, deux français, Jean Le Moine et Robert, cardinal prêtre du titre de Sainte-Potentienne, quinze italiens. Trois de ces cardinaux avaient été créés par les papes Urbain IV, Honorius IV, Nicolas IV, quatre par Célestin V, dix par Boniface VIII, deux seulement par Benoît XI. Quinze d'entre eux restèrent enfermés jusqu'à la proclamation de l'élu; presque tous étaient des Italiens et parmi eux il y avait une majorité de Bonifaciens. Il semblait donc difficile d'admettre que l'élu pût être un Français et de plus un homme favorable à Philippe le Bel.

C'est pourtant ce qui arriva par suite des dissensions du conclave. La lutte n'était pas seulement entre les Orsini et les partisans des Colonna; elle était aussi entre deux politiques : il y avait un parti français et un parti bonifacien. Cette division nous est assez bien connue, parce qu'au temps de Benoît XI, Philippe avait fait consulter les cardinaux sur la nécessité d'un concile par ses deux ambassadeurs : Guillaume de Chatenai et Hugues de La Celle. Ceux-ci rencontrèrent les cardinaux à Rome en avril 1304 et, en mai, à Viterbe et à Pérouse; ils n'exceptèrent de leur enquête que le cardinal Nicolas de Prato, qui était à Florence, et le cardinal François Gaëtani, neveu de Boniface, dont ils connaissaient suffisamment l'opinion et dont ils pouvaient redouter l'accueil. Les autres cardinaux reçurent poliment les deux ambassadeurs et témoignèrent de leur bienveillance pour le roi. Mais neuf d'entre eux refusèrent de parler en faveur de la convocation d'un concile et déclarèrent s'en rapporter en cette affaire au pape lui-même, ce qui était une fin de non-recevoir; c'étaient : Mathieu Rosso Orsini, Léonard Patrassi, évêque d'Albano, Pierre l'Espagnol, évêque de Sabine, Théodoric Rainieri, frère Jean Minio, évêque de Porto, François Orsini, Richard Petroni, Gentile, Jacques Stefaneschi. A l'exception de Mathieu Orsini, ces cardinaux avaient été créés par Boniface. Si l'on défalque de ce groupe Richard Petroni et le même Mathieu qui sortirent du conclave avant le vote final, et si l'on y ajoute François Gaëtani dont l'opinion n'était pas douteuse, on voit que les Bonifaciens pouvaient compter sur huit voix. A eux se joignit plus tard Lucas Fieschi (1). Le chef incontesté de ce groupe fut au début Mathieu Orsini, en même temps doyen du sacré-collège. Quand la maladie — circonstance favorable à Philippe — l'obligea à sortir du conclave, il fut remplacé par deux parents de Boniface, Léonard Patrassi et François Gaëtani, qui, dans la journée d'Anagni, n'avait sauvé sa vie qu'en s'enfuyant; on peut leur adjoindre Jacques Stefaneschi, qui prit en main plus tard avec zèle la défense de Boniface et qui ne se rallia à Bertrand de Got qu'au dernier moment.

Par contre, la convocation d'un concile fut acceptée par Jean Boccamatti, Guillaume de Longhi, Jean Le Moine, Landulphe Brancaccio, Napoléon Orsini, Robert et Lucas Fieschi. Parmi ces cardinaux étaient deux Français; tous, à l'exception du dernier, avaient été promus par les prédécesseurs ou le successeur de Boniface. En défalquant de ce groupe Jean, évêque de Tusculum, qui ne prit pas part au conclave, on voit que les adversaires des Bonifaciens, qui étaient en même temps les amis de Philippe, disposaient de six voix; car, si Lucas

---

(1) Un rapport au roi d'Aragon fixe d'une façon un peu différente la composition du parti bonifacien qui comprendrait au début du conclave : Mathieu Orsini, Théodoric, Léonard, Pierre d'Espagne, François Orsini, Jacques Gaëtani, Lucas Fieschi, François Gaëtani.

Fieschi se rallia au groupe bonifacien, sa défection fut compensée par l'accession de Nicolas de Prato (1). L'homme le plus influent de ce parti était Napoléon Orsini, cardinal depuis dix-sept ans. C'était un ennemi déterminé de Boniface, contre la mémoire de qui nous le verrons plus tard recruter des témoins ; depuis 1303 il recevait de Philippe une pension annuelle de mille florins et il ne fut peut-être pas étranger aux événements d'Anagni ; il fut en 1304 à la tête du parti anti-bonifacien, de même qu'en 1314 il fut à la tête du parti anti-gascon. A côté de lui, on place d'ordinaire sur le témoignage de Villani le cardinal Nicolas de Prato. Ce dominicain était tenu en grande estime par Benoît XI qui le créa cardinal et le chargea de pacifier Florence. C'était un gibelin ; Villani, gibelin comme lui, en a fait le personnage le plus éminent du conclave et l'un des plus influents du pontificat de Clément V. Mais, si on laisse de côté le récit de Villani qui est peu sûr dans l'ensemble, on ne trouve presqu'aucune trace de l'activité du cardinal Nicolas. On accorderait volontiers plus d'importance à Landulphe Brancaccio, ennemi de Boniface, car c'est presque toujours à lui et à Napoléon Orsini que Clément, au début de son pontificat, commet la remise du pallium, comme s'il voulait par là reconnaître et payer un service rendu.

On voit maintenant pourquoi le conclave dura si

(1) Le rapport précité donne la composition suivante : Napoléon Orsini, Jean Boccamattia, Jean de Mora (Minio), Nicolas de Prato, Jean Le Moine, Robert, Landulphe, Guillaume de Pergamo, Richard de Sienne.

longtemps ; les partis étaient trop tranchés pour qu'il fût possible d'élire un cardinal ; un tel choix avait une signification très nette : c'était l'approbation ou la condamnation de Boniface, et, pratiquement, cela conduisait à de sérieuses conséquences, comme le disait Nogaret.

Celui-ci, au temps de Benoît, s'était retiré en France, car il ne se sentait pas en sûreté en Italie ; de Paris, en toute tranquillité, il prit position contre les Bonifaciens dans une foule de mémoires et de déclarations dont l'écho, sans doute, fut porté jusqu'à Pérouse. Le 7 septembre, jour anniversaire d'Anagni, il fait enregistrer devant l'official de l'église de Paris une apologie de sa conduite. Il commence par déclarer que s'il demande l'absolution à cautèle, c'est pour la tranquilité de sa conscience, et non parce qu'il se croit excommunié. Il énumère ensuite les crimes commis par Boniface, raconte comment il a procédé contre le pape et dit incidemment qu'après avoir continué son œuvre vertueuse contre Boniface jusqu'à la mort de ce dernier, il est prêt a poursuivre sa mémoire sans rémission. Le 12 septembre, dans un mémoire enregistré devant le même juge, il se montre plus hardi, peut-être, comme le suppose Renan, parce que de mauvais bruits étaient venus d'Italie. Il voit que plusieurs ecclésiastiques, quelques-uns « assistants » du saint-siège, ont approuvé les crimes de Boniface et les approuvent encore, mais sans excuse maintenant, puisque la tyrannie du pape défunt n'est plus à redouter. Comme il craint que les Bonifaciens ne soient aussi pernicieux à l'Eglise que leur chef lui-même, Nogaret en appelle au concile et au pape futur, de peur que les cardinaux de Boniface n'élisent un de ses complices, ou bien n'aient, au conclave, des rapports avec les excommuniés.... Il ne nomme pas pour le moment ces hommes pervers que leurs déportements désignent assez ; mais il est navré quand il voit les fils de la sainte Eglise romaine faire jouer ainsi à cette mère toujours chaste le rôle d'une courtisane. De même qu'il s'est élevé contre Boniface, il s'élèvera contre ses partisans, car il s'est donné pour mission de s'opposer comme un mur à ceux qui veulent outrager l'Eglise et la violer à la face des nations. Le même jour, dans un autre mémoire enregistré aussi devant l'official, il écrit cette phrase qui, dirigée contre Boniface, pouvait aussi s'appliquer au futur pape : « Si quelque Antéchrist envahit le saint-siège, il faut lui résister ; l'Eglise n'est pas offensée par une telle résistance ; si l'ordre ne peut être rétabli sans la force, il ne faut pas se désister de son droit ; si, pour la cause du droit, il se commet des violences, on n'en est pas responsable. » Il faut retenir de ces déclarations tumultueuses qu'il y avait danger pour un Bonifacien d'être élu, car, alors, un nouveau conflit avec le roi de France était presque assuré ; il y avait aussi danger pour les cardinaux d'en élire un, car Nogaret pouvait englober ces électeurs dans l'attaque qu'il méditait contre l'élu.

Les dissentiments des cardinaux et les menaces françaises firent donc durer le conclave, d'autant plus que les règles édictées pour les élections pontificales ne furent pas strictement respectées. Le règlement, très sévère, donnait la surveillance du conclave aux magistrats municipaux ; il interdisait de communiquer avec le dehors et ordonnait de rationner les cardinaux au bout d'un certain temps. Les membres du sacré-collège avaient sollicité des magistrats de Pérouse un adoucissement à cette discipline sévère ; ils voulaient qu'on leur permît de garder les serviteurs dont ils pouvaient avoir besoin, de s'isoler les uns des autres par des tentures, de recevoir un plat avec le pain, le vin et l'eau dont ils devaient se contenter à partir du neuvième jour. Ils offrirent aux magistrats de les faire absoudre par le futur pape pour l'atteinte qu'ils auraient portée au règlement de Grégoire X. On ne connaît pas la réponse des Pérugins, mais on voit qu'au début du conclave ils ne se montrèrent pas sévères : des cardinaux, à l'aide de menaces ou de cadeaux, se procurent des vivres ; plus tard, à l'approche de l'hiver, ils obtiennent des tentures afin de s'isoler, du bois, de la paille.

Il ne reste que quelques traces des vives discussions qui eurent lieu dans le conclave, alors que dans Pérouse, où la vie était hors de prix, les maladies nombreuses, la population surexcitée attendait un résultat. Dès le début, Napoléon Orsini proposa que les cardinaux d'un des partis choisissent un pape dans l'autre ; les noms de Jean de Minio et de Nicolas de Prato furent alors prononcés ; mais Mathieu Orsini refusa. Comprenant alors qu'un accord sur le nom d'un cardinal était impossible, Napoléon proposa jusqu'à huit candidats choisis en dehors du Sacré-

Collège ; mais Mathieu Rosso et les siens n'en voulurent pas ; l'un des Bonifaciens, par dérision, proposa même le nom de son cuisinier. Ces discussions stériles menèrent jusqu'à l'automne sans qu'une issue favorable apparût prochaine. Les deux partis envoyèrent le patriarche de Jérusalem à Charles II, roi de Naples, afin qu'il vînt les départager. Puis des défections se produisirent : Jean Le Moine, du parti français, sortit du conclave parce qu'il avait mal à la jambe ; Richard de Sienne et Mathieu Orsini, malades, firent de même ; mais, bien qu'ils fussent dehors, ils se faisaient renseigner sur ce qui se passait dans le conclave. Toutefois, le départ de Mathieu, en privant le parti bonifacien de son chef, donna de grands avantages au parti français. Il reste à chercher maintenant comment Napoléon Orsini en vint à présenter Bertrand de Got d'une façon sérieuse et comment il parvint à le faire accepter.

Coïncidence malheureuse ! Cette élection, qui devait marquer le début d'une nouvelle période dans l'histoire de la papauté, a été à peine remarquée par les contemporains, à l'exception de Villani ; avec le procès-verbal officiel et sommaire rédigé par le conclave, quelques détails semés dans les relations d'envoyés du roi d'Aragon, le seul témoignage important qui nous reste est une lettre du cardinal Napoléon Orsini à Philippe le Bel, qui, par malheur, est fort obscure.

La plupart des écrivains du temps mentionnent l'élection sans chercher à l'expliquer, ou bien l'expliquent en relatant simplement les dissensions du conclave. Quelques-uns, en petit nombre, parlent d'une influence de Philippe ou de ses amis : Ferretus de Vicence dit que Pierre Colonna a corrompu plusieurs cardinaux ; Dino Compagni, que Bertrand de Got fut élu grâce au roi, au cardinal de Prato, aux Colonna ; Pepin et la chronique d'Asti croient aussi à une intervention du roi ; ces explications moyennes, logiques et vagues ont été acceptées par la plupart des historiens modernes. Seul parmi les chroniqueurs anciens, Villani donne des détails sur le rôle du roi et raconte une entrevue qu'il aurait eue, antérieurement à l'élection, avec Bertrand de Got. La version de l'écrivain florentin, ennemi de Clément V et des Français, a eu une grande fortune. Elle a été acceptée par beaucoup d'historiens, surtout par des gallicans, car elle était une explication commode de certains actes du pape et elle donnait une haute idée du pouvoir du roi de France.

Il n'y a pas à faire état du premier groupe de témoignages, non plus que du second ; il ne reste à examiner que deux explications : l'entrevue et des pourparlers avant l'élection. Villani raconte l'entrevue à peu près comme il suit : comme au bout de neuf mois l'entente était impossible dans le conclave, le cardinal de Prato, du parti français, proposa au cardinal François Gaëtani, du parti bonifacien, un compromis qui fut accepté ; les Bonifaciens présentèrent trois candidats, parmi lesquels les cardinaux favorables à la France devaient choisir le pape ; ils désignèrent l'archevêque de Bordeaux, Bertrand de Got. Philippe, aussitôt informé, assigna une entrevue à Bertrand

et le rencontra six jours après, aux environs de
Saint-Jean-d'Angeli, dans une abbaye située au
milieu d'une forêt. Il lui promit alors de le faire
élire pape ; en revanche, Bertrand s'engagea à lui
accorder, une fois élu, six grâces, et, comme grage
de sa parole, livra son frère et ses deux neveux ;
cinq des grâces furent énoncées de suite par le roi
qui, se réservant de faire connaître la sixième plus
tard, revint à Paris et écrivit au cardinal de Prato
de faire élire Bertrand. Le récit de Villani, dont la
précision chronologique est suspecte, n'est confirmé
par aucun autre témoignage. Il comporte de nombreuses inexactitudes : ainsi, Villani fait réclamer
par le roi des grâces qui lui étaient déjà accordées,
telles que sa réconciliation avec l'Eglise et le retrait
de l'excommunication prononcée par Boniface
contre lui et ses officiers ; il attribue au cardinal
de Prato une influence que celui-ci n'eut jamais ; il
laisse supposer que Bertrand eut l'unanimité des
voix du conclave, alors qu'il n'en obtint d'abord
que dix, et qu'ensuite il fut élu par accession de la
minorité, preuve suffisante que les dissentiments
des cardinaux avaient duré jusqu'au dernier
moment. Surtout, il se heurte, comme l'a montré
Rabanis, à une difficulté invincible: en tenant
compte des données chronologiques fournies par
Villani, l'entrevue devrait prendre place entre le
17 et le 20 mai 1305 ; or, un ancien itinéraire de
Bertrand de Got qui, en ce moment, visitait sa province, montre qu'entre le 17 et le 20, l'archevêque
était aux environs de la Roche-sur-Yon, à quatre-vingts kilomètres au moins de Saint-Jean-d'Angeli ;

d'autre part, les itinéraires que l'on a dressés pour les déplacements de Philippe le Bel nous apprennent que, le 19 mai, le roi était à Poissi et que, pendant tout ce mois, il n'a pas quitté les environs de Paris. L'entrevue rapportée par Villani n'a donc pu avoir lieu ; il faut donc voir dans son récit — qui n'est pas imaginé de toutes pièces, comme on verra plus loin — le reflet de l'opinion d'un Italien ennemi de Clément et de la France, froissé par la soumission que le pape a témoignée au roi ; le chroniqueur explique cette attitude par des engagements antérieurs à l'élection, et, pour les rendre plus dramatiques, il les représente comme secrets, dans un décor mystérieux.

Mais, s'il n'y a pas eu d'entrevue entre le roi et l'archevêque, il se pourrait qu'il y ait eu des négociations entre eux; cela résulte, comme on dit généralement, de la comparaison que l'on peut établir entre l'attitude réservée et même hostile de l'archevêque et la bienveillance exagérée du pape. On aura l'occasion de voir avec quelque détail ce que fut la conduite de Clément V; voyons maintenant ce que fut celle de Bertrand de Got.

Bertrand naquit à Villandraut; il était le troisième fils de Béraud de Got, seigneur de Villandraut, de Grayan, de Livran et d'Uzeste, qui eut une nombreuse famille, onze enfants dont sept filles. Les de Got n'étaient pas entièrement dénués de ressources; mais contrairement à ce qu'on a dit, ils n'étaient pas très riches. Bertrand fut élevé dans le diocèse d'Agen, aux Deffends, maison de l'ordre de Grandmont, dont il paraît avoir garder un bon souvenir et dont il s'occupa pendant son pontificat. C'est alors qu'il se lia avec divers ecclésiastiques, dont plusieurs étaient ses parents, et qu'il créa plus tard cardinaux : Arnaud de Pellegrue, Arnaud de Canteloup, Bertrand de Bordes, Arnaud d'Auch.

Ensuite, il étudia le droit canon et le droit civil aux écoles d'Orléans et à l'université de Bologne. Il semble que ses études aient été sérieuses, car le cardinal Jacques Stefaneschi, qui pourtant ne lui était pas très favorable, a dit plus tard que les Pères du conclave le choisirent à cause de son expérience et aussi à cause de sa science juridique; le goût des études juridiques lui resta toujours, comme en témoigne le soin avec lequel, à la fin de sa vie, il fit compiler un septième livre de décrétales. Il ne perdit pas le souvenir de ses années d'études; il distribua plus tard des bénéfices à des docteurs qu'il avait connus à Orléans; de l'un, qui peut-être avait été son maître, Pierre de La Chapelle, il fit un cardinal; il transforma les écoles de cette ville en université et leur accorda de si grands privilèges que, sur les plaintes des habitants, Philippe les réduisit plus tard; il parlait aussi volontiers du temps où, suivant le témoignage du cardinal Guillaume Ruffat, il avait puisé à la source de la science à Bologne; il octroya de grands privilèges à cette dernière ville et protégea son université.

Sa carrière ecclésiastique, sans avoir été très remarquable jusqu'au règne de Boniface, fut pourtant assez rapide, à cause sans doute de la protection que lui accordèrent son oncle, l'évêque d'Agen, et son frère, l'archevêque de Lyon. C'est dans l'église de Bordeaux qu'il commença cette carrière ; ensuite, à vingt et un ans, il fut chanoine de Saint-Caprais à Agen ; il obtint aussi un canonicat avec une prébende et une prévôté dans l'église de Tours. Vers cette époque, il entra au service du roi d'Angleterre et se chargea de suivre quelques-unes de ses affaires en cour de Parlement auprès de Philippe ; s'il faut l'en croire, il était fort dévoué à Edouard, à la disposition de qui il mettait sa personne à perpétuité ; mais il était alors assez gêné, et, vers 1279, il demandait de Paris au roi de lui accorder un bon bénéfice qui lui avait été promis. Il devint le vicaire général de son frère Béraud, archevêque de Lyon, et il obtint de lui un canonicat dans cette ville. A partir de ce moment, son avancement devint plus rapide. Célestin V créa son frère cardinal-évêque d'Albano en 1294, et, sans doute sur la recommandation du nouveau cardinal, Bertrand devint chapelain du pape. En cette même année, au mois d'octobre, il alla en Angleterre pour travailler au rétablissement de la paix récemment rompue entre Edouard et Philippe ; Bertrand avait été choisi avec intention, sans doute, car un anonyme qui le rencontre alors à Lichfield écrit à Edouard : « Honorez maître Bertrand, car il vous aime. » Le successeur de Célestin, Boniface, chargea de la négociation de paix Béraud, évêque d'Albano, son frère, et Simon, évêque de Palestrina, et Bertrand revint en Italie, porteur de lettres du roi à plusieurs cardinaux. Le pape le récompensa en lui donnant l'évêché de Comminges ; Clément a parlé plus tard avec un apparent amour de cette église, sa fille chérie; c'était pourtant une fille peu généreuse, et le nouvel évêque paraît avoir mené d'abord à Saint-Bertrand une vie assez difficile, dans un évêché très pauvre qui dut donner beaucoup pour la guerre de Flandre; nous savons en effet qu'il fut obligé de contracter un emprunt de cent livres pour l'expédition des affaires de cette église et que cette dette n'était pas encore remboursée en 1305. Quatre ans plus tard, il fut nommé à Bordeaux : le siège était vacant depuis 1296; le chapitre avait élu, en avril 1297, Boson de Salignac qui n'avait pas été institué; en 1299, Boniface, « motu proprio », transféra Bertrand à Bordeaux et nomma Boson en Comminges.

C. Wenck pense que le transfert de Bertrand fut opéré par Boniface pour aider au rétablissement de la paix entre Édouard et Philippe. La guerre avait commencé en 1294, quand Philippe avait mis la main sur la Gascogne; à la demande de Boniface, une trêve avait été conclue en 1298 pour préparer une paix définitive; mais, comme les négociations avançaient très lentement, on fut obligé de renouveler cette trêve chaque année; l'homme qui avait servi si longtemps Édouard et qui était déjà en relations avec Philippe était désigné pour le siège de Bordeaux. Il se peut qu'en nommant Bertrand à Bordeaux, Boniface ait songé aux services diplomatiques que le nouveau prélat pouvait rendre; mais alors, on a le droit de s'étonner que la nomination fût si tardive puisque les négociations avaient commencé avant que Bertrand n'allât en Comminges, que le siège de Bordeaux était vacant depuis trois ans, et que d'ailleurs, jusqu'en 1305, il est impossible de constater une intervention de Bertrand dans les négociations. Il est bien plus probable, au contraire, qu'il ne faut voir dans ce transfert qu'une marque de bienveillance du pape qui ne voulut pas pourtant nommer de suite à un poste élevé un évêque de la veille. A Bordeaux, Clément était presque chez lui, à proximité des domaines de sa famille; cette considération peut expliquer la mesure de Boniface, si l'on tient compte de l'amour passionné que Bertrand éprouvait pour son pays gascon. La situation de Bertrand ne fut pas d'abord très enviable; après que la Gascogne eût été rendue à Edouard en 1303 par Philippe, la paix fut en fait assurée; mais les ressources de l'archevêché avaient été réduites pendant la guerre et la vacance du siège. Aussi, le 26 mai 1301, Bertrand sollicita et obtint de l'abbaye de Sainte-Croix un secours temporaire; il témoigna en 1305 sa reconnaissance à l'abbé dont il fit un cardinal. Vers le même temps, il entra en lutte avec l'archevêque de Bourges, Gilles Colonna; il y avait depuis longtemps conflit entre les deux métropoles qui prétendaient l'une et l'autre à la primatie d'Aquitaine. En 1231, Grégoire IX s'était prononcé en faveur de Bourges, dont la primatie avait été reconnue en 1284 par Gauthier, évêque de Poitiers. Bertrand, pourtant, prit le titre de primat; alors Gilles Colonna l'excommunia et chargea Gauthier de Poitiers de publier cette sentence. Bertrand, devenu pape, se vengea; il délivra Bordeaux de la suprématie de Bourges, ruina Gilles par le séjour qu'il fit à

Bourges et déposa Gauthier qu'il renvoya dans un cloître de mineurs. Ainsi apparaissent deux traits typiques du caractère de Clément : sa reconnaissance pour les services rendus et la rancune vivace qu'il gardait à ceux qui l'avaient personnellement insulté.

C'est ici qu'il convient d'examiner les rapports qu'il eut avec Philippe le Bel. On a généralement cru qu'ils furent assez tendus jusqu'à l'élection et qu'un évènement a dû prendre place avant le mois de juin 1305, pour que l'appui du roi lui fût ensuite acquis. Ce n'est pas tout à fait ce que montre l'examen des faits. Les relations des deux personnages sont anciennes, puisque Bertrand, au début de sa carrière, s'employa à la cour du roi pour l'expédition des affaires d'Edouard Ier. Quand il fut évêque de Comminges, les rapports ne furent pas mauvais ; Bertrand paya régulièrement les décimes qui lui furent réclamées par Philippe. Après son transfert à Bordeaux, de nombreux actes de la chancellerie royale nous permettent de préciser les rapports du roi et de l'archevêque. Le 3 mars 1300, Philippe défend à ses baillis et sénéchaux de saisir les revenus de l'archevêque sans un ordre formel de sa part et révoque toutes les ordonnances par lesquelles ils avaient entrepris d'interdire aux justiciables l'accès aux tribunaux ecclésiastiques. En exécution de cette décision, des mandements particuliers furent envoyés aux officiers royaux pour l'exécution de cet ordre : le premier défend aux sergents de procéder à des arrestations dans les cimetières, églises et autres lieux saints ; le second ordonne aux sénéchaux de Périgord et de Gascogne d'empêcher les sergents d'exercer leur charge dans les terres et seigneuries de l'archevêque; le troisième ordonne au sénéchal de Gascogne de ne pas laisser les officiers du roi saisir ses fiefs et arrière-fiefs; le quatrième défend au même sénéchal de laisser ses sergents résider dans les lieux sacrés, les monastères, contre la coutume et le droit ancien; le dernier lui défend de contraindre les religieux à ester par-devant lui pour des actions personnelles et réelles et de leur dénier leur renvoi devant leurs propres juges. La même année, au mois d'août, le roi accorde à Bertrand de nouvelles lettres. Il permet la libre publication et exécution des monitoires de l'archevêque; il reconnaît sa juridiction exclusive sur les lépreux et autres personnes misérables du diocèse; il ordonne au sénéchal de procéder à la liquidation des droits que le prélat doit recevoir, aux termes d'un concordat de 1277, à titre de péages, coutumes, aumônes, le tout en tenant compte des arrérages. Des décisions analogues suivent en 1301; en cette année, ordre est donné au sénéchal de maintenir l'archevêque dans la haute, moyenne et basse justice des châtellenies de Coutures et Loutranges en Bazadais; le sénéchal de Guyenne révoque à Saint-Emilion les défenses et peines portées contre les laïcs comparants en cour d'église, ces peines et défenses ne devant s'appliquer ni au tribunal de l'officialité de Bordeaux, ni à ceux des archiprêtres du diocèse. En 1302, ordre est donné au sénéchal de Périgord de rétablir au temporel l'archevêque dans la justice de l'abbaye de Guîtres, les officiers du roi ayant mis cette justice sous séquestre sous le prétexte qu'il y avait des différents entre l'archevêque et le vicomte de Fronsac. En 1304, le 28 avril, après la restitution de la Gascogne et de la Guyenne, deux mois avant l'ouverture du conclave, Philippe défend à ses sénéchaux de connaître des appels des sentences des juges de l'archevêque avant que ceux-ci les eussent examinés. Que faut-il conclure de tous ces documents ? Ils montrent que l'archevêque de Bordeaux s'est trouvé dans une situation analogue à celle de beaucoup de prélats. Les officiers du roi, entraînés par une sorte de courant irrésistible dans le sens laïc, empiétaient continuellement sur la juridiction ecclésiastique ; mais la répétition des mêmes défenses ne prouve pas que le roi était hostile à l'archevêque, car ces empiétements ont eu lieu aussi aux dépens d'autres prélats qui n'étaient pas en mauvaises relations avec le roi, ou même étaient ses amis, comme Guillaume le Maire d'Angers, Gilles Aicelin de Narbonne, Guillaume Durant le jeune de Mende. On doit croire que Bertrand avait du crédit à la Cour, et il est difficile de penser que ce fût sans raison.

Sans doute, on désirait vivre en bons termes avec Bertrand, et on croyait pouvoir compter sur lui. Il était bon que Philippe eût en pays anglais, dans cette Guyenne qu'il venait de restituer à Edouard un homme sur qui on pût faire fond. La famille de Got, d'ailleurs, n'était pas hostile au roi de France ; un des frères de Bertrand, Arnaud Garsias, seigneur de Coutures et d'Allemans en Agenais, avait servi pendant la guerre franco-anglaise comme écuyer banneret sous les ordres du comte de Saint-Pol; il reçut plus tard de Philippe les vicomtés de Lomagne et d'Auvillars, et il eut une forte influence sur Clément; or, Philippe appréciait sa conduite comme il suit, dans un éloge qui ne fait pas seulement allusion à des services récents, postérieurs à 1305 : « Considérant le bon portement, la grande loyauté et la ferme constance que nous avons trouvés en A. G. de Got et en Bertrand, fils du susdit chevalier, et en ceux de leur lignaige... » Il y a donc de l'exagération à dire, avec Renan, que Bertrand de Got était mal avec Philippe, parce que, dans la guerre de Guyenne, Charles de Valois avait ravagé les terres de sa famille.

Nous arrivons maintenant à un point plus délicat : l'attitude de Bertrand pendant le conflit de Philippe et de Boniface. En cette affaire, la conduite de l'archevêque fut indécise. Quand Philippe l'appela à la réunion de 1302 à Paris, Bertrand se présenta; mais il protesta parce que les archevêques de Bordeaux, en vertu d'un vieux privilège, ne devaient au roi de France ni hommage, ni fidélité ; toutefois, sa protestation reçue, il souscrivit la lettre que le clergé français adressa au pape et qui, dans sa forme respectueuse, constituait un blâme pour Boniface; à ce moment, l'archevêque désirait plaire au roi. Par contre, Bertrand n'assista pas à la seconde assemblée qui demanda la convocation d'un concile et il fit partie à Rome de l'assemblée qui devait examiner la conduite et le gouvernement du roi. Il est difficile, pourtant, de considérer ce voyage à Rome comme un acte d'hostilité. Philippe avait bien défendu aux prélats français de passer en Italie; mais il faut dire que Bertrand était l'obligé de Boniface, que Boniface avait en consistoire menacé de déposer les prélats défaillants, qu'en cas de désobéissance au pape, l'appui de Philippe, qui venait d'abandonner la Guyenne, serait peu efficace, et qu'avec Bertrand trois archevêques, vingt-neuf évêques et six abbés avaient passé les Alpes. Ce qui serait grave, c'est l'approbation que Bertrand aurait pu donner aux procédés employés par Boniface dans la lutte. Mais rien ne permet de croire que l'archevêque à Rome ait travaillé contre le roi; s'il était possible d'inférer quelque chose de la différence qu'il y a entre les menaces du pape antérieures au concile et les discussions auxquelles il se prêta plus tard, on pourrait dire que les prélats français — et sans doute Bertrand avec eux — ont travaillé auprès de Boniface dans le sens de l'apaisement. Il se peut que Bertrand, chapelain du cardinal François Gaëtani, se soit fait des amis, alors, parmi les Bonifaciens et ait renoué d'anciennes relations avec la cour pontificale; mais on n'a pas le droit de dire que l'archevêque mécontenta le roi. S'il en était autrement, comment expliquer qu'en avril 1304, après la mort de Boniface, quand la vengeance lui était aisée, Philippe ait pris la défense de l'archevêque contre ses officiers ?

Les rapports de Bertrand et de Philippe ne se sont pas modifiés après l'élection aussi brusquement qu'on a dit. Sans doute, on constate, dès le mois de juillet, la grande bienveillance de Clément à l'égard du roi ; mais on peut voir en cela de la reconnaissance aussi bien que de la soumission. Il faut aussi noter — on le montrera plus loin avec quelque détail — que la bienveillance de Clément n'est pas illimitée, que ses concessions sont rarement complètes, qu'il y a chez lui des résistances, des atermoiements, qu'il fait traîner bien des négociations, comme s'il était diplomate de carrière. Il est difficile de concilier l'existence de ses nombreuses entrevues avec le roi, le laisser-aller de sa politique, les négociations interminables, avec des engagements préalables conclus avec Philippe, du moins avec des engagements précis ; de tels pactes auraient rendu inutiles les multiples ambassades françaises qui assiègent le pape au lendemain de son élection.

Sur les circonstances qui présidèrent à l'apparition de la canditature de Bertrand de Got, un envoyé du roi d'Aragon, qui s'était informé avec soin, nous donne quelques indications. Bertrand avait d'abord été nommé comme candidat possible par des Bonifaciens ; mais Napoléon Orsini et les siens ne voulurent pas d'un prélat qui était chapelain du cardinal François Gaëtani ; et, d'ailleurs, les Bonifaciens, sauf trois, ne se montrèrent pas favorables à l'archevêque de Bordeaux. Mais, plus tard, comme on n'aboutissait pas, Napoléon Orsini songea à Bertrand ; le parti français prit des informations afin de savoir si le nouveau pape favoriserait le roi de France ; la réponse fut affirmative. On ne sait pas encore comment cette réponse fut obtenue.

Y eut-il seulement négociation entre le parti français et l'archevêque et le roi, ou bien négociation entre Philippe et le candidat ? D'ailleurs, même si le roi n'avait pas obtenu de promesses de l'archevêque, il lui restait au moins un motif pour soutenir sa candidature. Ce qui a fait surtout le succès des entreprises de Philippe, sous le pontificat de Clément, c'est moins l'énergie de ses conseillers que la faiblesse du pape. Philippe a dû connaître le caractère de l'archevêque, ses besoins d'argent, les faiblesses qu'il avait pour ses parents besogneux et avides. Il a pu croire qu'on devait espérer beaucoup d'un tel homme, de même que le gouvernement français, à une époque récente, a beaucoup espéré de plusieurs évêques, après avoir fait sur leur personne une enquête préalable à leur nomination.

En même temps que Bertrand faisait savoir qu'il serait favorable au roi, le roi faisait sans doute savoir qu'il serait favorable à l'archevêque. Des négociations et des marchandages qui prirent place alors, il ne reste que quelques traces. Une ambassade, composée de Geoffroi de Plessis, protonotaire de France, d'Ythier de Nanteuil, prieur de l'Hôpital, et du financier florentin Mouche, quitta la France à la fin de 1304 et arriva en Italie au début de 1305 ; elle séjourna à Pérouse ou à Citta della Pieve. Ce n'était pas une ambassade armée ni menaçante, car son escorte ne comprenait que dix-huit valets : cinq à cheval, treize à pied. A Pérouse, elle trouva le roi de Sicile qui, sans doute d'accord avec elle, travailla à l'élection ; Charles II avait en ces sortes d'affaires de l'expérience, puisqu'en 1294 il avait dirigé l'élection de Célestin et mis la main sur le nouveau pape ; il eut un entretien avec les cardinaux, mais sans succès, et s'en retourna découragé. Contrairement à ce qu'écrivait Ferretus de Vicence assez longtemps après les événements, on ne trouve pas trace d'une corruption des électeurs, car le compte du chef de l'ambassade, Geoffroi du Plessis, ne mentionne que des dépenses modérées, et, d'autre part, la présence de Mouche parmi les envoyés ne s'explique pas par sa puissance financière, mais par les relations qu'il possédait en Ombrie et en Toscane. Par contre, il semble bien qu'il y ait eu un essai d'intimidation ; car on voit du Plessis et de Nanteuil, le 9 avril, au couvent des dominicains de Pérouse, dans la chambre du roi Charles, requérir quelques-uns des chefs de la faction des Gaëtani de se constituer du jour au lendemain prisonniers en la prison du roi, au château de Staggia, propriété de la famille de Mouche. Cette sommation menaçante dut effrayer les cardinaux. Elle causa de l'émotion à Pérouse; le 14 avril, en effet, les magistrats de la ville demandèrent aux trois ambassadeurs s'ils étaient venus pour poursuivre la mémoire de Boniface et pour faire des protestations contre les cardinaux qu'il avait créés ; les envoyés répondirent évasivement ; puis, le lendemain, devant le peuple, ils déclarèrent qu'ils n'étaient pas venus pour faire de la brigue, mais pour être utiles à l'Eglise universelle aussi bien qu'à la commune de Pérouse et pour presser l'issue du conclave. Evidemment, ils soutenaient la candidature de Bertrand de Got.

Ce qui aida à leur succès, ce fut le rapprochement des Gaëtani et des Colonna. Depuis la mort de Boniface, les Gaëtani étaient livrés à eux-mêmes, et leur situation était devenue très mauvaise. Ils n'avaient presque plus d'influence à Rome où dominaient maintenant les Colonna, et ils étaient menacés chez eux, dans la Maritime. Pour avoir quelque répit, dès octobre 1304, ils négocièrent avec les Colonna, représentés par Pierre, l'ancien cardinal, et, le 22 mars 1305, ils aboutirent à une entente : les Colonna se désistaient de leurs prétentions sur Nimfa et les Gaëtani leur abandonnaient les châteaux de Pofi et de Selva Molle dans la région de Ferentino ; en d'autres termes, les Colonna étaient les maîtres de la Campagne de Rome, les Gaëtani gardaient la Maritime. Ainsi s'explique que le cardinal François Gaëtani se soit séparé des Bonifaciens et prêté à un compromis avec le parti français.

L'intermédiaire entre les ambassadeurs et les cardinaux du parti français fut Napoléon Orsini. On peut rapprocher du rôle qu'il eut alors, celui qu'il joua en 1314 à Carpentras, quand il prit la direction de la minorité italienne et parvint à faire échouer le candidat gascon. Sans doute fit-il valoir avec force les raisons qui commandaient son choix. Philippe n'accepterait jamais un Bonifacien ; mais la minorité française ne pouvait pas espérer faire passer un des siens. Il fallait donc choisir hors du conclave un homme qui ne se fut compromis ni pour Philippe, ni pour Boniface. Bertrand était justement ce candidat, neutre et incolore, qui pouvait rallier une majorité. Il était du royaume de France, mais sujet anglais ; il avait servi Edouard et travaillé à rétablir la paix entre la France et l'Angleterre ; il avait en 1302 obéi à Philippe et aussi à Boniface ; enfin, il avait une certaine expérience des affaires et des connaissances juridiques. Napoléon Orsini a écrit plus tard que l'élection de 1305 avait un caractère nettement français : « J'ai abandonné ma maison (famille), dit-il, pour avoir un pape français, car je désirais l'avantage du roi et du royaume, et j'espérais que celui qui suivrait les conseils du roi gouvernerait sagement Rome et l'univers et réformerait l'Eglise... C'est pour cela que nous choisîmes le feu pape, persuadés que nous avions fait le plus magnifique présent au roi de France. » Napoléon exagère peut-être le zèle qu'il témoignait au roi et les espoirs qu'il plaçait dans la personne de Bertrand. Si vraiment tel fut pour le groupe français le caractère de l'élection, il fut tout autre aux yeux des Bonifaciens qui, certes, désiraient que Boniface fût vengé et ne voulaient pas faire à Philippe un présent ; si des hommes tels que Léonard Patrassi et François Gaëtani votèrent d'abord pour lui, c'est qu'ils le considéraient comme un ami. Un élément déterminant de l'élection fut, sans doute aussi, la durée du conclave ; Napoléon Orsini n'exagère pas quand il parle d'un emprisonnement de onze mois, aggravé de souffrances physiques et d'angoisses morales ; les Pérugins, de leur côté, devaient parvenir à la limite de leur patience ; on était menacé de passer un second été dans la ville. Ce qui décida peut-être les Bonifaciens qui votèrent d'abord pour le candidat de Napoléon, ce furent des promesses de l'archevêque de Bordeaux ; c'est à elles que le cardinal Napoléon fait allusion quand il dit qu'avant l'élection on prit toutes les précautions nécessaires. Il n'est guère admissible que Bertrand ait alors pris l'engagement de passer en Italie, car l'éventualité de l'évènement n'était pas alors douteuse ; mais il est probable qu'il a contracté des engagements analogues à ceux qu'on imposa peut-être à Boniface en 1294, à Benoît XI en 1303 et sûrement à Innocent VI en 1352 : limitation du nombre des cardinaux ; remise à eux de la moitié des revenus des domaines de l'Eglise ; assentiment nécessaire de la majorité du sacré collège pour la nomination des principaux officiers desdits domaines, et d'une majorité des deux tiers pour l'octroi d'une décime, la déposition d'un cardinal ; inviolabilité des biens des cardinaux.

Pour faire passer son candidat, Napoléon opéra, ainsi qu'on le rapporta à Raimond Guillaume de Entiença, envoyé du roi d'Aragon, d'une manière assez compliquée qui, mal comprise par ceux qui renseignaient Villani, a fourni quelques éléments à son célèbre récit. Il fit négocier sa paix avec Mathieu Orsini, en laissant croire que les deux chefs des partis voulaient s'entendre à l'insu de leurs adhérents. Pierre d'Espagne, bonifacien, instruit par Nicolas de Prato, mécontent de Mathieu Orsini, décida d'amener au groupe français les cardinaux Léonard Patrassi, évêque d'Albano, et François Gaëtani, afin d'élire un pape sans prendre l'avis du doyen du sacré collège. Puis Napoléon s'aboucha avec Pierre d'Espagne, dans les latrines du conclave, et il fut entendu que les dix cardinaux réunis voteraient pour un des trois candidats que désignerait Napoléon. On désigna trois scrutateurs : François Gaëtani et Pierre d'Espagne du côté bonifacien, et Jean Le Moine du parti français, auxquels on adjoignit Robert et Landulphe du côté français et Léonard Patrassi du parti bonifacien ; ces derniers devaient recenser les votes des trois premiers, qui devaient recenser les votes de tous. Napoléon avait désigné trois candidats dont deux étaient suspects aux trois bonifaciens ; sur le troisième, Bertrand de Got, se réunirent dix voix. Ce résultat provoqua quelque émotion ; plusieurs y virent la conséquence du complot qu'avaient combiné Napoléon et Pierre, quand ils s'étaient retirés aux latrines. Alors, les cinq autres bonifaciens : Théodoric, Gentile, François Orsini, Jacques Stefaneschi, Lucas Fieschi, isolés, se rallièrent aux premiers. Eux aussi, maintenant, voulaient passer pour favorables au nouvel élu, et ils demandaient qu'on insérât au procès-verbal leur vote sur la même ligne que celui de leurs dix confrères ; ils n'eurent poutant pas gain de cause, et François Gaëtani, qui rédigea le document, mentionna leur accession.

III

LE PAPE ET LE ROI

DE 1305 A 1307

Bertrand de Got faisait une visite dans sa province, à Lusignan, quand il apprit son élection et reçut des lettres des cardinaux. Ceux-ci lui décrivaient en termes attristés l'état de l'Italie : la barque de saint Pierre ballotée, les domaines de l'Eglise de Rome et quelques provinces voisines dévastés par la guerre, les dangers qui résultaient de cette malheureuse situation. Aussi, le nouveau pape, à l'exemple de Clément IV et de Grégoire X, devait-il accourir pour panser les plaies, et s'installer sur le siège de saint Pierre pour être plus fort, plus glorieux, plus tranquille, plus admiré et mieux obéi par les princes et leurs peuples. On sent dans cette lettre chaleureuse l'inquiétude du sacré collège, et l'on devine que les cardinaux n'étaient pas encore pleinement assurés des intentions du nouveau pape. Mais cet appel n'était pas habile ; ce n'était pas encourager beaucoup Bertrand que de lui faire une description aussi effrayante de l'Italie.

Bertrand interrompit sa visite et revint sur ses pas ; aux limites de la Saintonge, il rencontra le sénéchal de Gascogne venu pour lui offrir les vœux, les cadeaux et les services d'Edouard Ier ; à Bordeaux, où il arriva le 23 juillet, le nouveau pape fut bien reçu ; le clergé et les habitants de la ville, des prélats et des barons venus d'ailleurs allèrent au-devant de lui. Déjà la compagnie de Bertrand était nombreuse ; ses parents, ses amis, ses familliers l'entouraient et étaient bien traités par le sénéchal ; parmi eux se détache le célèbre médecin Arnaud de Villeneuve. Avant le 25 juillet, beaucoup de grands personnages vinrent de France, en particulier des ambassadeurs de Philippe : Louis, comte d'Evreux, son frère, Gilles Aicelin, archevêque de Narbonne, le duc de Bourgogne, le comte de Dreux, Pierre de Cambrey, Pierre de Belleperche et d'autres. Mais Bertrand, au milieu de cette brillante société, se conduisait toujours en simple archevêque, parce qu'il n'avait pas encore reçu le décret d'élection.

Une ambassade des cardinaux le lui apporta, il l'accepta ; puis, le lendemain, dans l'église cathédrale, en présence de prélats et de grands, eut lieu une cérémonie solennelle : le nouveau pape publia son acceptation et prit le nom de Clément, nom qu'avait porté un pape français et ami de saint Louis. A partir de ce jour, Clément usa de ses pouvoirs pontificaux.

Il récompensa d'abord quelques-uns de ses parents et familiers et commença pour son entourage cette longue distribution de bénéfices qui ne devait prendre fin qu'à sa mort. Il prit aussi une décision qui s'imposait : il fixa son couronnement, à Vienne, en terre d'Empire, pour la Toussaint, et invita les princes à cette solennité. Il avait l'intention de profiter de cette circonstance pour établir définitivement la paix entre la France et l'Angleterre, et c'est pour cela qu'il tenait particulièrement à la présence d'Édouard Ier; après quoi, il pensait franchir les Alpes pour répondre à la supplique des cardinaux.

Mais, dans le courant de juillet et au mois d'août, de nouveaux ambassadeurs du roi étaient arrivés, en sorte Clément était entouré de Français : c'étaient d'abord les envoyés précédents, puis Charles le Valois venu le 22 août avec une escorte nombreuse, Pierre de Latilli. Déjà, des négociations importantes avaient commencé; elles étaient si secrètes que Philippe s'était engagé à n'en parler qu'à un petit nombre de personnes et que, pour les faire connaître à d'autres, il dut demander à Clément une autorisation spéciale. Déjà aussi Philippe commençait à dominer le pape; il lui reprochait de ne pas lui avoir notifié son acceptation du décret d'élection; le 13 octobre, Clément s'excusait avec modestie : il n'avait pas écrit à Philippe, comptant que celui-ci serait informé par ses ambassadeurs; il avait accepté l'élection à contre-cœur, à cause des pressantes sollicitations qui lui avaient été adressées.

De ces négociations mal connues, où il fut question du procès de Boniface, sortit une décision grave, la première faiblesse de Clément. Édouard avait fait savoir qu'il ne pourrait, non plus que son fils, assister au couronnement; Philippe obtint un changement au programme primitif et le couronnement fut fixé à Lyon. Cette ville se trouvait comme Vienne en pays d'Empire ; elle était grande et pouvait approvisionner aisément l'affluence qu'attirerait la cérémonie ; déjà, il s'y était produit deux grands événements religieux : le concile de 1245 et celui de 1274. Pourtant, le roi pouvait considérer la décision de Clément comme un succès ; il possédait un faubourg de la ville, Saint-Just, et il avait le désir de transformer en souveraineté la suzeraineté qu'il avait sur le reste de Lyon ; le séjour qu'il y ferait avec le pape lui permettrait de mettre un pied dans la place, d'y nouer des négociations, de s'y faire des amis ; et, en fait, au mois de janvier 1306, il obtint du Chapitre un traité très avantageux. D'autre part, attirer le pape de Vienne à Lyon, c'était l'éloigner de l'Italie et retarder son passage au-delà des Alpes. Clément, en conséquence de sa décision, donna l'ordre au cardinaux de venir à Lyon et d'apporter tout ce qui était nécessaire au couronnement.

Lui-même se mit en route le 4 septembre ; le 12, il était à Agen, chez son oncle l'évêque ; le 21, il quittait les domaines d'Edouard. Dans cette première partie du voyage, il avait été escorté par le sénéchal de Gascogne et une compagnie d'hommes d'armes. Le 3 octobre, il visitait le monastère de Prouille, accompagné de l'évêque d'Agen. Il passa par Béziers, Lézignan, Villalier ; à Montpellier il reçut l'hommage du roi d'Aragon ; le 26 octobre, il était à Viviers et le 1er novembre il était à Lyon. En même temps, les cardinaux venaient de Pérouse ; sans être satisfaits de ce voyage, ils ne croyaient pas toutefois quitter l'Italie pour toujours. Tous ne parvinrent pas à Lyon ; Mathieu Orsini était mort à Pérouse le 4 septembre ; Robert et Gauthier moururent en route : le premier à Parme, le second à Gênes. Par d'autres routes, une foule considérable était venue à Lyon : il y avait là, parmi les grands personnages : Philippe le Bel, son frère Charles de Valois, venu de Melun avec une escorte nombreuse, Louis comte d'Evreux, Jean duc de Bretagne, Henri de Luxembourg. Edouard Ier s'était fait représenter par des ambassadeurs qui offrirent au pape, entre autres cadeaux, des ustensiles de cuisine en or.

La cérémonie du couronnement eut lieu le 15 novembre dans l'église Saint-Just, en pays français ; ce fut Napoléon Orsini qui, devenu doyen du sacré collège par la mort de Mathieu Orsini, posa la tiare sur la tête de Clément. En sortant de l'église, le pape fit une sorte de procession pour revenir en ville. Il montait un palefroi blanc ; devant lui un écuyer portait un pavillon de pourpre fixé au fût d'une lance ; derrière lui chevauchait Philippe avec une foule de prélats et de princes. Le frein du cheval de Clément était tenu d'un côté par Charles de Valois, de l'autre par Jean duc de Bretagne. Ce brillant cortège avait attiré une foule de curieux qui regardaient le pape comme un autre «Salomon». Comme le cortège passait dans une rue étroite bordée d'un mur surmonté de nombreux spectateurs, ce mur s'écroula et ses débris atteignirent plusieurs personnes du cortège. Douze d'entre elles, dont le duc de Bretagne, furent mortellement atteintes; Charles de Valois fut sérieusement blessé; Clément fut renversé de cheval, mais ses blessures furent légères; de sa tiare qui roula par terre se détacha une pierre valant six mille florins qui resta quelque temps égarée. Clément ne paraît pas s'être ressenti physiquement de cet accident; mais il en fut très affecté, de même que plusieurs personnes qui en augurèrent mal pour son règne.

Les négociations de Clément avec Philippe furent si absorbantes que le pape ne voulut pas s'occuper d'autre chose avant de les avoir menées à bonne fin. Ce qui se passa entre les deux souverains est mal connu dans le détail, sauf en ce qui concerne le cas de Nogaret. Celui-ci, entre l'arrivée du roi et la création des cardinaux, probablement à la fin de novembre, adressa à Philippe un mémoire où il envisageait la situation à un point de vue personnel. L'affaire qui l'intéresse est celle de Boniface; il adjure le roi de continuer le procès et lui rappelle que Dieu a exterminé plusieurs rois à cause de leurs péchés; Philippe, sous peine de commettre un péché mortel, doit continuer ce qu'il a commencé. Ceci, il est vrai, n'est pas l'avis de tout le monde; plusieurs disent que le procès est chose impossible parce qu'il est difficile au roi d'agir et que le pape le voit d'un mauvais œil. Ceux-là se trompent, ou bien ils mentent; ils portent atteinte à l'honneur du roi. L'entreprise n'est pas vraiment difficile; le fût-elle, sa difficulté ne serait pas suffisante pour qu'on l'abandonnât.

Nogaret passe ensuite à des conseils d'ordre pratique qui sont bien instructifs. Il demande une audience avant toute négociation afin afin de pouvoir s'excuser devant le pape et — mêlant habilement à sa cause celle du roi — d'excuser et de mettre en lumière le juste zèle de Philippe ; plus tard, si Clément le veut, Nogaret pourra parler. Mais, avant tout, si l'on veut réussir, il faut tenir la conduite suivante : traiter l'affaire de haut, dès le début, lutter contre les cardinaux bonifaciens que Nogaret récusera tout de suite ; surtout, aussitôt que faire se pourra, obtenir la création de cardinaux français et fidèles, afin d'avoir leur appui dans les négociations ultérieures.

Nogaret n'obtint pas son audience ; mais ses conseils furent suivis par Philippe qui prit tout de suite de l'ascendant sur Clément et s'assura l'appui d'Arnaud Garsias de Got à qui il donna la vicomté de Lomagne ; aussi, comme dit Jean de Saint-Victor, fit-il très bien ses affaires à Lyon. On le vit tout de suite dans la promotion de cardinaux du 15 décembre. Quand Clément arriva à Lyon, le sacré collège ne comprenait plus que seize membres ; par suite des décès survenus depuis l'élection, il n'y avait plus de cardinal anglais et il ne restait qu'un cardinal français. Clément avait donc des motifs légitimes pour faire une nouvelle promotion ; mais il avait aussi des motifs personnels : il voulait récompenser des parents et amis, il cédait aux demandes de Philippe qui avait des désirs analogues. Ainsi s'explique la fameuse fournée de décembre qui, par son importance et sa signification, avait un précédent : la promotion faite en septembre 1294 par Célestin sous la pression de Charles II de Naples et qui, sur treize cardinaux, comprit sept français.

Les Colonna, Jacques et Pierre, l'oncle et le neveu, avaient été particllement réintégrés dans leur ancienne situation par Benoît XI ; toutefois, on ne leur avait pas rendu tous leurs biens confisqués, Palestrina restait détruite ; ils n'étaient plus cardinaux. Clément les réintégra dans le sacré collège, mais ne leur rendit pas leur ancien titre. Cette mesure fit plaisir à Philippe qui en remercia Clément ; mais elle fut mal accueillie par certains cardinaux — sans doute des Bonifaciens — qui en murmurèrent.

Clément créa un cardinal anglais pour remplacer Gauthier et faire plaisir à Edouard : ce fut Thomas Jorz, de l'ordre des prêcheurs, qui était devenu confesseur du roi et qui avait été recommandé avec insistance au pape par lui. Ce cardinal eut un rôle effacé ; il ne paraît pas avoir eu grand crédit auprès de Clément et il n'apparaît que rarement dans les grandes affaires. Il fut chargé par le roi d'Angleterre de suivre ses affaires en cour pontificale, et il fut récompensé de ses services par une pension.

Clément créa neuf autres cardinaux que l'on peut partager en deux groupes : ses parents d'une part, les amis de Philippe de l'autre. Au premier appartiennent : Arnaud le Béarnais, d'abord moine à Saint-Séverin d'Aire, puis abbé de Sainte-Croix à Bordeaux, qui avait secouru l'ancien archevêque de Bordeaux et recevait sa récompense; Guillaume Ruffat, chanoine de Saint-Séverin à Bordeaux, son ancien vicaire à Saint-Bertrand de Comminges; Arnaud de Pellegrue, qui fut aussi son vicaire à Saint-Bertrand; Arnaud de Canteloup, archidiacre de Bruilhois et official de l'évêque d'Agen, oncle de Clément; Raimond de Got, neveu de Clément. A l'exception d'Arnaud le Béarnais, qui n'était qu'un ami, tous ces cardinaux, tirés de la famille du pape, étaient jeunes; à l'exception d'Arnaud de Pellegrue, qui a passé pour un homme de talent et qui faillit succéder à Clément, ils n'ont pas marqué par de hautes qualités. Ils ont profité de la faiblesse que Clément a toujours témoignée à ses familiers et à ses parents, ils ont été auprès de lui des intermédiaires actifs, et, par eux, — surtout par Raimond de Got qui pouvait presque tout — plus d'une influence étrangère s'est exercée sur le pape.

Les autres cardinaux furent des créatures de Philippe, qui croyait pouvoir compter sur eux. Nicolas de Fréauville était un cousin d'Enguerran de Marigni, dont le crédit naissant a pu aider à sa promotion; d'abord prêcheur dans un couvent de Rouen, il avait ensuite enseigné la théologie à Paris et était devenu confesseur de Philippe. Il avait pris parti pour le roi contre Boniface, dont il s'attira l'inimitié et qui le cita à comparaître devant lui, dans les trois mois, pour se justifier. Bérenger Frédol, né au château de la Verune, près Montpellier, devenu en 1298 évêque de Béziers, avait travaillé à la recension du Sexte, ce qui n'indique pas de mauvaises relations avec Boniface; mais c'était aussi un ami de Philippe, qui prit parti pour lui dans le différend et qui lui était attaché, suivant l'expression de Clément lui-même, « non pas superficiellement, mais par les liens de l'amour et du dévouement ». Etienne de Suisi, archidiacre de Bruges dans l'église de Tournai, avait été garde des sceaux de Philippe; en 1300, il avait été élu par concurrence évêque de Tournai; Boniface institua un troisième personnage; peut-être Etienne en garda-t-il rancune au pape, contre qui il se prononça quand, en 1303, il fit appel au concile.

Entre les créatures de Clément et celles de Philippe se place Pierre de la Chapelle. Il fut d'abord prévôt à Eymoutiers au diocèse de Limoges, professeur de droit civil à Orléans où il connut Bertrand de Got, chanoine en l'église de Paris. A partir de ce moment, on le voit au service de Philippe; en 1288, il tient le Parlement à Toulouse, en 1290 à Paris; en 1292, il devient évêque de Carcassonne sans cesser ses services : il est expert dans un échange que fait le roi avec Bérenger Frédol, il est délégué par Philippe comme exécuteur du traité passé par Charles de Valois avec Jacques d'Aragon; en 1298, Boniface le crée par provision évêque de Toulouse; dans ce poste il se montre l'adversaire de Bernard Saisset qui est l'ennemi de Philippe. Devenu cardinal, Pierre de la Chapelle continuera à être l'homme de confiance du pape et du roi.

La promotion du 15 décembre décida pour longtemps de l'avenir de la papauté. Au lieu de seize cardinaux, il y en eut maintenant vingt-huit, dont un anglais, un espagnol, dix français, seize italiens. On ne peut donc pas dire que le parti italien fut anéanti par cette mesure, puisqu'il avait encore la majorité. Ce qui disparut, c'est la scission très nette qu'il y avait jusque-là dans le sacré collège entre les partisans de Boniface et ceux de Philippe ; ce qui fut anéanti, c'est l'espoir des Bonifaciens de prendre la direction de l'Église puisqu'ils n'étaient plus que neuf, c'est la conception qu'ils se faisaient d'une Église universelle et autoritaire. A la place des cardinaux hommes d'État, on eut des cardinaux hommes d'affaires et favorables au roi. Le caractère français du sacré collège fut encore bien plus marqué après les promotions de 1310 et 1312 qui ne comprirent aucun italien ; à la fin du règne, ceux-ci n'étaient plus que six sur vingt-quatre ; ils avaient perdu tout espoir de porter l'un des leurs à la papauté.

Assuré d'une majorité dévouée dans le collège des cardinaux, Clément osa faire beaucoup de choses qui, auparavant, eussent été impossibles. Il accabla le roi de grâces de toutes sortes. Il lui permit de faire transférer du monastère de Saint-Denis dans la chapelle de son palais, la tête et une des côtes de saint Louis ; à l'occasion de cette cérémonie, un peu plus tard, il envoya de belles étoffes au roi et à ses invités. Il lui accorda une dispense générale qu'il pourrait utiliser pour le mariage de ses enfants. Comme Robert de Béthune, comte de Flandre, était tenu par le traité d'Athis-sur-Orge de payer de grosses sommes au roi et que les contributions des laïcs ne suffisaient pas, Clément décida que le clergé lui paierait un subside modéré ; et, comme Philippe lui-même avait fait de grosses dépenses en Flandre, Clément lui accorda une décime de trois ans ; par contre, le roi s'engagea à faire une bonne monnaie ; un peu avant, le pape lui avait remis tous les biens qu'il avait exigés antérieurement des églises pour la défense du royaume. Il lui permit de nommer à la première prébende qui vaquerait dans chacun des chapitres collégiaux et cathédraux de France. Il se réserva de pourvoir à la nomination d'évêques pour les sièges vacants que le roi lui avait désignés. Il se montra aussi — comme on verra plus loin — très favorable aux projets de croisade de Charles de Valois (1).

Après les grâces vinrent les réparations. Clément continua ce que Benoît XI avait commencé contre l'œuvre de Boniface. Le 15 décembre, il avait réintégré les deux Colonna dans le sacré collège ; le 2 février, il cassa tous les procès entrepris et toutes les peines portées contre eux par Boniface comme « contraires au droit et à l'équité ». Le même jour, 2 février, il révoqua deux bulles qui avaient l'une annoncé, l'autre porté au paroxysme le conflit de

---

(1) La question de la croisade fut discutée à Lyon, de même que dans toutes les entrevues du roi et du pape. Mais comme il ne sortit de ces entrevues à cet égard que fort peu de décisions d'ordre pratique, et que par suite la question consiste surtout dans un exposé de plans et d'opinion, nous préférons n'en parler qu'à propos du concile de Vienne.

Philippe avec Boniface : il révoqua la bulle *Clericis laïcos*, en maintenant toutefois contre les oppresseurs de l'Eglise les peines qui avaient été portées par les prédécesseurs de Boniface et par le quatrième concile de Latran ; il révoqua la bulle *Unam sanctam* en tant qu'elle portait préjudice au roi et à son royaume, qu'il replaça dans la situation où ils se trouvaient autrefois.

Dans les entretiens de Lyon, on effleura quelques grosses questions : la canonisation de Célestin, le procès de Boniface, l'affaire des Templiers, mais on ne décida rien. C'étaient des sujets qui déplaisaient à Clément qu'on ne voulait pas effrayer parce qu'il se montrait très large. Sur un point capital, il donnait au roi une satisfaction désirée, peut-être inespérée, en décidant de rester provisoirement en France. On a depuis longtemps — et faussement, comme l'a montré Wenck — rapporté cette décision au début du règne. Après avoir reçu notification de son élection, Clément avait fixé son couronnement à Vienne ; ensuite, comme il l'écrivait à Edouard Ier, il devait passer en Italie où sa venue était désirée. Toutefois, il voulait auparavant établir la paix entre les rois de France et d'Angleterre, comme il l'expliquait encore en 1312 au sénéchal de Gascogne. Les négociations — comme on verra — durèrent longtemps, et le départ de Clément s'en trouva ajourné ; il n'est pas d'ailleurs impossible que Philippe ait prolongé à dessein ces négociations afin de retarder le départ du pape. Quand la paix fut rétablie, Clément s'était habitué à l'idée de rester en deçà des monts. Il quitta bien la France alors, mais il ne passa pas en Italie, à la grande joie du roi et de son entourage, à la grande colère des cardinaux italiens.

Peu de temps après avoir accordé au roi l'annulation de plusieurs mesures de Boniface, Clément quitta Lyon d'où il avait de sérieux motifs de s'éloigner. Cette ville était peu agréable en hiver ; sa population était peu accueillante pour l'entourage du nouveau pape. Il faut dire que les Gascons s'y conduisaient mal. Peu après le couronnement, le jour de saint Clément, 23 novembre, dans l'après-midi, il y avait eu une rixe entre eux et les gens des cardinaux italiens, et un frère de Clément avait été tué. Après ce conflit, les Gascons se brouillèrent avec les Lyonnais. Un neveu de Clément détermina la rupture ; c'était un grand coureur de femmes, toujours dehors la nuit, et qui surtout « décevait » les bourgeoises. Il y eut bataille ; ce neveu fut tué et les Lyonnais donnèrent la chasse aux Gascons qui s'enfuirent jusqu'à Saint-Just. Le pape prit parti pour les siens, l'archevêque de Lyon pour les bourgeois et Philippe dut apaiser ce nouveau conflit.

Clément décida de revenir à Bordeaux pour les fêtes de Pâques ; c'est là que devaient le rejoindre divers cardinaux, qui ne le suivirent pas afin d'alléger sa suite. En venant à Lyon, il avait exercé son droit de gîte dans le Midi ; en s'en retournant, il l'exerça dans le Centre. Il se mit lentement en route par Mâcon, Cluni, Nevers, Bourges, Limoges, Périgueux. A Cluni, où il séjourna deux jours, il **causa beaucoup de dommages au monastère**. A

Bourges, où résidait son ancien adversaire Gilles Colonna, il se donna le plaisir d'épuiser les biens du malheureux archevêque qui, pour subsister, fut obligé de demander comme un simple chanoine une portion quotidienne à la cathédrale. A ces plaintes que soulevait le passage du pape et de son entourage, il faut ajouter celles des églises et des monastères de France, mécontents des taxes auxquelles on les avait soumis et de l'argent qu'on leur avait extorqué pendant que le pape était à Lyon. Ils tinrent des conciles, prirent l'avis des conseillers du roi et de Philippe lui-même, qui transmit avec brutalité leurs réclamations à Clément. Celui-ci s'excusa à la fin de juillet avec modestie ; et l'on voit bien au ton de sa lettre qu'il était déjà très soumis au roi, qu'il n'était pas informé exactement de ce qui se passait dans son entourage et qu'il ne sentait pas toute la gravité de ses défaillances. Il arriva à Bordeaux vers le début de mai ; mais ses anciens sujets, instruits sans doute des épisodes de son voyage, reçurent très froidement la cour pontificale.

A Bordeaux, Clément s'occupa de réconcilier Édouard Ier et Philippe. Le conflit de ces deux rois, auquel il voulait mettre fin, avait commencé en 1290 par des querelles de particuliers et s'était transformé en guerre en 1294. Le 27 juin 1298, une sentence de Benoît Gaëtani ordonnait aux deux adversaires la restitution mutuelle de leurs conquêtes ; en conséquence de la même sentence, Édouard Ier épousa une fille de Philippe III, et son fils aîné, le futur Édouard II, fut fiancé à Isabelle, fille de Philippe IV, dans l'été de 1299. Le 20 mai 1303, le traité de paix fut passé à Paris ; il rétablissait le « statu quo ante bellum » ; une alliance était conclue entre les deux rois.

Mais ce traité ne fut pas exactement exécuté ; Auger de Mauléon avait gardé le château de cette ville, ainsi que quelques autres dans la Soule, et refusait de les restituer ; il avait, semble-t-il, l'appui de Philippe, et il désirait obtenir celui du pape. D'autre part, Philippe se plaignait que quelques marchands français eussent été arrêtés et que leurs biens eussent été saisis par le roi d'Angleterre. Edouard, à qui le pape avait transmis les plaintes de Philippe, expliquait autrement l'affaire ; selon lui, des marchands anglais, qui avaient acheté des draps et divers objets en Brabant pour le compte d'Edouard lui-même et qui revenaient en Angleterre, avaient été arrêtés par Philippe. Ce dernier, après avoir pris connaissance des réclamations d'Edouard, avait ordonné de payer la valeur des biens confisqués ; en dépit de plusieurs requêtes d'Edouard, cette indemnité ne fut pas versée ; en conséquence, et conformément à la coutume anglaise, Edouard avait fait saisir des marchandises jusqu'à concurrence de la valeur de l'indemnité promise ; il en serait ainsi, disait-il, tant que satisfaction ne serait pas donnée.

Pour régler ces différends, il avait été décidé, à Lyon, à la demande de Philippe, que les deux rois nommeraient chacun deux commissaires. Ceux-ci se réunirent, mais n'aboutirent à rien. Philippe se plaignait à Clément qu'un des commissaires anglais eût quitté la conférence avant qu'elle ne fût terminée. Edouard expliquait que ce commissaire était venu en Angleterre sur son ordre, mais que son collègue restait en France ; qu'ensuite, il était reparti ; qu'avec son collègue, il avait attendu les commissaires français pendant trois semaines et que tous deux étaient prêts à se mettre au travail.

Les deux souverains paraissaient peu disposés à se faire des concessions et ils amplifiaient tous deux les dommages qu'ils avaient subis. L'énergie d'Edouard était grande ; il était à craindre que le conflit ne se terminât par une guerre nouvelle. Ce danger possible intéressait directement Clément qui, ainsi que sa famille, possédait en Gascogne des biens qui pouvaient être ravagés ; lui et les siens avaient reçu des témoignages d'amitié des deux adversaires ; quel parti prendre en cas de rupture ? Les motifs personnels qui lui faisaient craindre une guerre, autant que les devoirs de sa charge, le déterminèrent à tâcher de résoudre le conflit.

Le 14 mars 1306, il écrivait à Edouard pour lui exprimer l'espoir qu'une paix définitive serait établie entre lui et Philippe ; le 2 avril, il priait Louis, comte d'Evreux, d'accélérer auprès de son frère la remise du château de Mauléon ; le 15 juin, il envoyait à Edouard deux négociateurs: les cardinaux Jean Boccamatti et Raimond de Got ; le 7 juillet, il s'adressait lui-même à Auger de Mauléon : il aurait bien désiré, disait-il, lui conserver le château, s'il l'eût pu ; mais, puisque cela n'était pas possible, il le priait de le remettre à Philippe et de compter dans l'avenir sur sa bienveillance; le même jour, il écrivait à Philippe dans le même sens. Le 28 novembre, pendant sa convalescence, il envoyait à Édouard Amanieu d'Albret et Pierre de la Chapelle et exhortait le roi à faire le peu qu'il fallait pour que la paix fût définitive; c'est à quoi il l'engageait encore le 7 janvier 1307. Ces instantes démarches aboutirent partiellement; peu après, Auger remit le château à Philippe le Bel.

En même temps, Philippe avait à négocier avec le roi d'Aragon qui, d'une part, avait à se plaindre de sa politique, et d'autre part souhaitait se rapprocher de lui. Jaime aurait désiré que le fils aîné du roi de France épousât sa fille; il ne put voir son vœu réalisé; il aurait voulu, d'autre part, que Philippe lui rendît le Val d'Aran; pour cette affaire, il comptait un peu sur l'appui de Charles de Valois qui lui promit son concours, sans doute dans l'espoir d'obtenir en revanche l'aide de la Compagnie catalane en Orient. Mais Jaime n'obtint pas le Val d'Aran; il avait contre lui Nogaret, et, après la mort de ce ministre, Charles de Valois à qui il s'était encore adressé ne put rien pour lui; l'appui de Clément qu'il sollicitait dès 1306 ne fut pas plus efficace.

Ces différends ne pouvaient être aplanis que par des conversations, dans une entrevue. Clément et Philippe l'avaient compris; aussi, avant de se quitter, à Lyon, avaient-ils décidé de se revoir dans le courant de l'année 1306. Ils ne purent réaliser aussitôt leur projet; Clément tomba gravement malade au mois d'août; les affaires, à la cour pontificale, furent suspendues; le pape ne voulait plus voir personne, il refusait de recevoir les ambassadeurs de Philippe; il ne parlait qu'aux cardinaux de sa famille.

Quand recommence la correspondance, le 5 novembre, Clément est encore d'une inexprimable faiblesse; il a reçu de Philippe, par un clerc, Ami, une demande d'entrevue. Il annonce au roi l'arrivée des cardinaux Bérenger Frédol et Etienne de Suisi, dans un délai de six semaines; il le prie de réunir son conseil dès que ces envoyés seront arrivés, afin que leur absence ne soit pas longue. Evidemment, entre autres communications, les cardinaux devaient faire connaître que le pape acceptait l'entrevue. Le principe de la rencontre admis, il ne restait plus qu'à en préciser le lieu et la date. Clément proposait Toulouse, au 1er mai. Mais Philippe avait déjà fait savoir au pape, et il redit aux cardinaux, qu'il ne pouvait accepter. Au 1er mai, il ne pouvait être à Toulouse; d'ailleurs, à cette ville, il préférait Tours, endroit convenable, suivant lui, à une entrevue; l'affluence serait grande : or, la ville vers laquelle aboutissent beaucoup de rivières est facile à approvisionner; le pape est souffrant : précisément l'air de la région est excellent. Il y a, près de la Loire, un château où résidera Clément, que le roi pourra visiter secrètement. Pourtant, en conclusion, Philippe s'en remettait à la décision de Clément. Le pape répondit le 9 février 1307, après le retour des cardinaux. Il disait que sa santé s'accommodait mieux du séjour à Toulouse que du séjour à Poitiers, mais que pourtant, par condescendance, il faisait choix de cette dernière ville. Il y arriverait au début d'avril ; on aurait un mois pour causer ; ensuite, il pourrait prendre soin de sa santé et se purger au début de mai. Philippe répondit le 17 février, sans doute en acceptant. Clément le remercia et lui dit qu'il espérait beaucoup d'une affaire qui commençait si bien. Il jugeait à propos de répéter que l'air de Tours ne lui valait rien, au dire des cardinaux, de ses médecins, des gens du pays. Il confirmait son arrivée pour le mois d'avril et priait Philippe de se préparer. Il lui rappelait encore le 10 mars que Poitiers était le lieu de l'entrevue, que les cardinaux et lui y avaient fait des approvisionnements coûteux, et il lui demandait de venir à la date fixée. Il s'excusait d'avoir choisi Poitiers, comme si, au dernier moment, Philippe eût fait une tentative en faveur de Tours. Le lendemain, il demandait à Philippe de retenir près de lui son fils aîné, le roi de Navarre, parce que sa présence était nécessaire, dans l'entrevue, à la discussion de la question de la croisade. Clément se mit alors en route ; mais il fut obligé de se faire saigner en chemin, au monastère de Baignes, et le 17 mars, il prévint le roi qu'il ne pouvait arriver à Poitiers que le 6 ou le 7 avril. Il ressort de cette correspondance que Clément était hostile à une entrevue à Tours, et que Philippe, qui avait des préférences pour cette ville, se rallia finalement à Poitiers sans répugnance. Boutaric a supposé que le roi espérait avoir plus d'autorité à Tours qu'à Poitiers, « comme, dit-il, l'entrevue de 1308 le donnerait à croire ». Il faut remarquer, pourtant, que Philippe n'avait pas convoqué de députés, comme il le fit en 1308, et que d'ailleurs, en cette même année, dans cette même ville de Poitiers, Clément a éprouvé de sa part une pression sans exemple. Si l'hypothèse de Boutaric manque de clarté, on peut penser, pourtant, que Philippe avait l'espoir d'agir sur le pape plus fortement qu'ailleurs, dans ce château du bord de la Loire, isolé et propre aux entretiens secrets.

L'entrevue eut lieu plus tard qu'on ne pensait ; aucun des deux souverains ne voulait entrer le premier dans Poitiers ; pourtant, Clément se dévoua : il arriva vers le 18 avril ; Philippe vint peu après. Les conditions dans lesquelles eut lieu le séjour du pape sont encore obscures ; Jean de Saint-Victor rapporte que Clément voulut quitter la ville avec ses trésors, qu'il en fut empêché par Philippe et les siens et retenu comme un prisonnier ; c'est pour cela, dit-il, qu'il convoqua les maîtres de l'Hôpital et du Temple et qu'il resta si longtemps dans la ville. Pourtant, Clément continua de séjourner à Poitiers quand Philippe fut parti ; d'ailleurs, c'est en 1306, et non en 1307, que le pape avait convoqué Guillaume de Villaret, maître de l'Hôpital ; l'inexactitude de la dernière affirmation de Jean de Saint-Victor rend la première très incertaine. Il y eut foule à Poitiers, comme le présumait Philippe au début de l'année ; aussi le sénéchal de Poitou et de Limoges, Pierre de Villeblouain, avait-il fait une ordonnance pour assurer l'approvisionnement de Poitiers. Parmi les principaux assistants, il faut citer : Charles II, roi de Naples, qui venait solliciter et qui obtint une remise partielle de la dette qu'il avait contractée à l'égard de la cour pontificale ; le comte de Flandre, qui venait pour réviser la paix d'Athis-sur-Orge ; les envoyés d'Edouard qui venaient négocier une paix définitive ; le roi de Navarre, qui répondait à l'appel de Clément ; Charles de Valois, qui venait chercher un appui auprès de Clément, des conseillers du roi, entre autres Nogaret et Plaisians.

Dans leurs conversations du mois de mai, le pape et le roi accomplirent une grande besogne ; sur plusieurs points, ils se mirent d'accord, et cela montre que l'entrevue était nécessaire pour d'autres questions que celle du Temple. Par malheur, la chronologie de ces négociations est incertaine ; on est obligé d'examiner séparément les affaires qui furent discutées alors ; pour quelques-unes, on est réduit à mentionner le résultat des discussions.

Philippe, en recevant le château de Mauléon, l'avait mis à la disposition de Clément, en priant le pape de tenir la promesse qu'il avait faite à Auger. Clément, qui croyait l'affaire terminée, avait prié Edouard, le 4 juin, de donner à son sénéchal en Gascogne l'autorisation de recevoir le château ; Edouard obéit et pardonna à Auger. Toutes les difficultés semblaient aplanies ; le jeune Edouard devait revenir d'Ecosse et passer en France. En réalité, rien n'était fini ; Philippe ne remit pas tout de suite le château ; Edouard attendit quelque temps à Londres avant de passer en France ; mais comme Philippe n'exécutait pas sa promesse, il revint en Ecosse, rappelé par son père. La réconciliation ne s'était donc pas faite. Mais Edouard Ier mourut peu après, le 7 juillet ; il laissait comme successeur un fils de vingt-quatre ans, au caractère timide, à la volonté faible. Philippe, toujours encouragé par le pape, continua à négocier avec lui jusqu'en décembre. On s'entendit, sans doute parce que le nouveau roi était conciliant. Edouard, le 25 janvier 1308, à Boulogne, épousa enfin Isabelle, fille de Philippe. Il s'engagea peu après dans les affaires d'Ecosse et dans des conflits avec ses barons et tomba, presque sans défense, sous l'influence du roi de France. Avec lui allait reprendre l'infiltration de l'influence française dans les pays du Sud-Ouest qu'Edouard Ier avait osé combattre.

On s'occupa aussi à Poitiers des affaires de Flandre. Philippe, en juin 1305, avait, à Athis-sur-Orge, fait la paix avec le nouveau comte de Flandre, Robert de Béthune : les Flamands, qui pendant la dernière guerre n'avaient pas été du parti du roi, devaient payer une forte indemnité : 700.000 livres, 20.000 livres de rentes assises sur des terres, la solde de 500 hommes d'armes pendant un an ; les murs de Gand, Bruges, Ypres, Lille, Douai devaient être démolis, leurs alliances cassées ; en expiation des matines de 1302, 3.000 Brugeois devaient aller en pèlerinage ; jusqu'à l'exécution complète de ce traité, Philippe occuperait les châtellenies de Lille, Douai, Béthune, et les châteaux de Cassel et de Courtrai. Ce traité, consenti par le comte et les nobles, fut si mal accueilli par le parti populaire, qu'on décida, dès 1306 au moins, de le réviser dans une entrevue.

La rencontre eut lieu à Poitiers, où se rendirent le comte et les procureurs des villes de Flandre. Le traité d'Athis ne fut pas modifié; le comte le confirma, les chevaliers et les procureurs flamands jurèrent à Loches de l'observer. Clément fit examiner le texte du traité par les cardinaux Pierre de la Chapelle, Bérenger Frédol, Etienne de Suisi, Raimond de Got; puis, le 1er juin, il le confirma en exaltant la magnanimité de Philippe. Or, une clause du traité stipulait que les Flamands — s'ils ne respectaient pas la teneur des conventions passées — seraient excommuniés et qu'ils ne pourraient être réconciliés avec l'Eglise qu'à la requête de Philippe; cette clause était très avantageuse pour le roi qui faisait ainsi des peines spirituelles un moyen de gouvernement. Y eut-il inadvertance, comme Clément l'a dit plus tard, trahison d'un scribe ou faiblesse des membres de la commission? On ne sait; cette clause singulière ne fut pas relevée par le pape qui la confirma. Le même jour, Clément fit préparer une bulle d'excommunication correspondant à l'éventualité précédente, dont l'archevêque de Reims, l'évêque de Senlis, l'abbé de Saint-Denis feraient usage le cas échéant; toutefois, cette bulle ne fut pas expédiée immédiatement.

Enfin, on s'occupa à Poitiers de l'affaire de Boniface. Nogaret, comme il l'avait fait déjà tant de fois, reprenait avec une inlassable patience ses moyens de défense. Il s'était adressé au roi, dans un nouveau mémoire justificatif, en mentionnant la nécessité qui l'avait obligé à s'élever contre Boniface, le procès entamé par Benoît XI, l'impossibilité où lui-même s'était trouvé alors de comparaître à Pérouse ; puis il continuait : « Maintenant qu'il a été pourvu au gouvernement de sainte Mère Eglise par la personne de saint Père Clément, je n'ai cessé de chercher les moyens d'aller me défendre devant lui, pour l'honneur de Dieu, de sainte Mère Eglise, et le salut de ceux qui, ne se rendant pas compte de la justice de ma cause, sont scandalisés à mon sujet et mis en danger de perdre leur âme, prêt, si, ce qu'à Dieu ne plaise, j'étais trouvé coupable en quelque chose, à recevoir une pénitence salutaire et à obéir humblement aux mandements de sainte Eglise. Le souverain pontife, faute d'être bien renseigné, a détourné sa face de moi, si bien que ma cause, je dis mal, la cause du Christ et de la foi est restée délaissée. Je suis déchiré par la gueule des fauteurs de l'erreur bonifacienne, à la grande honte de Dieu et au grave péril de l'Eglise, ainsi que je suis prêt à le montrer au moyen de preuves irréfragables. Comme beaucoup de ces preuves pourraient périr par laps de temps, le roi, qui ne peut faillir à défendre un intérêt de foi, doit y pourvoir, vu surtout, sire, que je suis votre fidèle et votre homme-lige et que vous êtes tenu de me garder la fidélité dans un si grand péril, comme je l'ai gardée à vous et à votre royaume. Le roi est mon juge, mon seigneur ; si je suis coupable, il doit faire que je sois puni légalement ; si je suis innocent, il doit faire que je sois absous. Son devoir est de défendre ses sujets et ses fidèles quand ils sont opprimés comme je le suis. » En conclusion, il priait le roi de lui faire obtenir une entrevue avec le pape.

Cette rhétorique pressante n'aboutit pas ; Nogaret ne fut pas reçu par Clément. Toutefois, le cas du ministre et l'affaire de Boniface furent discutés à Poitiers. Nogaret paraissait croire que l'expédition de l'affaire serait facile. Il conseillait au roi de demander la condamnation de Boniface pour hérésie, en offrant préalablement des preuves suffisantes de sa culpabilité ; cette requête devait être présentée en public avec de vives instances ; plus elle serait solennelle et publique, mieux cela vaudrait. Ensuite, le pape devra, en vertu de sa toute puissance et pour des causes de lui seul connues, casser tout ce qu'a fait Boniface. Il restituera intégralement tous ceux qui ont pris parti pour le roi et souffert de Boniface, spécialement les Colonna. Il annulera tout ce que Boniface a fait contre le royaume de France, et toutes les procédures entamées par Benoît XI contre Nogaret et les siens. Il fera replacer au lieu d'où les avait enlevés Boniface les os de saint Boniface. Nogaret croyait les négociations si aisées qu'il indiquait le plan et qu'il rédigeait quelques phrases de la future bulle de Clément. Il insistait sur la nécessité qu'il y avait d'employer les mots qu'il proposait et de soumettre le brouillon de la bulle à ceux qu'elle visait, car, observe-t-il, un mot changé ou omis modifie beaucoup le sens d'une phrase. Afin de pouvoir tenir tête aux Gaëtani, l'auteur conseillait au roi de ne pas suspendre l'effet de la cession de leurs biens qui lui avait été faite à Pérouse par Geoffroi du Plessis et le prieur des Hospitaliers.

Un autre mémoire, rédigé sans doute vers cette époque par un partisan des Colonna, expose ainsi la question : la condamnation de la mémoire de Boniface a été demandée en consistoire, solennellement, sous Benoît et Clément. Peut-on, maintenant, abandonner le procès? Oui, répond le rédacteur, mais à des conditions précises. Sous aucun prétexte, directement ni indirectement, on ne doit reconnaître que Boniface a été pape légitime et catholique. Il ne faut pas se désister de la poursuite entreprise tant que l'on n'aura pas annulé tout ce qui a été dit ou fait contre ceux qui ont arrêté le pape, et qui, sans cela, se trouveraient en danger. Il faut aussi que satisfaction soit donnée aux Colonna et aux amis du roi de la Campagne romaine; il faut que le recteur et le sénateur de la région soient pris parmi eux. Voilà ce qu'il faut régler une fois pour toutes, en secret, avant que le roi ne quitte Poitiers. Ces demandes sont moins agressives que celles de Nogaret; on veut des compensations pour ceux qui ont souffert, la cessation des poursuites entamées contre eux. On ne veut pas commencer par reconnaître la catholicité de Boniface, mais on n'insiste pas sur ses crimes. Nogaret même est modéré ; il n'accuse pas avec énergie, mais se défend surtout, et attend son absolution.

Clément nomma une commission de cardinaux qui étudia l'affaire. Toutes les autres questions pendantes en cour pontificale furent mises de côté, exception faite pour celles du roi de Sicile ; les cardinaux étudièrent l'histoire de l'Eglise et des conciles, le droit, les écrits des Pères, afin d'arriver à établir la paix entre l'Eglise et le royaume de France. Des solutions qui furent alors imaginées, l'une nous reste ; elle se trouve dans un projet de bulle daté du 1er juin qui fut soumis au roi par Clément.

Le pape expose que le roi, sur sa prière, a abandonné le procès de Boniface ; en conséquence, il annule tout ce qui a été fait contre Philippe, ses sujets ou son royaume. Il absout aussi Nogaret qui a comparu devant les cardinaux Pierre de La Chapelle, Bérenger Frédol, Etienne de Suisi, chargés de déterminer sa pénitence ; les conditions sont les suivantes : Nogaret, dans les cinq ans, devra se mettre à la tête d'une croisade et n'en revenir que sur le rappel de l'Eglise ; il sera exclu à jamais des fonctions publiques, mais n'encourra pour cela aucune note d'infamie. On devait statuer plus tard sur Renaud de Supino, son complice, alors absent.

Philippe n'accepta pas cette solution, sans qu'on puisse dire sûrement pourquoi. Il est possible que Nogaret ait trouvé trop dures les conditions que l'on mettait à son absolution, qu'il ait espéré en obtenir de meilleures avec le temps ou en cherchant de nouvelles difficultés au pape. Il est possible aussi que le parti des Colonna, mécontent d'être laissé de côté, — il n'était pas question de lui dans la bulle du 1er juin — ait réussi à gagner le roi à ses idées. Pierre Colonna avait en effet déclaré au pape qu'une entente avec les Bonifaciens n'était possible que par l'accord de tous ceux qui, soit en France, soit en Italie, avaient souffert de Boniface.

IV

LE PROCÈS DES TEMPLIERS

En 1119, Hugues de Payns, Geoffroi de Saint-Adhémar et sept compagnons résolurent — pour faciliter les pèlerinages — de débarrasser des brigands qui l'infestaient la route de Jérusalem à la côte ; en 1128, au concile de Troyes, on leur imposa une règle ; ils constituèrent désormais l'ordre des « Pauvres Soldats du Temple ». Ils prononçaient les trois vœux ordinaires. Mais ces moines étaient aussi des soldats ; ils avaient un étendard mi-partie blanc et noir, des armes solides et simples, des étriers et des éperons de fer, un haubert à mailles dessous leur manteau ; les abstinences immodérées leur étaient interdites.

Cet ordre militaire tenait compte des divisions de la société, car ceux qui n'étaient pas nobles n'y pouvaient entrer qu'à titre de sergents ; il n'imposait une vie ni trop dure, ni trop mystique ; il donnait satisfaction aux goûts batailleurs ; il eut beaucoup de succès, de même que deux ordres analogues fondés à peu près à la même époque : les Hospitaliers et les Teutoniques (1198). Il acquit beaucoup de biens et trouva les princes bienveillants : ainsi, en 1222, Philippe-Auguste lui laissa par testament deux mille marcs ; il lui en promit cinquante mille, s'il entretenait en Terre Sainte trois cents chevaliers pendant trois ans. L'ordre reçut aussi beaucoup des papes : il fut exempté du paiement des décimes et d'autres taxes ; il fut affranchi de toutes les obligations féodales et ne fut justiciable que de la cour de Rome ; on défendit aux évêques d'excommunier ses membres.

Les Templiers se battirent en Terre Sainte sans fol enthousiasme et sans grande intelligence. Mais ces croisés très ordinaires furent de bons administrateurs. Leurs maisons étaient sûres, bien défendues ; il y en avait partout. On déposait dans leurs commanderies de l'argent en comptes courants ; eux-mêmes se chargeaient de faire des transports d'argent. Ils étaient donc des banquiers, travaillant pour tous, mais surtout pour les princes : Jean sans Terre et Henri III faisaient déposer leurs revenus au Temple de Londres ; le Temple de Paris, depuis Philippe-Auguste jusqu'à Philippe le Bel, fut le centre de l'administration financière des rois de France ; les papes employèrent l'ordre pour recevoir et administrer le produit des impôts qu'ils levaient sur l'Eglise. Ainsi, les Templiers, moins grands propriétaires que les Hospitaliers, se créèrent un supplément de ressources.

Cet ordre prospère avait éveillé des jalousies et des haines fort vives. Clément IV le constatait lui-même ; quand, en 1265, il leva l'excommunication que son prédécesseur avait portée contre Etienne de Sissi, maréchal de l'ordre, il fit observer aux chevaliers que la papauté était seule capable de les défendre contre l'hostilité des évêques et des princes. On adressait plusieurs reproches aux chevaliers ; on se plaignait de leur mendicité : ils employaient des quêteurs laïcs qui menaient parfois une vie scandaleuse et que les immunités ecclésiastiques protégeaient ; cela indisposait les ordres mendiants qui souffraient de cette concurrence. On se plaignait de leur recrutement : l'ordre n'était pas difficile dans le choix de ses membres servants ; il en admettait de toute origine ; en 1207, Innocent III dit que les chevaliers donnent leur croix au premier vagabond qui consent à leur payer deux ou trois deniers par an et prétendent que de tels serviteurs peuvent remplir des fonctions ecclésiastiques et être enterrés chrétiennement, alors même qu'ils sont liés par l'excommunication ; en 1265, le concile d'Arles se plaignait également des immunités exigées par des gens qui se réclamaient de l'ordre, mais n'en portaient pas même l'habit. On se plaignait aussi de la jalousie qu'ils témoignaient aux Hospitaliers : en 1243, les deux ordres s'étaient fait la guerre en Palestine, et, en général, de leur zèle très modéré : en 1283, des Arabes apostés par eux enlevèrent les chevaux d'Henri de Lusignan qui allait à Beirout ; en 1291, quand Saint-Jean-d'Acre capitula, on accusa les Templiers de trahison.

Les reproches qui précèdent leur étaient surtout adressés par des gens d'église ; à ceux-là, les laïcs, surtout les gens de peu, en ajoutaient d'autres. On leur reprochait leur fortune, que l'on exagérait d'ailleurs, car tout l'argent qu'ils remuaient ne leur appartenait pas. On leur reprochait leur orgueil, et c'est pour cela que Richard Cœur de Lion, à qui l'on faisait le même reproche, disait : « J'ai marié l'orgueil aux Templiers » ; en cela, les Templiers pouvaient prêter à la critique : l'ordre en effet n'admettait que des nobles parmi les frères ; il montrait une certaine raideur, même en face du pape, quand il se croyait lésé. On incriminait leurs mœurs, on les accusait d'aimer la bonne chère, de boire, de manquer à leur vœu de chasteté ; de là sont venus l'expression « boire comme un Templier » et le mot « Tempelhaus » qui, dans l'ancien allemand, désigne une maison de prostitution. On leur reprochait enfin de tenir leurs réunions secrètes ; on imaginait qu'il s'y passait des choses défendues, parce que c'est une opinion bien enracinée que le bien se fait au grand jour et qu'on ne se cache que pour mal faire.

Tous ces reproches font impression quand ils sont groupés. Mais il faut reconnaître qu'à aucun moment du xiiie siècle on ne les a adressés en bloc à l'ordre, que tous les ordres religieux — sans excepter les Hospitaliers — ont essuyé de vives critiques, et que jusqu'après leur disparition les Templiers ont trouvé des admirateurs. Il est impossible, comme le montre H. Finke, de relever avant la catastrophe de 1307 une opposition systématique contre l'ordre, soit dans l'opinion publique, soit chez les princes, soit chez les papes. Il est aussi impossible de dire que la question des Templiers — en supposant qu'il y en eût une — se soit aggravée au début du xive siècle, après la mort de Benoît XI.

Ce qui frappait le plus, probablement, c'est la disproportion qu'il y avait entre les ressources de l'ordre et le peu de services qu'il avait rendus en Terre Sainte. Une solution s'était présentée d'assez bonne heure : c'était la fusion des Templiers avec les Hospitaliers et d'autres ordres. L'idée avait été présentée par saint Louis, puis, en 1274, au concile de Lyon, par Grégoire X, qui l'avait abandonnée en considération de la situation de l'Espagne ; Charles II, roi de Sicile, avait proposé à Nicolas IV de réunir le Temple, l'Hôpital, les Teutoniques, en un ordre commandé par un fils de roi ou un prince de haut lignage, à qui on promettrait le royaume de Jérusalem ; le pape avait écrit aux princes de la chrétienté pour les consulter sur ce projet, à l'occasion d'une croisade qui devait partir à la Saint-Jean de 1293, sous la conduite d'Edouard Ier ; le concile de Salzbourg approuva la fusion, mais Nicolas mourut avant de connaître cet avis. Ce projet de réunion, préconisé aussi par Raimond Lulle, fut repris par Boniface, qui le laissa tomber quand son conflit avec Philippe s'aggrava.

Pierre Dubois, avocat des causes ecclésiastiques à Coutances, reprend la question en 1306, et présente un projet complet. Il demande l'union du Temple, de l'Hôpital, de Saint-Lazare, et généralement des ordres qui ont été fondés pour la défense de la Terre Sainte. Les Templiers devront désormais vivre en Terre Sainte sur les domaines qu'ils y possèdent ; leurs domaines d'Europe seront d'abord donnés à ferme noble pour trois ou quatre ans, avec croît, et enfin, s'il est possible, en perpétuelle emphytéose ; cela produira huit cent mille livres tournois par an. Avec cet argent, on se pourvoira de tout ce qu'il faudra pour la croisade et on entretiendra des écoles dans les commanderies. Ainsi, Dubois n'attaque pas les Templiers ; il n'incrimine ni leur doctrine, ni leurs mœurs, ni leurs statuts. Il conteste leur utilité et reprend un projet ancien en y ajoutant un complément remarquable : la confiscation des biens d'Europe. A ce projet, Frédéric II, pour des motifs tout personnels, avait déjà donné un commencement d'exécution ; en 1229, il avait chassé les Templiers de la Sicile et confisqué leurs biens ; il les avait rappelés plus tard, mais sans leur restituer ce qu'il leur avait pris.

Pourquoi, et dans quelles circonstances, Philippe a-t-il voulu détruire l'ordre du Temple ? A cette question, posée anciennement, on a donné quantité de réponses dont aucune n'est pleinement satisfaisante.

Aucun document n'indique, antérieurement à 1305, que le roi ait eu de la haine pour l'ordre. Par contre, plusieurs faits prouvent que Philippe, après 1300, lui a témoigné de la confiance. Dans le conflit du roi et de Boniface, les Templiers se trouvèrent du côté de Philippe ; ils demandèrent dans l'assemblée de juin 1303, par leur représentant, Hugues de Pairaud, visiteur de France, que l'on convoquât un concile, et ils s'engagèrent à défendre le royaume même contre le pape. Aussi, le roi les récompensa-t-il, en 1304, par la confirmation de leurs privilèges. Bien que, depuis 1295, il eût constitué un trésor au Louvre, il continua d'en posséder un au Temple jusqu'au jour de l'arrestation.

On a donné plusieurs explications à la conduite du roi. Aimeri de Peyrac, abbé de Moissac, prétend sans preuves que les Templiers avaient fait une confédération contre lui. Selon la geste des Chiprois, suivie par la chronique de Bustron et celle d'Amadi, Jacques de Molai aurait chassé un trésorier du Temple qui avait prêté au roi deux cent mille florins, et, malgré l'intervention de Philippe et celle de Clément V, refusé de lui pardonner, information à peine moins fantaisiste. En sens inverse et sans plus de fondement, Thomas de la Moor prétend que le grand-maître avait escroqué le roi en lui prêtant de l'argent pour constituer le douaire de sa fille Isabelle. Baluze a dit qu'il ressort d'une lettre de Nicolas IV à Jacques, roi de Majorque, que Philippe était l'ennemi des Templiers dès 1290, puisqu'il encourageait ce roi à occuper leur maison d'Elne ; mais Baluze exagère ; cette querelle n'était qu'un épisode du conflit de Philippe le Bel avec l'Aragon, et, d'ailleurs, elle était vieille de plus de quinze ans quand l'affaire commença.

Sur l'événement initial du procès, nous possédons deux récits : l'un de Villani, l'autre d'Amauri Auger. Villani rapporte qu'un Templier, prieur de M[ontfaucon], homme de mauvaise vie, condamné à la prison perpétuelle par le grand-maître, se rencontra en prison avec un Florentin, Noffo Dei, condamné par le prévôt de Paris; pour obtenir leur liberté, ces deux prisonniers décidèrent de dénoncer à des officiers du roi les pratiques de l'ordre. Amauri, qui écrivait quarante ans après les événements, mais d'après des sources contemporaines, est plus abondant. D'après lui, un bourgeois de Béziers, nommé Squiu *de Floyrano*, fut enfermé dans un château royal du territoire de Toulouse avec un Templier apostat ; tous deux se confièrent leurs crimes ; le Templier avoua les erreurs de foi qui existaient dans son ordre et les forfaits qui s'y commettaient. Le lendemain, Squiu demanda à un officier d'un autre château royal qu'on le conduisît au roi, à qui il voulait confier un secret. Philippe, informé, le fit venir et lui promit la vie s'il disait la vérité. Squiu rapporta les aveux du Templier prisonnier ; Philippe fit alors interroger d'autres membres de l'ordre ; après quoi il décida l'arrestation générale.

Ces deux récits, qui ont quelque chose de commun, ont été rejetés par Schottmüller, qui a dépensé des trésors d'ingéniosité pour en faire une critique fantaisiste. D'une part, il y a dans la version d'Amauri beaucoup de détails qui ne sont confirmés par aucun chroniqueur et qu'il nous est impossible de contrôler ; d'autre part, Villani fait intervenir comme dénonciateur un individu qui accusa Guichard, évêque de Troyes, mais qui n'apparaît à aucun moment dans le procès des Templiers. Pourtant, ni Villani, ni Amauri ne se trompent quand ils font, l'un d'un prieur de Montfaucon, l'autre de Squiu *de Floyrano*, l'initiateur de l'affaire.

Vers l'époque où se tenait le conclave de Pérouse, des accusations s'élevèrent contre l'ordre ; elles prirent naissance dans le Midi de la France, au pays d'Agen, peut-être parmi des chevaliers gascons. Ces accusations furent recueillies par un homme de peu, natif de Béziers, Esquiu *de Floyrano*, qui, probablement au début de 1305, les fit connaître à Jaime II, roi d'Aragon, à Lérida. De ces accusations, dont nous ne connaissons pas la teneur et qui ne sont pas nécessairement celles de 1307, Jaime ne voulut rien croire ; toutefois, il demanda à Esquiu de le tenir au courant des événements ; décision étrange, et qui dénote une arrière-pensée, il lui promit une somme de trois mille livres et en sus une rente de mille livres si les accusations étaient prouvées plus tard. Esquiu vint en France et s'adressa à Philippe le Bel qui l'écouta.

La bienveillance et la décision du roi de France font contraste avec l'incrédulité et l'hésitation de Jaime ; elles s'expliquent pourtant fort bien. La France, où l'on avait accepté les accusations que Nogaret avait portées contre Boniface, était un milieu plus favorable que l'Aragon à l'éclosion d'une campagne contre un ordre religieux ; on pouvait attendre beaucoup de son gouvernement autoritaire et besogneux contre une communauté indépendante et riche. Sans doute, comme l'ont montré Lea et Finke, les Templiers ne constituaient pas vraiment un danger pour le roi ; mais Philippe n'avait pas sur eux l'autorité qu'il possédait sur le clergé séculier et même régulier de son royaume. L'ordre était dispensé de payer des décimes; bien qu'il s'y fût produit quelques troubles au temps de l'élection de Jacques de Molai, il avait de la cohésion ; son chef était vraiment un maître qui possédait sur tous les chevaliers une autorité militaire. Alors que le centre du gouvernement de l'Eglise se trouvait depuis juin 1305 en France, le siège de l'ordre était à l'étranger, dans l'île de Chypre. D'autre part, le Temple, qui n'avait ni la richesse qu'imagine Pierre Dubois ni la fortune des Hospitaliers, possédait de grandes ressources, alors que le roi manquait d'argent. Philippe en 1305, à Lyon, mendie une décime pour améliorer sa monnaie ; en 1306, il va expulser les Juifs et faire saisir leurs biens ; et, malgré ces ressources passagères, la monnaie recommence à s'affaiblir en 1307. Sans doute, l'indépendance et la richesse étaient deux accusations que l'on pouvait porter aussi contre l'Hôpital ; on songea plus tard à cet ordre que, dès 1306, Dubois voulait supprimer ; mais, au début du règne de Clément V, on ne constate pas d'attaques contre lui. Ses chevaliers se préparaient à s'emparer de l'île de Rhodes, alors que les Templiers, plus faibles, paraissaient avoir renoncé à la croisade et offraient une prise plus aisée à une attaque violente.

Clément connut les accusations que l'on portait contre l'ordre avant son couronnement, sans doute en traversant le Midi pour se rendre de Bordeaux à Lyon ; mais elles n'étaient pas alors précises ;

c'étaient des rumeurs qu'il dédaigna. A Lyon, Philippe, qui venait d'être instruit, l'entretint de ces bruits ; de nouveau, Clément n'y prêta pas d'attention. A Poitiers, enfin, le roi revint sur cette question, mais d'une façon fort brève ; la conversation prit le temps que Clément mit à passer de chez lui dans la salle où se tinrent, en 1308, les consistoires publics ; elle fit si peu d'impression sur lui qu'il n'en gardait pas un souvenir bien net un an seulement après.

Il en était tout autrement en France. On avait pris au sérieux le récit d'Esquiu *de Floyrano*, car il venait à point et promettait de donner les fruits qu'en espérait secrètement et timidement Jaime II à Lérida. On rechercha des témoins à charge, on en trouva ; si l'on songe que le recrutement de l'ordre n'était pas sévère, il faut bien admettre qu'il y avait dans son sein des individus peu recommandables et de mauvaise foi ; si l'on songe à l'orgueil des chevaliers, il faut bien croire que des frères servants pouvaient avoir à se plaindre et étaient désireux de se venger. Quelques-uns des mécontents étaient sortis de l'ordre ; ils y rentrèrent comme espions, commettant sans hésitation les forfaits dont on accusait les chevaliers, afin d'obtenir des renseignements. Ce travail préparatoire a été mentionné par Jean de Saint-Victor ; « longtemps avant l'arrestation, dit-il, les désordres étaient connus par quelques grands personnages et par d'autres, nobles et non nobles, qui avaient été Templiers. Nogaret les fit arrêter, amener à Corbeil, mettre en prison et les y tint au secret longtemps. Ils furent placés sous la garde de frère Humbert, confesseur du roi et inquisiteur général de France, et retenus jusqu'à l'arrestation de l'ordre ; ils se déclarèrent prêts à prouver sa culpabilité. »

La longueur de ces préparatifs, qui durèrent deux ans, est assez surprenante ; elle mérite qu'on s'y arrête, parce qu'elle indique combien l'affaire que l'on entreprenait était difficile ; elle laisse supposer qu'il y eut en France bien des hésitations avant que l'on choisît une solution.

Avant de mettre en mouvement l'inquisition qui détermina la suppression de l'ordre, on avait songé à fusionner les ordres militaires, au moment même où on s'occupait de la question de la croisade. Du côté de la France, étaient venus à Poitiers Louis, roi de Navarre, et Charles de Valois ; ils y rencontrèrent ceux que Clément avait convoqués pour étudier la situation de la Terre Sainte. Le 6 juin de l'année précédente, le pape avait appelé le maître des Hospitaliers pour qu'il vînt délibérer sur l'aide qu'il fallait fournir aux rois d'Arménie et de Chypre ; il l'invitait à venir pour la quinzaine de la Toussaint, en secret, avec peu de monde ; un ordre analogue fut envoyé au maître du Temple, ainsi qu'à divers dignitaires des deux ordres. Le sens de cette convocation a été faussé par plusieurs ; Schottmüller croit que le pape appelait les deux maîtres pour se débarrasser de Philippe et qu'il retarda l'entrevue de Poitiers jusqu'à l'arrivée de l'un d'eux. Rien ne confirme l'exactitude de cette singulière hypothèse ; Clément, à cette époque, n'était pas encore excédé de Philippe ; il convoque en secret, pour que l'absence du grand-maître n'enhardisse pas les musulmans ; il convoque avec peu de monde, et ceci montre que l'aide de Guillaume de Villaret ne pouvait être que médiocre. En sens inverse, on a cru que cette convocation était un guet-apens, opinion aussi peu fondée que la précédente, car Clément, à ce moment, ne croyait pas encore à la culpabilité des Templiers et ne songeait pas à procéder contre eux, comme le montrent diverses décisions : le 13 juin, par exemple, il recommande aux rois, archevêques, évêques, d'aider Humbert Blanc, précepteur de l'ordre en Auvergne, qui a le projet de délivrer la Terre Sainte ; il lui accorde diverses indulgences spirituelles ; il confirme l'ordre donné par Philippe à un abbé de rembourser deux mille marcs que Hugues de Pairaud, visiteur de France, avait perdus par suite de la fuite de deux marchands italiens, pour lesquels l'abbé s'était porté caution. Il faut donc considérer la convocation de Clément comme le résultat des conversations qu'il avait eues avec le roi à Lyon. Le pape veut prendre l'avis de deux hommes que leur expérience et leur dignité désignaient comme chefs de l'expédition projetée. Il songeait sans doute aussi à une fusion des deux ordres ; mais rien n'indique qu'il méditât alors des poursuites. Le maître de l'Hôpital, occupé à la préparation du siège de Rhodes, ne vint pas tout de suite et s'excusa ; son successeur, Foulques de Villaret, arriva seulement dans l'été de 1307 et il fut alors bien reçu par Philippe et Clément. Molai obéit immédiatement et passa par Paris avant d'aller en cour pontificale ; son arrivée paraît avoir causé quelque émotion ; on a pu prétendre alors qu'il venait avec un immense trésor et qu'il se proposait d'établir le siège de l'ordre en France, de renoncer à reprendre la Terre Sainte ; mais les gens bien informés — à commencer par l'entourage du roi — devaient savoir que ces bruits étaient exagérés et que le centre administratif de l'ordre restait toujours, comme l'a prouvé Schottmüller, dans l'île de Chypre.

Molai, comme F. de Villaret sans doute, avait rédigé, en 1306, deux mémoires pour le pape, relatifs l'un à la croisade, l'autre à la fusion de l'Hôpital et du Temple. Il acceptait le principe d'une expédition, mais se prononçait contre la fusion projetée, pour diverses raisons, les unes enfantines, les autres très sérieuses. Il marquait les avantages de la réunion : la diminution des frais d'administration, la force plus grande des chevaliers qui pourraient mieux résister à la cupidité et à la jalousie qu'excitaient leurs biens, aux dommages que leur causaient les gens puissants, tant prélats que laïcs. Mais il insistait sur les inconvénients : la diminution des recettes, puisqu'il n'y aurait plus de quêtes que pour un ordre, les luttes, les rivalités qui mettraient aux prises les Templiers et les Hospitaliers réunis. Nous ne possédons pas le mémoire de Villaret relatif à l'union, alors que nous avons celui qu'il a rédigé au sujet de la croisade. Celui de Molai fut soumis au roi ; il fut alors étudié par ses conseillers, car on en trouve une copie dans le registre de Pierre d'Etampes, et l'on sait qu'il se trouvait dans les papiers de Nogaret.

Ce mémoire dut produire un mauvaise effet dans l'entourage de Philippe ; à la lecture, il s'en dégage l'impression que Molai exagérait systématiquement les inconvénients du projet, non pas seulement pour le bien de la Terre Sainte, mais avec le souci assez net de sauvegarder les intérêts matériels du Temple et la dignité de ses officiers. Ces raisons, qu'un homme tel que Clément pouvait accepter, ne pouvaient valoir auprès de Philippe qui avait pris position en faveur de la réunion et qui, l'année suivante, à Poitiers, allait présenter au pape un plan qui faisait de son fils aîné le chef de tous les ordres réunis.

Philippe et Clément se séparèrent en bons termes ; le pape avait, le 1er juin, distribué à la famille royale des indulgences de toute sorte ; autorisation de faire célébrer la messe l'après-midi, même dans les lieux frappés d'interdit, concession de prébendes à des protégés, etc.; le 3 juin, il concédait au roi une décime, en échange de celle que Philippe avait cédée à Charles d'Anjou. Peu après, il quitta Poitiers pour la campagne. Pourtant, les négociations continuèrent, parce que plusieurs questions, telles que l'affaire de Boniface, la paix avec l'Angleterre, n'avaient pas été résolues. La question du Temple fut reprise avec, semble-t-il, plus d'insistance qu'à Poitiers même ; Philippe, à plusieurs reprises, fit communiquer des renseignements au pape par Geoffroi du Plessis et par d'autres. De ces négociations nouvelles, qui n'ont laissé presque aucune trace, sortit une concession de Clément ; le 24 août, il écrivait au roi qu'il avait d'abord repoussé les accusations portées contre l'ordre, puis que le doute était entré dans son esprit, et qu'après avoir pris l'avis des cardinaux, il avait décidé de revenir à Poitiers pour procéder à une enquête ; cette enquête avait d'ailleurs été réclamée par Molai et divers précepteurs de l'ordre. Clément annonçait au roi qu'il lui ferait part de ce qu'il apprendrait ; il lui demandait en échange un service analogue. Le pape était à Poitiers le 30 ; on ne connaît pas le résultat de son enquête. Il est à croire qu'elle ne fut pas décisive car, le 26 septembre, il demandait encore au roi des renseignements sur les Templiers.

La lettre de Clément n'était pas une fin de non-recevoir ; le pape se déclarait ébranlé par les accusations portées contre l'ordre. Il ne demandait qu'à étudier l'affaire, mais il voulait procéder avec prudence et prendre son temps. Dans la lettre du 24 août, il disait : vous nous avez manifesté l'intention de nous envoyer quelqu'un vers l'Assomption pour nous parler de ce que Geoffroi du Plessis, notre notaire, et Guillaume de Plaisians vous ont rapporté. Sachez que nous nous disposons à prendre des potions préparatoires, puis à nous purger vers le début de septembre. Ainsi, ne vous pressez pas, ne nous adressez vos envoyés que vers le milieu d'octobre.

La lettre du 24 août marque la fin d'une première phase. La procédure que recommandait le pape avait de graves inconvénients pour le roi ; elle était longue, et, comme elle ne comportait pas l'arrestation des membres de l'ordre, elle ne pouvait donner de résultat décisif. Depuis le mois d'avril, on discutait cette affaire dans les conseils du roi ; la longue durée de ces discussions paraît indiquer qu'il n'y avait pas accord entre les conseillers, les modérés d'une part, les violents de l'autre. Parmi ces derniers, évidemment, se trouvait Nogaret. Il n'avait pas de raisons personnelles d'entrer dans les vues du pape qui n'avait pas voulu le recevoir à Poitiers et qui le laissait sous le poids des condamnations de Benoît XI. Les hésitations de Clément et cette circonstances favorable, exceptionnelle, que la plupart des dignitaires de l'ordre se trouvaient en France, qu'on les avait sous la main, lui donnèrent la victoire au début de septembre ; c'est lui qui eut l'idée de faire entamer par le roi le procès de l'ordre. Il avait à sa disposition l'inquisition ; c'était un procédé légal ; c'était un procédé très sûr, puisque l'inquisiteur général de France était le frère Guillaume Humbert, confesseur du roi, homme dévoué ; c'était un procédé très efficace, rapide. Par ce moyen, on obtiendrait des aveux, on compromettrait l'ordre et l'on pourrait communiquer à Clément des renseignements nouveaux et décisifs.

Sous le couvert de l'inquisition, toute l'affaire fut, au début, une affaire d'Etat. Philippe, dans son manifeste du 14 octobre, déclare qu'il a cédé aux « supplications de son bien-aimé en Notre Seigneur, Guillaume de Paris ». En réalité, Guillaume, qui avait déjà interrogé quelques Templiers isolés, n'intervient ici que pour légaliser la procédure ; encore ne le fait-il pas avec une entière habileté, puisque les réquisitions qu'il adresse aux officiers royaux sont datées du 22 septembre, alors que l'ordre d'arrestation est donné à Maubuisson, le 14. Les détails de l'opération furent arrêtés par Nogaret qui, succédant à Pierre de Belleperche, évêque d'Auxerre, reçut le grand sceau le 22 septembre, au même monastère de Maubuisson.

Le roi expliqua plus tard que l'arrestation de l'ordre avait été précipitée par suite de la fuite de quelques chevaliers qui se disposaient à emporter les biens de l'ordre. Il y a là une forte exagération. Sans doute, — malgré le secret des conseils du roi — quelque chose avait filtré de leurs discussions. Il y avait des membres qui pensaient qu'un danger menaçait l'ordre ; quelques-uns l'avaient quitté ; d'autres, comme Pairaud, visiteur de France, étaient déjà résolus, en cas de danger, à tout faire pour sauver leur vie. Mais la masse ne croyait pas à la catastrophe du 13 octobre. Molai s'était expliqué avec Clément qui devait faire une enquête ; il était allé trouver le roi ; il lui avait dit en quoi consistait l'absolution qu'il donnait quelquefois aux chevaliers, et dont on lui faisait un grief. Lui, qui, le 12 octobre, assistait aux côtés de Philippe aux obsèques de la femme de Charles de Valois, se croyait justifié.

Le lendemain vendredi 13, au matin, presque tous les Templiers de France étaient arrêtés. On exécutait ainsi, simultanément, un ordre donné sous lettres closes à ouvrir au jour fixé. L'opération fut menée avec la discrétion et la célérité dont était capable celui qui, en 1303, avait surpris Boniface, et, en 1306, arrêté les Juifs ; c'est lui qui, avec l'aide de Renaud de Roye, procéda à l'arrestation du groupe le plus important qui résidait au Temple de Paris. Il y eut très peu de fugitifs ; il n'y eut pas de résistance. La réussite de l'opération montre assez que les Templiers n'étaient pas dangereux ; elle atteste en même temps la fidélité et l'obéissance des officiers royaux.

L'arrestation subite des Templiers fit une impression profonde ; « tous, dit Jean de Saint-Victor, en furent émerveillés... ». Mais les Templiers n'avaient pas que des ennemis ; il fallait donner des explications à ceux qui leur étaient favorables et rassurer ceux qui ne savaient que penser. C'est pour cela que l'arrestation fut accompagnée d'une proclamation qu'il faut, à cause de sa rhétorique ecclésiastique, attribuer à Nogaret. « Une chose amère, une chose déplorable, une chose terrible à penser, terrible à entendre, détestable, exécrable, abominable, inhumaine, avait déjà retenti à nos oreilles, non sans nous faire frémir d'une violente horreur... » Le document, après un long préambule de cette sorte, énumère les crimes des Templiers : « ils s'obligent par le vœu de leur profession à renier le Christ et à se livrer entre eux à d'ignobles désordres ». Le roi, tout d'abord, a attribué les accusations « à l'envie, à la haine, à la cupidité », plutôt qu'à « la ferveur de la foi », au « zèle de la justice » ; finalement, il a été obligé de se rendre aux constatations. Il a consulté le pape, il a délibéré avec ses barons ; il cède maintenant aux supplications de l'inquisiteur Guillaume. Dans cette proclamation, on parlait d'une façon obscure du rôle du pape ; mais l'impression générale fut que l'arrestation, comme osait le dire Plaisians à Poitiers, avait été concertée entre Clément et Philippe ; Jean de Saint-Victor raconte que les cardinaux chargés de cette affaire en avaient — sur l'ordre du pape — laissé l'exécution au roi. Cette rumeur, bien propre à faire taire les scrupules, circulait encore au mois de novembre, comme Philippe l'écrivait lui-même à Clément.

A Paris, on recourut aux grands moyens. Le lendemain de l'arrestation, le samedi 14 octobre, Nogaret se rendit dans la salle du chapitre de Notre-Dame, où s'étaient réunis des maîtres de la faculté de théologie, les chanoines, le prévôt de Paris et d'autres officiers du roi. Il leur exposa l'affaire et énuméra les cinq crimes dont l'ordre était accusé. Le lendemain dimanche, on travailla la foule ; on la réunit dans les jardins du Palais ; des dominicains, puis des gens du roi la haranguèrent ; ils lui expliquèrent les motifs de l'arrestation, afin qu'elle ne fut pas scandalisée par sa soudaineté. Cette journée, qui rappelle celles des 13 et 14 juin 1303, donna sans doute des résultats satisfaisants, car l'année suivante, le 6 octobre 1308, on la renouvela pour entamer le procès de Guichard, évêque de Troyes.

Mais le roi désirait aussi avoir pour lui l'opinion des princes de l'Europe, puisqu'il n'en voulait pas seulement aux Templiers de France, mais à l'ordre tout entier. Aussi, le 16 octobre, écrivit-il au roi d'Aragon pour lui annoncer ce qu'il avait fait et l'inviter à procéder de même ; une communication analogue fut faite à divers princes et prélats, et même à des particuliers. Cette communication ne fut pas bien accueillie partout. Albert, roi des Romains, s'indigna de la conduite du Temple, mais il déclara que l'affaire était de la compétence du saint siège et qu'il n'agirait que sur les réquisitions du pape ; l'évêque de Liège dit qu'il n'avait reçu aucun ordre du pape. Edouard II répondit, le 30 octobre, que lui et son conseil avaient été très étonnés par la communication qu'avait faite au nom du roi Bernard Pelet ; qu'il avait peine à croire à la vérité des accusations ; que, pour acquérir une certitude, il allait envoyer son sénéchal à Agen, d'où paraissaient venir les plaintes ; le 4 décembre, il écrivit aux rois de Portugal, Castille, Aragon, Sicile, que les accusations devaient être dictées par la calomnie et la cupidité, et qu'il les priait de n'agir qu'après mûre réflexion ; à Clément, qui qui venait de décider l'arrestation générale, il demandait encore, le 10 décembre, de résister aux calomnies des envieux et des méchants. Jaime répondit à Philippe, le 17 novembre, qu'il n'agirait que sur les réquisitions de l'Eglise. A côté de ces refus nets ou déguisés, le roi obtint quelques réponses favorables ; Jean, duc de Basse-Lorraine, Brabant et Limbourg, et Gérard, comte de Juliers, firent arrêter les Templiers à la réception de la lettre du roi ; l'archevêque de Cologne fit de même, parce que, disait-il, une demande de Philippe était pour lui un ordre ; Gui, évêque d'Utrecht, répondit le 17 décembre qu'il était prêt à extirper l'hérésie de l'ordre, mais que les Templiers n'avaient pas de maisons chez lui. Ces réponses favorables n'émanaient que de personnages secondaires ; dans l'ensemble, la propagande du roi avait échoué. Mais Philippe avait sous la main les Templiers de France ; cela lui suffisait à peser sur les décisions de Clément.

En même temps que la proclamation du 14 septembre, on avait envoyé aux officiers royaux des instructions. Ils devaient dresser inventaire des biens du Temple et les administrer. Les prisonniers devaient être interrogés par les commissaires du roi ; pour obtenir des aveux, on devait employer la torture s'il en était besoin ; on devait leur dire que le roi et le pape étaient informés, par plusieurs témoins dignes de foi, des crimes de l'ordre ; on devait leur proposer l'alternative du pardon ou de la mort. On les interrogerait par paroles générales jusqu'à ce que l'on tirât d'eux la vérité et « qu'ils y persévèrent ». Ensuite, mais ensuite seulement, on appellerait les commissaires de l'inquisition.

Ceci fut exécuté à la lettre ; dans tous les pays pour lesquels nous possédons les procès-verbaux d'interrogatoire, — sauf à Troyes et à Chaumont — ce sont les officiers du roi qui apparaissent les premiers, comme l'a bien montré Finke. On employa la torture, on obtint des aveux, et ensuite on livra les prisonniers à l'inquisition. Cela explique l'abondance des aveux des Templiers devant les inquisiteurs, auxquels ils déclarent pourtant parler sans être déterminés par la torture; très souvent alors, à côté des inquisiteurs, se trouvent des gens du roi qui ont assisté au premier interrogatoire et veulent s'assurer que l'accusé « persévère » dans ses premières déclarations. L'ensemble de ces procédés est très remarquable ; la brutalité de la procédure, l'ingérence du roi ont été acceptées par les inquisiteurs. Ceux-ci enregistrent, mais ce sont les gens du roi qui agissent. Il y a là évidemment le germe d'une inquisition d'Etat.

Les prisonniers de Paris, après avoir passé par les mains des gens du roi, furent interrogés au nombre de 138, du 19 octobre au 24 novembre, dans la salle basse du Temple, par Guillaume de Paris. Ils avaient été si bien travaillés que tous, sauf trois, avouèrent quelques-uns des crimes dont on les accusait. Il n'est pas nécessaire d'insister sur ces aveux, différents par la forme souvent, mais qui, par le fond, sont d'accord avec les accusations ; il suffit de résumer les dépositions de ceux qui, par leur dignité, connaissaient bien l'ordre et dont l'exemple pouvait être efficace: Hugues de Pairaud, visiteur de France, Geoffroi de Charnai, précepteur de Normandie, Jacques de Molai. Pairaud déposa qu'au moment de sa réception dans l'ordre, on lui avait ordonné de renier le Christ et de cracher sur la croix ; il refusa de cracher, consentit à renier, mais une seule fois, de bouche, non de cœur; il ne reçut alors qu'un baiser sur la bouche. Il reconnut qu'il s'était fait baiser au bas du dos, au **nombril**, sur la bouche, par ceux qu'il recevait, qu'il les avait obligés à cracher sur la croix et à renier le Christ; il avait aussi autorisé les frères à s'unir entre eux s'ils ne pouvaient se contenir. Tout cela, il l'avait fait malgré lui, ou dit des lèvres, non de cœur; d'ailleurs, il ne croyait pas que tous les frères eussent été reçus de la sorte. Toutefois, après une interruption de séance, — qui laisse supposer une intervention du dehors — Hugues reconnut qu'il s'était trompé et que tous les frères avaient été reçus de la même façon que lui. Il déclara enfin qu'il avait vu une figure à quatre pieds adorée au chapitre de Montpellier; il l'avait adorée, mais seulement en paroles; il ne put se souvenir de l'endroit où elle était. Geoffroi de Charnai déposa que celui qui l'avait reçu avait qualifié le Christ de faux prophète; que lui-même avait renié le Christ trois fois, en paroles, non de cœur. Il déclara ne pas se souvenir d'avoir craché sur la croix, parce que la réception était très rapide; mais il avoua avoir baisé au nombril celui qui le recevait. Il avait entendu dire à Gérard de Sanzet, précepteur d'Auvergne, qu'il valait mieux s'unir aux frères de l'ordre qu'aux femmes; toutefois, c'était là une prescription qui ne lui fut pas imposée et qu'il n'imposa pas lui-même; au premier frère qu'il reçut, il demanda de renier le Christ et de cracher sur la croix; aux autres, il ne demanda rien parce que c'était contraire à sa foi. Molai déclara seulement que celui qui l'avait reçu à Beaune lui avait commandé de renier le Christ et de cracher sur un crucifix. Molai renia, malgré lui, mais cracha à terre, et une seule fois. Sur une question

7

qui lui fut posée, il déclara qu'on ne lui avait pas commandé de s'unir à ses frères et qu'il ne l'avait jamais fait ; sur une seconde question, il déclara que toutes les réceptions devaient, selon ses recommandations, ressembler à la sienne.

Cet aveux furent immédiatement utilisés. Le lendemain de l'interrogatoire de Molai, le 25 octobre, on fit venir au Temple divers ecclésiastiques, ainsi que des maîtres en théologie et des écoliers de l'Université de Paris. Devant eux, comparurent le grand maître, Gérard Gauche, Gui Dauphin, Geoffroi de Charnai, Gautier de Liancourt. Molai reconnut publiquement que depuis longtemps les crimes reprochés à l'ordre existaient en son sein ; ses membres crachaient sur la croix et commettaient toutes sortes d'autres énormités ; en son nom et au nom de ses frères, il supplia les assistants d'obtenir l'absolution du pape et le pardon du roi, se soumettant par avance à la pénitence qu'on voudrait bien lui infliger. Il se compromit bien davantage ; il enjoignit aux Templiers, en vertu de la sainte obéissance qu'ils lui devaient, de confesser à l'inquisiteur ou à ses commissaires tout ce qu'ils savaient des crimes imputés à l'ordre. Il consentit, dans une cédule scellée de son sceau, que cet ordre fût envoyé dans toutes les maisons de l'ordre sises en France. Il n'est pas douteux qu'un tel ordre, donné par un chef à des soldats obéissants, n'ait produit de l'effet et paralysé ceux qui avaient l'intention de défendre leur ordre. Le lendemain, 26 octobre, devant une assemblée analogue, on fit comparaître 32 des 37 Templiers qu'avait déjà interrogés Guillaume de Paris; ils confirmèrent leur première déposition. Maintenant, Philippe pouvait attendre avec quelque sérénité les observations de Clément.

Celui-ci avait appris la décision du roi par l'arrestation de Hugues de Pairaud, qui fut pris à la curie et transféré avec d'autres à Loches. Le 15, Clément revint à Poitiers et convoqua un consistoire pour le 17; l'affaire lui paraissait si importante qu'il ordonna au cardinal Pierre de la Chapelle, alors malade à une journée de la ville, de venir en litière s'il ne pouvait chevaucher. A partir de ce moment, le pape tint une série de consistoires privés qui absorbèrent tout son temps. Le mercredi 18, il fit venir en consistoire les camériers de l'ordre; il leur dit de ne pas désespérer, de ne pas chercher à s'enfuir et de croire qu'à cette affaire, qui l'occupait tous les jours, il trouverait une bonne solution. Ils répondirent qu'ils avaient confiance en la protection du pape, qu'ils étaient bons catholiques, et que depuis 190 ans les Templiers n'avaient jamais craint la mort.

Toutes ces délibérations ne pouvaient être que confuses : Clément n'avait, en effet, reçu aucune communication du roi, qui pourtant avait pris soin d'instruire des particuliers comme Arnaud de Villeneuve, et il ne savait rien de ce qui s'était passé à Paris. Aussi écrivit-il à Philippe le 27 octobre; il lui disait : « Pendant que nous étions loin de vous, vous avez étendu la main sur les personnes et les biens des Templiers; vous avez été jusqu'à les mettre en prison, et, ce qui est le comble de la douleur, vous ne les avez pas relâchés ; même, à ce qu'on dit, allant plus loin, vous avez ajouté à l'affliction de la captivité une autre affliction que, par pudeur pour l'Eglise et pour nous (il s'agit peut-être de l'inquisition royale et de la torture), nous croyons à propos de passer actuellement sous silence... Je passerai pour le moment sous silence d'autres sujets bien connus de surprise et de douleur, que nous ordonnons vous être exposés par les cardinaux Bérenger (Frédol) et Etienne (de Suisi) que nous savons vous être attachés... Ecoutez favorablement leurs avertissements et leurs paroles, tellement que cela tourne à l'honneur de Dieu et de l'Eglise romaine et que vous méritiez d'en avoir de la louange auprès de Dieu et des hommes. » Le ton de cette lettre est assez surprenant ; il y a des reproches dans ces paroles, mais peu d'indignation, plutôt de la tristesse et de la crainte. Cette lettre modérée laissait la porte ouverte à un arrangement ; les deux envoyés de Clément étaient des amis de Philippe ; le pape se plaignait de l'arrestation des Templiers, mais il n'avait pas un mot pour parler de leur innocence ; si l'on en croit Jean de Saint-Victor, ce qui lui déplaisait surtout, c'était la précipitation du roi.

Les négociations qui s'ouvrirent alors restent mal connues. Le 17 novembre, le pape envoyait au roi Arnaud de Faugères, son chapelain ; celui-ci devait entretenir Philippe de l'affaire du Temple et lui communiquer des bulles qui ordonnaient l'arrestation générale des membres de l'ordre ; en trois semaines, par conséquent, Clément avait changé d'avis et l'entente s'était faite. On a formulé plusieurs conjectures pour expliquer ce revirement : Schottmüller fait intervenir une demi-captivité du pape à Poitiers, la reprise de l'affaire de Boniface, les réclamations du peuple, les conseils et les parlements tenus par le roi à Melun et ailleurs; mais le premier de ces événements est douteux, le second et le troisième ne se produisent pas en 1307, le dernier n'explique rien. Il est probable que Clément fut déterminé par plusieurs considérations : le roi lui prouva qu'il n'avait pas agi de sa propre initiative, mais sur les réquisitions de l'inquisiteur; qu'il avait arrêté les chevaliers avec l'intention de les remettre aux mains de l'Eglise. Il lui communiqua les procès-verbaux d'interrogatoire des Templiers de Paris; sous cet amoncellement d'aveux et de révélations honteuses, le pape fut écrasé, convaincu. Il soumit au roi un projet d'arrestation, qui devint la bulle *Pastoralis præeminentiæ*. Le pape raconte comment Philippe, à la requête de Guillaume de Paris, a fait arrêter les Templiers pour les soumettre au jugement de l'Eglise, comment les dignitaires de l'ordre ont confessé leurs crimes et comment un Templier en service à la curie a confirmé ces aveux. En conséquence, Clément ordonne à tous les princes d'arrêter et de détenir les Templiers, de séquestrer leurs biens en son nom. Si l'ordre était reconnu innocent, ses biens lui seraient rendus; sinon, ils seraient consacrés à la Terre Sainte. Après avoir remporté ce grand succès, Philippe se montre des plus conciliants; il fait savoir à Clément que, contrairement aux bruits qui couraient dans son entourage, jamais le pape ne lui a abandonné le procès. Clément, le 1er décembre, l'en remercie; il lui recommande de bien accueillir les cardinaux Bérenger et Etienne et de tenir la promesse qu'il a faite. Philippe reçoit enfin les deux cardinaux un peu avant le 24 décembre; en témoignage de respect pour les libertés de l'Eglise, il leur remet la personne des Templiers; quant aux biens, il les fera garder par des officiers autres que ceux qui avaient la garde des siens. Toutefois, il informe Clément, le 24 décembre, que pour cette affaire et pour d'autres, il se dispose à se rendre auprès de lui.

La fin de l'année 1307 se terminait donc pour le roi sur un grand succès. Sans doute, rien n'était décidé encore; mais le sort des biens du Temple dépendait du sort de l'ordre, qui désormais était bien compromis. Les interrogatoires de Paris avaient déterminé dans la chrétienté ce grand scandale que le pape invoquait à Vienne, plus tard, pour supprimer l'ordre. La bulle *Pastoralis prœminentiæ* allait porter ses fruits et déconsidérer le Temple à tout jamais. Pour comble de malheur, l'abandon momentané de l'ordre par le pape va déchaîner les haines et éveiller les appétits des princes laïcs. Le pillage des biens commence, et même l'on englobe dans une haine commune le Temple et d'autres ordres. Le 21 décembre, Clément croit devoir confirmer les privilèges des Hospitaliers; il ordonne à des ecclésiastiques, en diverses régions de l'Europe, de les protéger contre la malveillance. Vers le même temps, d'ailleurs, un mouvement d'opinion hostile se produit contre l'ordre Teutonique.

A partir de la fin de décembre, commence dans l'histoire des relations du pape et du roi une lacune d'environ trois mois. Cela est d'autant plus regrettable que, dans cet intervalle, le pape a pris de graves mesures; quand, en effet, les relations reprennent, tout est changé: Clément a interrompu le procès en France, cassé les pouvoirs des inquisiteurs et évoqué l'affaire à lui.

Bien que toute cette période soit très confuse, il est possible, à l'aide des publications de Finke, d'entrevoir une partie de ce qui s'est passé. Certainement, la question des biens a joué un grand rôle. Philippe avait cédé au mois de décembre sur la question de personnes; mais, en fait, il avait conservé la haute main sur les biens, qu'il faisait administrer par des officiers, spéciaux sans doute, mais qui pourtant dépendaient de lui. Cette décision cachait évidemment une arrière-pensée, comme cela résulte d'une lettre écrite par Esquiu *de Floyrano* à Jaime II le 21 janvier. On s'était demandé ce qu'il faudrait faire si le pape voulait avoir sa portion des biens des Templiers en tant que personnes religieuses, et l'on avait jugé que le roi de France ne devait pas accéder à une telle demande parce que l'ordre du Temple n'avait rien de religieux et que, par son origine, il reposait sur l'hérésie. Quelques-uns pensaient que les biens qu'on avait donnés à l'ordre ne pouvaient pas revenir aux donateurs, mais qu'ils devaient être remis aux princes temporels. D'autre part, la remise des prisonniers donna lieu à des scènes inattendues. Quand les prisonniers apprirent qu'ils allaient être remis aux cardinaux Bérenger et Etienne, ils reprirent courage; la veille du jour où le roi devait venir avec les envoyés de Clément dans leur prison, on leur communiqua, de la part du grand maître, des tablettes par lesquelles on les invitait à révoquer leurs dépositions. Il n'est pas sûr que le grand maître soit revenu sur ses aveux dans son église, en présence d'une foule nombreuse, en montrant son corps déchiré par la torture, mais il est sûr qu'il révoqua sa déposition; Hugues de Pairaud, que les cardinaux avaient invité à dîner, fit de même. Beaucoup de Templiers, sans doute, imitèrent ces deux dignitaires, et il semble que les deux cardinaux aient favorisé leurs rétractations. Tout cela fit de l'impression sur Clément; il eut peur que les biens ne fussent volés; en se reportant à la soudaineté de l'arrestation, il éprouvait des scrupules; la lecture des interrogatoires ne les dissipait pas. Or, Philippe lui avait abandonné théoriquement l'affaire. Le pape le prit au mot au début de 1308, cassa les pouvoirs des inquisiteurs et évoqua toute l'affaire à lui.

Cette résolution était inattendue; elle dut frapper d'étonnement l'entourage de Philippe qui croyait tenir le pape. C'est qu'elle était grosse de conséquences; une nouvelle inquisition, dirigée par le pape, pouvait conduire à des conclusions toutes différentes de celles de la première ; elle pouvait sauver l'ordre que l'on croyait perdu.

Aussi Philippe déploya-t-il une grande activité, comparable à celle qu'il avait montrée dans son conflit avec Boniface. Il ajourna son voyage à Poitiers, qui risquait de n'être pas efficace s'il n'était pas préparé.

D'abord, en fait, il ne tint aucun compte des décisions du pape ; il avait déjà les biens du Temple en sa garde ; il garda aussi les personnes qu'il avait théoriquement remises aux cardinaux Bérenger et Étienne.

Puis on examina la situation nouvelle au point de vue juridique ; de cet examen, trois documents nous permettent de parler.

Le premier est la réponse d'un anonyme à quatre questions : premièrement, que faut-il penser des variations du grand maître qui d'abord a fait des aveux publics puis les a révoqués, sous prétexte qu'il avait parlé sous l'influence de la terreur, puis est revenu à ses premières déclarations et pourra varier encore ? Le grand maître a confessé ses erreurs spontanément et publiquement, sans avoir été soumis à la torture, et il a persévéré plus de deux mois dans sa première déposition ; c'est à celle-là, dont plusieurs autres témoignages confirment l'exactitude, qu'il faut se tenir. Le rédacteur estime ensuite que l'essence de la profession de foi des Templiers est viciée par les engagements qu'ils prenaient au moment de la réception : ils croyaient se dévouer à Dieu, et c'est au diable qu'ils se donnaient. Troisièmement, on demande s'il y a lieu d'accorder un défenseur dans l'affaire. En ce qui concerne les personnes, la réponse évidemment est négative; elle l'est également en ce qui concerne l'ordre tout entier. Qu'on remarque qu'il n'y a en cette affaire ni accusateur ni procès ordinaire; le roi de France intervient seulement comme ministre de Dieu et défenseur de la foi; l'Eglise n'a pas à procéder par voie de jugement, mais par voie de provision. L'affaire est claire; les crimes sont évidents; donner un défenseur à l'ordre, c'est donner un défenseur à l'erreur. Qu'on imite Grégoire X qui, au concile de Lyon, a extirpé du sein de l'Eglise plusieurs ordres par provision, sans procès. Enfin l'ordre peut-il subsister au cas où l'on trouverait des innocents dans son sein? En fait, il est difficile, sinon impossible, de trouver des innocents; même en supposant qu'il y en eût, l'ordre ne peut subsister : puisque la majorité, avec les dignitaires, a péché, la suppression totale est légitime; si on prend une mesure partielle, ceux qui resteront seront toujours un scandale et une abomination pour l'Eglise.

Deux autres documents nous montrent que le roi essaya, au mois de février, de reprendre au pape toute l'affaire. Il fit poser à l'Université de Paris sept questions : le pouvoir temporel peut-il procéder seul contre ceux qui sont notoirement hérétiques? La culpabilité notoire des Templiers anéantit-elle leurs privilèges? Maintenant que plus de cinq cents d'entre eux ont avoué en France, faut-il attendre le résultat des interrogatoires des autres royaumes? Doit-on continuer à tenir pour catholiques ceux qui n'ont rien avoué ? S'il y a dix, vingt ou trente innocents, l'ordre doit-il subsister en eux ? Que doit-on faire des biens de l'ordre ? Faut-il les consacrer à la Terre Sainte ? Ou bien les princes peuvent-ils les confisquer ? En attendant, à qui leur administration revient-elle ?

L'Université ne répondit que le 25 mars, par suite de l'absence de plusieurs de ses principaux membres, et parce que l'affaire était d'importance. Selon elle, un tribunal séculier ne peut avoir connaissance d'un crime d'hérésie qu'à la requête de l'Eglise et qu'après abandon de la personne de l'hérétique ; — en cas de nécessité, le pouvoir séculier peut arrêter un hérétique, mais seulement avec l'intention de le remettre au tribunal ecclésiastique ; — les Templiers, quoi qu'ils soient soldats, n'en sont pas moins des religieux, et comme tels soustraits à la juridiction séculière ; — ceux d'entre eux qui n'ont pas prononcé de vœux ne sont pas religieux, mais il n'appartient qu'à l'Eglise d'établir leur qualité ; — les soupçons provoqués par les aveux suffisent à justifier une enquête contre l'ordre tout entier ; — comme il y a des présomptions véhémentes contre tous les membres de l'ordre, il convient de prendre des mesures pour éviter que les frères réduits aux aveux ne corrompent les autres ; — il faut garder les biens du Temple pour en faire l'usage auquel l'ordre a été destiné ; on adoptera le mode d'administration qui conviendra le mieux à ces fins. Cet avis, qui ne répondait pas exactement aux questions posées, sans doute parce qu'elles étaient trop brûlantes, fut peu agréable. Sur la question des personnes, il était défavorable aux prétentions du roi ; sur la question de la garde des biens, il était très obscur.

Comme on ne pouvait pas légalement reprendre le procès au pape, on essaya de peser sur Clément pour le déterminer à se dessaisir, comme on avait essayé de peser sur Boniface VIII. Cette campagne d'intimidation comporte la publication de manifestes et la convocation de députés des Etats.

L'un de ces documents est une remontrance adressée au pape au nom du roi. L'auteur dit que le pape procède avec trop de tiédeur dans une affaire qui est claire, et que Dieu déteste les tièdes ; que le pape doit exciter les prélats et les ordinaires des lieux à faire leur devoir. Ce serait une grande injure pour eux s'ils étaient injustement privés de leurs fonctions ; ils ne pourraient la supporter, et le roi ne pourrait la tolérer. C'est un grand péché que de mépriser les gens de Dieu, dont le Seigneur a dit : « Qui vous méprise me méprise ». Que le pape prenne garde ; il est soumis aux lois de ses prédécesseurs et il peut tomber sous leurs coups. En suspendant le pouvoir de l'inquisiteur, le pape a encouragé les Templiers ; Hugues de Pairaud, après après avoir dîné avec les cardinaux envoyés du roi, a révoqué sa libre confession ; les prisonniers pensent que le pape sera pour eux, et que l'affaire renvoyée devant lui ne prendra jamais fin.

Pierre Dubois, avocat des causes ecclésiastiques à Coutances, se chargea de faire parler le peuple de France, comme il l'avait fait en 1302. Dans une requête en français, le peuple de France, dévoué à l'Eglise, se montre fâché de voir que Clément se contente de promettre de punir les Templiers qui ont avoué. On s'inquiète de cette attitude, et l'on n'en peut donner d'autre motif que celui-ci : le pape est gagné à prix d'argent. Puis l'auteur attaque directement Clément sur un point où il n'était pas aisément défendable : son népotisme ; le pape a donné à son neveu (le cardinal Raimond de Got) plus de bénéfices que quarante papes — sans excepter Boniface — n'en ont donné à tout leur lignage ; à un neveu encore, il a donné la riche province de Rouen, à un autre l'évêché de Toulouse, à un autre celui de Poitiers, alors que plus de deux cents maîtres en théologie et en décret n'ont pas, à eux tous, autant de bénéfices que le premier. Mais ces injustices peuvent avoir une fin, car ce que le pape Clément a donné, un autre pape pourra le reprendre. Pour conclure, Dubois engage le pape à suivre la voie de la justice : celui qui fait ce qu'il doit est fils de Dieu ; mais celui qui diffère par affection de personne, par don ou par promesse, par peur, par amour, par haine, est fils du diable et renie Dieu.

Dans une autre requête rédigée en latin, le peuple de France réclame avec instance contre les Templiers qui sont homicides et fauteurs d'homicides. Moïse nous a enseigné la conduite qu'il faut tenir à leur égard, quand il a dit : « Que chacun prenne son glaive et tue son plus prochain voisin. » Il a fait mettre à mort, pour l'exemple d'Israël, vingt-deux mille personnes, sans avoir demandé la permission à Aaron que Dieu avait établi grand prêtre. En frappant les Templiers, le roi très chrétien se rendra digne de cette béatitude que Dieu a promise par la bouche de son prophète en ces paroles : Beati qui faciunt judicium et justitiam in omni tempore. »

La veille du jour où l'Université de Paris rendit sa réponse, alors qu'on en connaissait déjà sans doute le sens général, on décida à Melun, où le roi avait tenu de nombreux parlements et conseils, de convoquer une assemblée de députés des trois états. La convocation, du 25 mars, est l'œuvre de Nogaret, comme l'indiquent des analogies de style avec le discours qu'il avait prononcé le 12 mars 1303 à Paris : « Nos ancêtres, fait-il dire au roi, se sont toujours distingués entre les princes par leur sollicitude à extirper de l'église de Dieu et du royaume de France les hérésies et les autres erreurs, défendant comme un trésor inestimable, contre les voleurs et les larrons, la foi catholique, cette perle très précieuse. » Le roi déclare qu'il veut les imiter et profiter de la paix terrestre que Dieu lui a accordée, pour faire la guerre aux ennemis publics et secrets de la foi. « Aimons notre Seigneur avec qui nous régnerons un jour ; vengeons son injure ! » Ensuite, se place un résumé des crimes des Templiers, et l'auteur conclut : « Nous avons résolu de conférer avec le siège apostolique pour faire cesser tant de crimes et d'erreurs et pourvoir à la stabilité de la foi et de l'honneur de l'Église notre sainte mère ; et nous voulons vous faire participer à cette œuvre, vous qui participez avec nous à la foi de Jésus-Christ, qui en êtes de fidèles zélateurs ; nous vous commandons d'envoyer sans retard à Tours, trois semaines après la prochaine fête de Pâques, pour délibérer sur ce sujet, deux hommes d'une foi éprouvée de chacune des villes insignes du royaume. » La délibération dont parle le manifeste ne doit pas être prise à la lettre, car le roi écrit au sénéchal de Carcassonne que les députés des villes doivent avoir une procuration avec « pleins pouvoirs » pour entendre, recevoir, approuver et faire tout ce qui leur serait commandé par le roi, sans exciper de recours à leurs commettants. On adressa aussi des convocations à divers nobles et aux membres du haut clergé. Il y eut d'abord de l'incertitude sur le lieu de la convocation, car certaines lettres le fixent à Poitiers.

On ne sait pas bien dans quels sentiments cette convocation fut reçue ; on voit que plusieurs seigneurs, qui furent convoqués directement et en personne, s'excusèrent, par exemple le duc de Bretagne, les comtes de Flandre, de Nevers, de Périgord, de Forez, les vicomtes de Narbonne, de Turenne, de Polignac ; on peut expliquer leur abstention par cette circonstance que les Templiers que l'on voulait détruire sortaient de leur classe, peut-être aussi par la crainte de voir Philippe sortir plus puissant du procès. Toutefois, une expression employée dans la procuration du sire de Couci et les procurations données par plusieurs seigneurs à un homme tel que Nogaret n'indiquent pas de répulsion pour la procédure suivie par le roi. Parmi les ecclésiastiques, on convoqua les évêques, les abbés, les prieurs, les représentants des chapitres ; il y eut peu de défections. Les ecclésiastiques, qui pouvaient se faire représenter par des procureurs laïcs, — comme le prouve le cas de l'évêque de Viviers — furent plus nombreux qu'on n'aurait cru ; car les villes, à qui l'on avait réclamé des députés pieux, les désignèrent souvent comme procureurs. Dans cette assemblée, il y avait des hommes sûrs, comme par exemple le délégué de la province de Reims, celui de la province de Rouen, Guillaume Bonnet, évêque de Bayeux, l'archevêque de Narbonne Gilles Aicelin. Mais il devait s'y trouver aussi bien des prélats incertains. Beaucoup, sans doute, n'aimaient pas le Temple et avaient à se plaindre de l'administration financière de Clément. Mais si le conflit s'envenimait, faudrait-il aller jusqu'à blâmer le pape et à s'exposer à ses rigueurs comme en 1303 ? Plusieurs, sans doute, auraient bien voulu pouvoir se dispenser de comparaître. Par contre, comme on pouvait s'y attendre, les délégués du tiers-état étaient disposés à la plus grande soumission.

On ne possède presque pas de renseignements sur les travaux de l'assemblée qui se tint à Tours, probablement entre le 11 et le 20 mai. Le roi, dit Jean de Saint-Victor, voulait avoir le jugement ou l'assentiment de tous ses sujets, de quelque condition qu'ils fussent, afin de ne pouvoir être répréhensible en quelque point. Ce n'est pas tout à fait ainsi que le roi considérait l'affaire, comme on a vu.

Une assemblée aussi nombreuse — le tiers-état avait à lui seul au moins 700 représentants — et par suite tumultueuse, ne pouvait délibérer, en supposant qu'on le lui eût permis. On lui donna certainement connaissance des procès-verbaux des interrogatoires des inquisiteurs, probablement aussi de la lettre que Jacques de Molai avait fait adresser à ses frères en octobre 1307. A des hommes sans critique, surexcités par les publications et peut-être par les discours de Dubois, qui était député par la ville de Coutances, dominés par Nogaret et Plaisians, ces documents parurent accablants. Presque tous eurent confiance dans le roi qui, pour eux, était le défenseur de l'Eglise ; ils donnèrent la réponse désirée et déclarèrent que les Templiers avaient mérité la mort. Ces députés étaient d'une aide si précieuse que le roi en retint avec lui une partie — nobles et députés du commun — et les emmena à Poitiers.

Sur ce qui se passa à Poitiers depuis la suspension des pouvoirs des inquisiteurs, nous sommes mal renseignés. En février, un incident montre que Clément veut obtenir la remise des Templiers. En effet, le 13 de ce mois, un Templier, le grand camérier, détenu depuis octobre à Poitiers, s'enfuit ; le lendemain, Clément réunit les cardinaux en consistoire et déplore la fuite du prisonnier, ordonne de le faire rechercher, promettant dix mille florins à qui fera connaître sa retraite ; il explique alors qu'il a demandé qu'on lui livrât les Templiers et que cet événement permettra au roi de France et aux autres princes de dire : si vous n'avez pu garder un prisonnier, comment en garderez-vous deux mille ? Le pape semble désemparé ; pendant la semaine sainte, il tient un consistoire et dit soudain : « Il faut prendre une décision en ce qui concerne les biens du Temple. » A quoi le cardinal Jean Le Moine répond : « Saint-Père, il faut d'abord décider du sort des personnes ; ensuite on s'occupera des biens. » Et l'affaire en reste là. Sur le sort de l'ordre, tout est incertitude ; le cardinal Bérenger Frédol pense que l'ordre sera détruit ; mais « le plus grand cardinal de la cour » a conseillé de faire durer les choses jusqu'à ce que le pape ou le roi meure ; alors, l'ordre subsistera. Pourtant, ceux qui vivent à la curie vers le 20 avril savent une chose : c'est que le roi de France est puissant ; il est pape et empereur ; il fait ce qu'il veut du pape et de l'Eglise.

Le 20 mai, Philippe quitta Tours pour Poitiers, où il arriva le 26 ; il s'installa dans le palais qu'il y possédait et que l'on venait d'aménager. A son arrivée, il donna le baiser de la paix aux cardinaux, se prosterna devant Clément, lui baisa le pied ; celui-ci le releva et l'embrassa. Les paroles qu'ils échangères d'abord sont plaisantes. Clément dit devant les cardinaux qu'il se réjouissait de l'arrivée du roi pour deux raisons : d'abord parce qu'il était heureux de le voir en personne avant son départ pour Rome, ensuite parce que le roi venait traiter la question de la croisade qu'il avait à cœur. « Est-ce bien cela, conclut le pape en s'adressant à Philippe ? » « Oui », répondit bonnement celui-ci. Le roi était venu avec ses frères, plusieurs de ses enfants ; peu après, arrivèrent le roi de Navarre et le roi de Sicile. Il n'avait avec lui que peu de barons, mais une compagnie nombreuse de députés du clergé, des nobles, des villes. Son entourage le prenait de haut ; à propos de la question des logements, il eut avec les gens des cardinaux des conflits tels que le cardinal Raimond de Got lui demanda de les faire aplanir par Enguerran de Marigni. On sentait que l'entrevue serait longue ; Clément avait licencié la *curia litterarum* et la *curia causarum* jusqu'après la quinzaine qui suivrait la Saint-Jean ; il était absorbé par les négociations avec le roi et ne recevait pas l'envoyé du roi d'Aragon.

Le mercredi 29 mai, le pape tint un consistoire public dans le palais du roi. Philippe y assistait avec son entourage et sa compagnie de députés ; on y voyait aussi tous les officiers de la curie et une multitude de clercs et de laïcs. Guillaume de Plaisians se leva alors et, au nom de Philippe, prononça en langue vulgaire un discours : Christus vincit, Christus regnat, Christus imperat ! Le roi de France ne vient pas au pape comme accusateur ni dénonciateur des Templiers ; il vient pour faire connaître la grande victoire que le Christ vient de remporter sur ses ennemis : victoire horrible et terrible dans son principe, réjouissante et admirable dans son développement, notoire et inoubliable dans sa conclusion. Elle fut horrible et terrible à cause de la médiocrité du dénonciateur, homme de peu qui révéla la vérité au roi, par qui fut décidé le procès que l'on a fait en vertu de lettres du pape; à cause de la haute dignité des accusés, qui étaient très puissants dans l'Eglise ; à cause de l'énormité des crimes des Templiers. Le roi ne pouvait les croire si pervertis ; il les aimait, les considérait comme de bons amis et se reposait en eux ; ainsi, il leur avait dévoilé ses secrets et confié son trésor. Le roi, d'abord, fut incrédule, dit Plaisians, qui raconte ensuite le procès jusqu'à l'arrestation du mois d'octobre.

La suite — c'est la seconde partie du discours — a été réjouissante et admirable. Dieu a choisi comme ministre le roi de France qui, dans son royaume, est vicaire de Dieu au temporel ; c'est un prince très dévôt, très chrétien, très puissant, et tout à fait désigné pour accomplir la tâche dont on le chargeait. Les malveillants qui veulent favoriser l'erreur des Templiers ont dit qu'il était poussé par l'avarice et la cupidité. C'est faux : il a donné l'administration des biens de l'ordre à d'autres officiers que les siens ; il aurait pu en droit les confisquer : il aime mieux qu'ils soient affectés aux besoins de la Terre Sainte. Ensuite, la clémence de Dieu a déterminé un concours admirable de circonstances : le pape, en effet, est un Français qui réside en France ; de la sorte, l'expédition de l'affaire a été plus rapide que s'il fût demeuré au-delà des Alpes ; au lieu de traiter avec lui par ambassadeurs, le roi a pu traiter personnellement. Le grand maître, les dignitaires et presque tous les frères d'outremer se trouvaient aussi en France. Le grand maître a avoué une hérésie en présence du roi avant l'arrestation ; après l'arrestation, de même que d'autres frères, spontanément, il en a avoué de nouvelles; d'autres frères ont fait des aveux après avoir été tourmentés. Sans doute, quelques Templiers ont ensuite révoqué leurs confessions; mais le roi sait bien dans quelles circonstances, avec l'appui — acheté — de quels ecclésiastiques, et il le fera connaître.

L'issue de l'affaire est claire et indubitable. Les erreurs de l'ordre sont démontrées par la confession du grand maître, par celle des frères, par les dépositions des témoins, par celles de douze espions, par l'affirmation du roi à qui seul en cette affaire il faut accorder foi, par les prélats, les barons et le peuple de France, dont les procureurs sont ici présents. De leur réalité font présumer le secret gardé par l'ordre, les chapitres qu'on y tenait la nuit, ce fait qu'en Espagne certains Templiers sont passés aux Sarrasins et ont combattu avec eux le roi d'Aragon, enfin cette assertion commune que la Terre Sainte a été perdue par eux.

Que reste-t-il donc à faire ? Une simple déclaration : à savoir que l'ordre est condamné. C'est ce que demandent le roi et le peuple de France, présents ici en personne ou par procureurs ; faites vite, ne tardez pas, sinon vous favorisez l'erreur. Déliez les mains des inquisiteurs, afin qu'ils puissent procéder contre les personnes de l'ordre. Le roi de France ne doit pas vous dissimuler que ses sujets voulaient venger eux-mêmes l'injure du Christ et qu'il a employé toutes ses forces à les retenir pour l'honneur de l'Église dont il est le dévôt fils. Car, ne vous en déplaise, Saint-Père, l'Eglise de Dieu doit plus au roi de France qu'elle ne vous doit ; pour elle, nombre de ses ancêtres ont versé leur sang ; c'est pour elle que sont morts saint Louis, Philippe, père du présent roi, et tant de barons et de sujets du royaume ; en France, l'Eglise a été exaltée et enracinée, en France, fleurit l'étude de la science divine, la théologie par qui le monde entier est illuminé. Puisque tous ici insistent pour l'expédition rapide de l'affaire, Saint-Père, expédiez-là ; autrement, nous devrons vous parler dans un autre langage.

Après Plaisians, l'archevêque de Narbonne se leva. Il compara les Templiers aux Madianites qui pervertissaient Israël, avec cette différence que l'erreur du Temple était la plus grande qui eût jamais été ; car, s'il y a des hérétiques et des païens qui nient la divinité du Christ, ils reconnaissent du moins qu'il fut un prophète et un saint homme; les Templiers, eux, l'appellent faux prophète. Il dit que celui-là est un complice qui néglige — alors qu'il le peut — d'apporter un remède à une erreur manifeste. Il conclut en requérant une prompte expédition de l'affaire, citant comme exemple dangereux de négligence l'étincelle arienne qui, née à Alexandrie, devint une flamme immense et incendia presque tout le monde.

Après lui, se leva Gilles Colonna, archevêque de Bourges ; il parla en latin comme Gilles Aicelin, sur ce thème : « Nunc flens dico de inimicis crucis Christi », et conclut comme lui.

Un baron, au nom des nobles, un Parisien,

pour les pays du Nord, un Toulousain, pour ceux de la langue d'oc, demandèrent aussi, en langue vulgaire, l'expédition de l'affaire, disant qu'ils n'acceptaient aucun délai.

Le pape parla le dernier, d'abord en latin, ensuite en langue vulgaire, sur ce thème : « Odite malum, diligite bonum, in portis constituite judicium ». Il paraphrasa ces paroles, puis il ajouta que, jusqu'au temps de son élection, il connaissait mal les Templiers, parce que peu de nobles de son pays entraient dans leur ordre ; devenu pape, il eut l'occasion d'en connaître ; il les aima, parce qu'il les croyait bons. Maintenant, il les hait s'ils sont tels qu'on les décrit ; il procédera contre eux rapidement, mais sans précipitation. Il raconta ensuite comment le roi l'avait brièvement entretenu de cette affaire à Lyon, puis en 1307 à Poitiers même ; mais il dit que jamais il n'avait donné des lettres pour l'arrestation des Templiers. Il déclara qu'il avait toujours été dévoué à l'Eglise et qu'il était prêt à subir le martyre pour la défense de la foi. Il ajouta qu'il n'avait jamais douté de la pureté des intentions et du zèle du roi qui — disait-il habilement et peu exactement — veut que les biens de l'ordre soient mis à la disposition de l'Eglise pour la Terre Sainte. Il s'offrit à procéder en cette affaire rapidement et mûrement, et il accorda une indulgence de quarante jours à ceux qui feraient des prières pour que ses efforts pussent tourner à l'honneur de Dieu.

Le 14 juin, dans un consistoire public, en présence du roi, Plaisians reprit la parole. Que le pape ne s'indigne pas, dit-il, si on le reprend, car saint Pierre a été repris deux fois, et Dieu peut faire connaître aux petits ce qu'il cache aux grands. Le roi a demandé trois fois au pape de permettre aux prélats de procéder contre les Templiers et de rendre aux inquisiteurs leurs pouvoirs. Le pape n'a pas répondu ; aussi, lui et quelques cardinaux ont-ils été soupçonnés de vouloir favoriser l'ordre ; de cela d'ailleurs, les Templiers se sont vantés par des paroles et des écrits. Ensuite l'orateur passe aux menaces : le pape doit apporter au mal un prompt remède ; s'il refuse, si le bras ecclésiastique ne se lève pas, le bras séculier se lèvera ; si celui-ci fait défaut, les autres membres, c'est-à-dire les barons et le peuple, se lèveront. Anastase était un digne pape ; pourtant sa faiblesse à l'égard d'Acacius l'a perdu. Il y a plus, l'Eglise est en danger ; on commence à la mépriser parce qu'elle est trop lente ; la foi chancelle. Déjà brûlent les maisons des meilleurs ; et toute l'église gallicane s'écrie : Au feu, au feu ! Au secours, au secours ! Secoue ton sommeil et ne te laisse pas enchaîner par les liens du diable ; sinon le sort qui t'attend est celui d'Elie qui se rompit le cou en tombant de sa chaire. Il ne faut pas s'inquiéter de ce que les crimes du Temple ont été mis en lumière par des laïcs ; puisque l'erreur atteint tout le monde, tout le monde est appelé à la défense de la foi. Clément ne fut pas ébranlé par ce discours véhément ; il répondit que les ecclésiastiques ne pouvaient être jugés par les laïcs et qu'un jugement ne pouvait être prononcé contre eux qu'après mûre réflexion. Comme Plaisians lui objectait les aveux des Templiers, Clément observa qu'il y avait quelquefois des aveux qui n'étaient pas exacts ; en supposant que ces aveux le fussent cela ne suffirait pas à rendre le jugement légal. Ils valent moins que les Juifs ou les Sarrasins, répliqua Plaisians ; les vrais chrétiens peuvent légitimement les tuer; à quoi le pape répondit : Il est permis à tout chrétien de les détester et de les fuir, mais non de les mettre à mort, à moins qu'ils n'entrent en guerre ouverte avec les chrétiens ; d'ailleurs, quand les Templiers de France seraient des hérétiques, on ne pourrait pas, pour le crime de quelques-uns, condamner l'ordre en entier. Il ne prendrait aucune décision avant que les membres et les biens de l'ordre ne lui fussent livrés ; ensuite, s'il trouvait qu'ils fussent innocents, il les rendrait à la liberté ; sinon il les mettrait hors de l'Eglise. En conclusion, il demanda au roi de lui livrer ces biens ; Philippe déclara qu'il avait besoin de prendre conseil et qu'il répondrait un autre jour.

Ces séances solennelles et théâtrales semblent indiquer chez les deux adversaires une égale intransigeance. En réalité, on était assez prêt de s'entendre, car Philippe demandait plus qu'il n'espérait obtenir. A côté des négociations publiques, il y en avait d'autres, secrètes, qui donnaient plus d'espoir. Au nom du roi, vers cette époque sans doute, Plaisians fit les propositions suivantes : les Templiers seront remis à l'Eglise qui en fera ce qu'elle voudra, mais le roi, à la requête de l'Eglise, en aura la garde ; les mains des prélats seront déliées ; ils pourront, en s'adjoignant de bonnes et honnêtes personnes, faire ce à quoi ils sont tenus ; les biens de l'ordre seront remis à l'Eglise et aux évêques qui en auront la surveillance, mais ils seront administrés par des personnes sûres, nommées par le roi à la requête de l'Eglise ; elles rendront compte de leur gestion en présence du roi ou de ses agents et des évêques, tous les deux ans ; les comptes généraux annuels pourront être rendus devant les surintendants désignés par le pape ; l'argent sera recueilli et gardé par le roi qui en donnera quittance et s'engagera à ne s'en dessaisir que pour la Terre Sainte, sur l'ordre de l'Eglise qui devra prendre son propre avis. Comparées aux demandes de la fin du mois de mai, ces propositions indiquaient de sérieuses concessions ; pourtant Clément ne les accepta pas ; il les trouvait trop avantageuses pour le roi ; en dépit de l'attestation de l'Université de Paris, il n'était pas encore convaincu de la culpabilité des Templiers de France.

Alors, le roi essaya de convaincre le pape. Le 27 juin, il lui remit la personne des Templiers ; le même jour, huit ou neuf comparurent devant Clément ; à partir du lendemain jusqu'au 1er juillet, d'autres furent interrogés ; en tout, 72. C'est cette série d'interrogatoires qui a décidé le pape à céder. Clément a dit plusieurs fois comment ils avaient eu lieu ; il a raconté qu'il avait interrogé les Templiers, qu'ils avaient avoué leurs crimes, renouvelé leurs aveux en présence de plusieurs cardinaux, qu'il avait fait écrire leurs dépositions, que plus tard, le 2 juillet, en consistoire, il les leur avait fait traduire en langue vulgaire et qu'ils les avaient confirmées. Schottmüller, par une critique sévère, a montré que ce récit n'était pas tout à fait exact. En fait, le pape n'a pas assisté à tous les interrogatoires ; dans le consistoire, on n'a pas traduit à chaque Templier sa déposition, car, pour cette longue procédure, le temps aurait manqué; d'autre part, les aveux n'ont pas été unanimes. Clément a dit que ces Templiers étaient des notables de l'ordre, ce qui est exagéré; on y trouve des chefs de maisons, mais pas de dignitaires, beaucoup de frères servants. Ces prisonniers ne paraissaient pas avoir été torturés, contrairement à l'opinion de Schottmüller et de Gmelin ; mais il faut reconnaître que c'étaient de médiocres témoins : les uns avaient quitté l'ordre et offert leur témoignage avant l'arrestation ; d'autres avaient accumulé contre l'ordre d'énormes accusations ; c'étaient des témoins triés ; mais le pape, sur qui ils firent une profonde impression, pouvait l'ignorer. Philippe profita tout de suite de son avantage ; dans un consistoire public, le 5 juillet, il demanda la condamnation de ces Templiers en conséquence de leurs aveux. Mais Clément refusa ; les Templiers s'étaient engagés à se soumettre à tout ce que leur infligerait l'Eglise ; ils étaient des pénitents qu'il refusait de condamner. En fait, le 10 juillet, plus de cinquante d'entre eux furent conduits devant les cardinaux Pierre de La Chapelle, Bérenger Frédol, Etienne de Suisi, Landulphe Brancaccio dans la maison du premier ; ils abjurèrent leur hérésie, furent réconciliés et on leur permit, parce que l'ordre n'était pas encore condamné, de continuer à porter la barbe et le manteau.

Sur les autres points, le pape fit de grandes concessions. Dans la première quinzaine de juillet, il prit une série de décisions conformes en général aux demandes présentées par Guillaume de Plaisians.

D'abord Clément leva la suspension de pouvoir qu'il avait infligée aux inquisiteurs; cette décision lui était pénible, elle allait contre son honneur, pensait-il; finalement, il l'avait prise sur les instances de Philippe, après avoir demandé l'avis des cardinaux. Il pardonna aussi à Guillaume de Paris, après l'avoir blâmé pour sa précipitation, et lui permit de participer à nouveau au procès. Toutefois, il ne rétablit pas les tribunaux qui, à partir de l'arrestation de 1307, avaient fonctionné. Il avait d'abord eu l'intention d'adjoindre aux ordinaires, même hors de France, quelques évêques qui feraient une inquisition, d'abord contre les personnes, puis contre l'ordre tout entier. Finalement, il décida que dans chaque diocèse le procès contre les personnes serait fait par l'évêque qui s'adjoindrait deux membres du chapitre cathédral, deux dominicains, deux franciscains. Les inquisiteurs qui avaient eu autrefois le premier rôle, pouvaient seulement intervenir au procès. En ce qui concernait l'ordre, Clément s'engageait, avant de quitter Poitiers, à aviser à son sort.

Les prisonniers livrés par Philippe furent confiés par Clément à la garde de Pierre de La Chapelle. Celui-ci ne les garda pas ; il les remit au roi, à condition que celui-ci les tînt à la disposition de l'Eglise. Finke croit que le pape ne pouvait guère faire autrement, à cause de leur très grand nombre. Pourtant, Clément lui-même se croyait capable, au mois de février, de garder les prisonniers, soit personnellement, soit par l'intermédiaire des évêques. Il a remis les Templiers au roi, parce que celui-ci tenait à les avoir sous sa main ; en faisant cette concession, Clément permettait au roi de peser sur toute la procédure qui allait suivre.

A l'égard des biens, le pape n'accepta pas les propositions de Plaisians qui les laissaient presque entièrement sous la main du roi. Il décida qu'au cas où l'ordre serait dissous, ces biens seraient consacrés aux besoins de la Terre Sainte ; toutefois, par cette attribution, il ne serait porté aucune atteinte aux droits que le roi et ses sujets pouvaient avoir sur eux en 1307, au mois d'octobre. Chaque évêque devait nommer dans son diocèse des défenseurs des biens qui pouvaient requérir l'aide du roi dans leur tâche. Les revenus de ces biens seraient conservés sous la protection de Philippe, jusqu'à ce qu'on eût statué sur le sort de l'ordre. Le lendemain, ordre était donné aux évêques de nommer deux curateurs de l'ordre ; le roi de France en nommerait autant de son côté. Cette décision du pape ne constituait qu'une victoire de principe ; en fait, l'administration des biens de l'ordre resta aux mains du roi. Clément sentait bien qu'il faisait une mauvaise affaire ; il savait que les biens seraient pillés ; sa prédiction s'accomplit, comme il le faisait observer en décembre 1310 aux ambassadeurs de Philippe.

Après le règlement de ces premières difficultés, Philippe fit présenter à Clément, par Plaisians, de nouvelles requêtes : il lui demandait de résider en France, de condamner les Templiers, de convoquer un concile dans le royaume, de canoniser Célestin, de faire brûler les os de Boniface, d'absoudre Nogaret. Clément ne fit pas de réponse catégorique à ces questions, en sorte que tout était encore en suspens quand, le 20 juillet, le roi quitta Poitiers. Il laissait derrière lui, pour traiter les questions en souffrance, l'archevêque de Narbonne, Plaisians et Nogaret; pendant trois semaines environ, Clément fut fort occupé à travailler avec eux. Comme la chronologie de toutes ces négociations est encore très incertaine, il est préférable de les exposer séparément.

On s'occupa d'une affaire inattendue qui vint peut-être déranger tous les plans que l'on avait combinés : Albert, roi des Romains, avait été assassiné le 1er mai; Philippe voulait lui donner comme successeur son frère Charles de Valois. Les négociations relatives à cette affaire, commencées à la fin de mai, se poursuivirent, d'une manière entièrement secrète, jusqu'après l'entrevue, comme on le verra plus loin. Elles obligèrent le roi à se charger d'une nouvelle supplique; elles le placèrent dans une situation fausse, puisqu'au moment où il parlait avec tant de hauteur en public au pape, il était obligé en secret de jouer le rôle de solliciteur.

On s'occupa aussi de la question de la croisade pour laquelle, selon Clément, le roi était venu à Poitiers ; on verra plus loin combien peu les faits répondent à ce programme.

Une autre affaire incidente est celle de Guichard de Troyes. On a cru que le procès entamé contre l'évêque était en relation avec celui des Templiers, sous prétexte « que le roi avait intérêt à déconsidérer les meilleurs soutiens du Temple ». Cela n'est pas exact. Ni avant, ni après la réunion de Tours, le roi n'eut à se plaindre des évêques ; et rien n'indique que celui de Troyes ait été un des défenseurs de l'ordre. Pourtant, l'affaire de Guichard, qui est la conséquence de haines privées, est intéressante, parce qu'elle a été prise en main par Nogaret et par le roi. Le ton de Philippe, ici encore, est hautain, comme dans l'affaire du Temple ; il demande au pape une réparation pour les crimes de Guichard, il déclare qu' « à défaut de l'Eglise — ce qu'à Dieu ne plaise — il ne pourrait, sur son honneur, s'empêcher de faire lui-même la justice qui lui était due, pour conserver l'honneur de l'Eglise, pour éviter pareil péril et pareil scandale ». Ce sont les expressions qu'il employait au temps où il croyait Boniface docile ; il les reprend maintenant qu'il a affaire à Clément. Le pape céda ; et le 9 août il ordonna à l'archevêque de Sens et aux évêques d'Auxerre et d'Orléans de faire une enquête sur les crimes que l'on imputait à Guichard.

Comme en 1307, Nogaret essaya de débrouiller sa propre situation. Il s'adressa à Clément à qui il demanda son absolution. Il lui énumérait brièvement ses moyens de défense, le renvoyait à ses défenses antérieures et se déclarait prêt à accepter une pénitence, au cas où le pape la jugerait méritée. En concluant, il réclamait une audience afin de pouvoir proposer ses moyens de défense, et, en attendant, bien qu'il fût sûr du jugement de sa conscience, par mesure de précaution, il demandait son absolution à cautèle. Il ne fut pas reçu par Clément. Aussi adressa-t-il à une commission de cardinaux une nouvelle défense afin d'éclairer leur conscience, puisqu'il ne pouvait s'expliquer avec le pape. Cette défense consistait surtout en une accusation contre Boniface, développée en vingt et un points. L'auteur concluait en déclarant nul le procès entamé contre lui par Benoît et en priant les cardinaux, sous peine du péril de leur âme, de faire connaître sa défense au pape. Au temps de cette entrevue, Nogaret rédigeait encore des protestations relatives à Boniface. Il expliquait d'abord la nécessité où l'on est parfois de faire violence à quelqu'un dont on veut sauver l'âme; ainsi avait-il dû se conduire envers Boniface. Il rappelait la procédure de Benoît XI et disait comment Dieu, pour empêcher la consommation de cette injustice, avait frappé le pape défunt. Il racontait ensuite ce qu'il avait fait pendant la vacance du saint siège et après l'élection du présent pape; comment plusieurs fois, à Lyon, à Poitiers, il avait supplié Clément, soit directement, soit par l'intermédiaire du roi, de Plaisians, des cardinaux, de lui accorder une audience; mais jamais il n'avait pu voir ni aborder Clément, ce qui, pour lui, était la peine la plus vive. Il terminait en acceptant une punition, en demandant son absolution, en déclarant expressement que par cette dernière demande il ne se reconnaissait pas lié par une sentence.

Clément savait sans doute le rôle prépondérant que Nogaret avait joué dans l'affaire du Temple, dans la campagne que l'on venait de mener contre lui ; il fut plus résolu que l'année précédente. Il déclara que Nogaret avait causé un grand scandale, qu'il le regardait comme un excommunié et qu'il ne voulait pas l'absoudre. Cela, d'ailleurs, ne diminua pas l'affection de Philippe, qui venait de contribuer pour une somme de 2.000 livres à la dot de la fille de Nogaret.

Vaincu dans sa propre cause, Nogaret reprit l'avantage contre la mémoire de Boniface. Il fit demander par le roi, le 6 juillet, la canonisation de Célestin ; Clément répondit qu'en tant que particulier, il se réjouirait de pouvoir le faire, mais que, comme pape, il ne le ferait qu'après mûre délibération. La canonisation de Célestin était, dans la pensée de Nogaret, une condamnation indirecte de Boniface qui l'avait maltraité. Le même jour, Philippe demanda que les os de Boniface fussent déterrés et brûlés. Il cédait aux demandes de Nogaret et aux exhortations de Napoléon Orsini. Celui-ci, dans sa légation en Italie, était allé à Rome pour trouver des témoins dignes de foi relativement à l'affaire de Boniface ; si l'affaire réclamait sa présence, il était prêt à accélérer son retour. Il suppliait le roi de ne pas se désister du procès, affirmant qu'en ce cas, il aimerait mieux être absent pour ne pas voir la confusion de l'église de Dieu et le mépris de la majesté royale. Clément répondit au roi par un éloge de Boniface, s'étonnant de sa demande qu'il le priait d'abandonner. Mais le roi et les siens intervinrent sans doute à nouveau. Le 12 août, le pape fit une concession ; il raconta en consistoire que de graves propositions avaient été articulées contre Boniface ; comme il ne voulait pas faire un déni de justice, il décidait de commencer à procéder en cette affaire au premier jour utile qui suivrait la fête de la Purification de la Vierge.

Dans le courant de juillet, on se mit d'accord sur la suite à donner au procès des Templiers et sur le choix d'un lieu de séjour pour la papauté. Philippe avait demandé que Clément restât en France ; le pape fit beaucoup d'objections à ce plan. Il dit que les cardinaux s'appauvrissaient depuis qu'ils étaient en deçà des Alpes, dans un coin et non au centre de la chrétienté ; qu'ils vivaient moins bien que s'ils eussent été à Rome, par suite de l'appauvrissement de la France qui rendait leur vie très coûteuse. Ces raisons sont d'ailleurs celles que donne l'auteur d'un plaidoyer anonyme, adressé, à cette époque sans doute, au cardinal François Gaëtani, en faveur de Boniface et du retour de la papauté à Rome. A ces raisons, il faut en ajouter d'autres que Clément n'avouait pas. Le pape était excédé du séjour en France ; à la différence de Plaisians, il ne jugeait pas que ce séjour dans les domaines du roi fût le résultat d'une décision de

Dieu. Il souffrait de la tyrannie de Philippe et voulait s'en délivrer ; les cardinaux bonifaciens pensaient comme lui ; seulement, ils voulaient revenir à Rome, avec l'espoir de reprendre chez eux une partie de l'influence qu'ils avaient perdue en France. Clément était donc résolu à quitter le royaume ; il ne voulut pas s'installer dans son pays natal, parce que le faible Edouard II, très dépendant de Philippe, n'était pas capable d'assurer pleinement sa sécurité. Mais, bien qu'il eût parlé maintes fois de l'Italie, il n'avait pas l'intention de passer les Alpes, par considération pour sa famille et pour son tempérament qui s'accommoderait mal du climat de la péninsule, par crainte des révolutions italiennes, enfin par considération pour le roi. La réunion d'un concile lui fournit une solution. Pour liquider l'affaire du Temple, Clément avait promis de trouver une solution honorable avant son départ de Poitiers ; il s'arrêta à la convocation d'un concile, non pas sans doute parce que le cardinal de Prato le lui conseilla, mais parce que le roi, qui le voulait depuis 1303, le réclama encore au mois de juillet, et parce qu'en somme ce procédé permettait de gagner du temps. Clément, en conséquence, distinguait dans l'affaire du Temple deux catégories de procès : les uns, dirigés dans chaque diocèse par l'évêque, assisté d'ecclésiastiques : ces personnages devaient enquérir contre les particuliers et préparer les éléments du jugement définitif qui serait prononcé par un concile provincial ; les autres étaient confiés à des commissions où l'on voit souvent paraître les précédents ecclésiastiques ; ces commissions, qui procéderaient généralement dans une région plus grande qu'un diocèse — quelquefois un état — ne devaient enquérir que contre l'ordre ; elles préparaient la tâche du concile général qui devait décider de son sort. Comme cette décision importait beaucoup au roi qui désirait assister au dernier acte de la procédure, Clément ne pouvait choisir une ville lointaine ; il fixa le concile à Vienne, en terre d'Empire, mais dans un pays ami de la France, pour le 1er novembre 1310. Comme cette date était très rapprochée, Clément décida de s'installer tout près, à Avignon, ville qui, appartenant à Charles, roi de Naples, se trouvait enclavée dans le Comtat-Venaissin que Grégoire X avait acheté en 1274. Le 12 août, dans un consistoire public, il fit connaître sa décision, licencia sa cour et en fixa la réouverture dans sa nouvelle résidence pour le 1er décembre. Les cardinaux se dispersèrent ; un petit groupe quitta Poitiers, pour passer avec lui par la province de Bordeaux.

En rendant leurs pouvoirs aux inquisiteurs et en attribuant le jugement des Templiers à une commission dirigée dans chaque diocèse par l'évêque, Clément avait fait une exception : il s'était réservé de juger les dignitaires Raimbaud de Caron, précepteur d'Outre-Mer, Geoffroi de Charnai, précepteur de Normandie, Geoffroi de Gonneville, précepteur de Poitou et Aquitaine, Hugues de Pairaud, visiteur de France, Jacques de Molai. Les dignitaires avaient été amenés par le roi jusqu'à Chinon, sans doute à la demande du pape qui voulait les entendre avant de prendre une décision. Mais, alors que soixante-douze frères parvinrent à Poitiers, les dignitaires restèrent à Chinon, sous le prétexte que la maladie ne leur permettait pas de continuer à chevaucher. Cette circonstance, si favorable au roi qu'on est invinciblement amené à croire que Philippe a aidé le hasard, laissa le sort de l'ordre suspendu aux dépositions de soixante-douze témoins choisis par le roi. Quand tout fut fini à Poitiers, les cardinaux Bérenger Frédol, Étienne de Suisi, Landulphe Brancaccio se rendirent à Chinon pour entendre, à partir du 17 août, les dignitaires. Le coup décisif était désormais porté à l'ordre, et la déposition des cinq Templiers ne pouvait avoir le poids qu'elle eût eu à Poitiers, un mois auparavant. Pourtant, comme Molai et Pairaud avaient peu avant révoqué leurs premiers aveux et encouragé leurs frères à faire de même, Nogaret et Plaisians assistèrent à l'interrogatoire ; il n'est pas douteux qu'isolés et intimidés par la présence de deux conseillers du roi, les dignitaires n'aient perdu de leur liberté. S'il faut en croire les cardinaux enquêteurs et un résumé de procès-verbal publié par Finke, les Templiers auraient confirmé exactement leurs dépositions du mois d'octobre, demandé pardon et se seraient offerts à subir une pénitence. Les trois cardinaux rendirent compte à Philippe de l'événement, et, comme s'il eût été le maître de la situation, ils lui demandèrent de pardonner à Molai, Pairaud, Caron.

Les accords de Poitiers avaient décidé de la reprise du procès ; elle eut lieu sous deux formes :

procès contre les personnes, procès contre l'ordre. Mais il s'écoula un temps assez long avant que les tribunaux, créés en juillet et août 1308, entrassent en activité. Au début de 1309, un concile se tint en France; les prélats qui le composaient, déroutés par les obscurités des bulles pontificales relatives à la procédure, demandèrent à Clément de nouvelles instructions; à eux se joignit le roi, qui prit leur affaire en main et ajouta à leurs requêtes ses plaintes personnelles. Il le prit de très haut avec le pape, et réussit à obtenir de nouvelles concessions. Il se plaignit d'abord de la lenteur que mettait le pape à préparer la tâche de l'inquisition, lenteur qui déterminait beaucoup de Templiers à se rétracter; Clément s'excusa en disant que pendant son voyage de Poitiers à Toulouse, malgré de nombreuses indispositions, il avait travaillé à cette tâche, de concert avec les cardinaux Pierre Colonna, Bérenger et Étienne, en y mettant toute la célérité dont il était capable. Le roi se plaignait que les bulles relatives aux provinces de Lyon, Bordeaux, Narbonne, ne fussent pas encore remises à leurs destinataires; Clément promit de les envoyer. Philippe fit connaître la rumeur qui attribuait au roi et au pape l'appropriation d'une part des biens de l'ordre, ce qui, disait-il, discréditait le procès; Clément affirma qu'une très faible partie des biens de l'ordre était parvenue en ses mains, qu'elle n'avait pas suffi aux frais de la légation des cardinaux Bérenger et Etienne; que le procès, bien loin de lui rapporter quelque chose, lui avait coûté. A la demande du roi, il permit aux commissaires chargés du procès contre l'ordre de commencer leurs opérations par la province de Sens, car c'est dans ses limites et dans celle de Tours que se trouvaient la plupart des Templiers ; il promit de faire partir lesdits commissaires à qui il permit d'enquérir où ils voudraient sans se déplacer, c'est-à-dire, en fait, à Paris ; mais il ne les autorisa pas, malgré la demande du roi, à se diviser pour enquérir séparément, de peur que leur enquête n'aboutît à des contradictions. A l'égard des particuliers, le pape précisa la procédure qu'il fallait suivre ; ceux qui avaient été déjà examinés par lui et les cardinaux ne devaient plus l'être ; pour les autres, qui déjà avaient été interrogés, il s'en remettait aux prélats et inquisiteurs du soin de juger si l'enquête était suffisante. Il permettait aux conciles provinciaux de prononcer une sentence à l'égard de ceux qu'il avait interrogés, bien qu'en droit il eût seul le droit de prononcer en ce cas. Conformément aux avis du roi, il consentait à ce que la province de Bordeaux fût traitée comme les autres provinces, à bien instruire les inquisiteurs de leurs devoirs, à les rémunérer suffisamment pour qu'il n'y eût pas d'arrêt dans le procès. Ce qu'il y a de plus remarquable dans ces négociations du début de 1309, c'est le ton du roi. Il prend en main la cause des prélats et leur sert d'intermédiaire auprès du pape. Il s'occupe surtout de son royaume, mais aussi des pays étrangers, demandant pourquoi certains prélats d'Allemagne, qui peuvent payer, ont été dispensés de subvenir aux frais des inquisiteurs ; pourquoi, en ce qui concerne la garde des biens de l'ordre, on n'a pas pris ailleurs les mesures que l'on a appliquées à la France et à l'Angleterre. Il oppose à Clément une accusation énorme : le pillage des biens ; il lui fait la leçon, comme on la ferait à un débutant très jeune ; il lui reproche de s'exprimer avec peu de précision, et lui recommande de parler clairement, en évitant les termes obscurs.

Sur l'inquisition commencée à la suite des accords de Poitiers dans les divers diocèses de France à l'égard des particuliers, nous possédons peu de renseignements. Du moins savons-nous comment l'évêque, qui était le plus surveillé par le roi, celui de Paris, voulait que l'on procédât. Il distinguait quatre sortes d'accusés. D'abord ceux qui niaient les crimes imputés ; on devait les mettre au secret, les interroger longuement avec minutie ; s'ils s'obstinaient dans leurs négations, on devait les rationner, puis les menacer de la torture, leur montrer les préparatifs de cette torture, enfin les y soumettre s'ils restaient inébranlables devant les menaces ; provisoirement, ils devaient être privés des sacrements, sauf de la confession qui devait être confiée à un confesseur expert dans l'art de les exhorter à dire la vérité. Ceux qui avaient avoué et qui persistaient dans leurs aveux devaient être absous s'ils ne l'avaient pas encore été ; toutefois, ils devaient être gardés avec soin. Ceux qui n'avaient avoué qu'après avoir nié quelque temps devaient aussi être absous et soumis à une pénitence ; ils devaient aussi être gardés avec soin. Ceux qui avaient révoqué leurs premiers aveux devaient être traités comme ceux du premier groupe jusqu'à ce qu'il en fût ordonné. Nous ne possédons pas le procès-verbal de l'inquisition du diocèse de Paris ; mais nous savons, par le témoignage de Templiers qui comparurent ensuite devant la commission d'enquête, qu'elle fut dure ; Ponsard de Gisi, Robert Viger, par exemple, se plaignirent fort des tortures qu'ils subirent alors, et dont trente-six prisonniers moururent. La torture intervient aussi dans les inquisitions de Clermont et d'Alais. Elle explique les aveux nombreux que l'on recueillit alors en France. Elle prépara de singuliers témoins à la commission d'enquête contre l'ordre qui fonctionnait alors dans le royaume.

Pour préparer la tâche du concile — et parce que lui-même ne pouvait personnellement interroger des témoins dispersés dans toute l'Europe — Clément, le 12 août 1308, avait institué diverses commissions chargées d'enquêter sur l'ordre en tant qu'ordre. La mieux connue, et aussi la plus célèbre, — car c'est elle qui entendit le plus de témoins — fut celle qu'il établit dans le royaume de France. Ses membres devaient se transporter d'abord à Paris et faire la lumière sur les articles qu'il leur communiquerait, — il y en eut jusqu'à cent vingt-cinq — et sur ceux que la prudence leur suggérerait ; ils devaient entendre tous les témoins — Templiers et laïcs — qui voudraient déposer, et ils pouvaient faire appel à l'aide du bras séculier contre ceux qui entraveraient leur œuvre. Sur les commissions de cette espèce, dont le travail devait en théorie apporter des éléments décisifs pour le jugement du concile de Vienne, Philippe avait essayé d'avoir quelque influence. Il avait fait présenter à Clément des listes d'inquisiteurs dressées avec le plus grand soin, en le priant de ne pas les modifier ; par contre, il avait cherché — sans succès quelquefois — à faire remplacer des inquisiteurs en qui il n'avait pas confiance. La commission française fut sans doute composée selon ses désirs ; elle comprenait Gilles Aicelin, archevêque de Narbonne, président, Guillaume Durant, évêque de Mende, Guillaume Bonnet, évêque de Bayeux, Renaud la Porte, évêque de Limoges, Mathieu de Naples, notaire apostolique, Jean de Mantoue, archidiacre de Trente, auditeur du cardinal Pierre Colonna, Jean de Montlaur, archidiacre de l'église de Maguelonne, Jean Agarni, prévôt de l'église d'Aix, autrefois procureur des Angevins de Naples en cour romaine. Le choix de ces commissaires était rassurant ; l'archevêque de Narbonne, qui avait récemment à Poitiers demandé le châtiment de l'ordre, devait obtenir, au cours de l'enquête, la garde provisoire du grand sceau de Philippe ; l'évêque de Bayeux avait obtenu son évêché par la protection du roi ; celui de Mende, qui appartenait à une famille dévouée au roi, avait, en février 1307, conclu un paréage avec lui ; il habitait de préférence près de la cour, à Argenteuil, en son prieuré ; il épousa si bien la cause de Philippe qu'il fut menacé plus tard par des amis du Temple, et qu'en juillet 1311, il fut autorisé à se faire escorter par des gens armés.

Diverses opérations et correspondances préalables occupèrent, comme on a vu, les commissaires, le roi, le pape, pendant la première moitié de l'année 1309, en sorte que la commission n'ouvrit ses séances que le 8 août, à Paris, au monastère de Sainte-Geneviève ; elle pria ensuite les archevêques du royaume de France de faire publier les citations qu'elle adressait aux membres du Temple. Il s'écoula un temps assez long avant que les commissaires ne se réunissent ; peut-être faut-il supposer ici une intervention malveillante du roi, car il ne fallait pas deux mois pour obtenir une réponse à une citation ; peut-être faut-il rapprocher ce retard des efforts qu'il faisait alors pour faire donner à Philippe de Marigni, frère d'Enguerran, l'archevêché de Sens ; ce prélat devait présider le concile de la province chargé de statuer définitivement sur le sort des Templiers qui s'y trouvaient, concile qui devait, par ses décisions, influer sur les travaux des commissaires. De nouveau, ceux-ci se réunirent le 12 novembre ; personne ne se présenta devant eux ; ils firent publier à haute voix leur citation et attendirent le lendemain ; mais, pendant les six jours qui suivirent, personne ne comparut. Les citations, comme le constatèrent les commissaires, n'avaient pas été complètement faites, soit que les prélats n'eussent pas exactement compris les instructions qu'ils avaient reçues, ni le caractère du procès que faisait la commission, soit que les officiers royaux eussent témoigné de la mauvaise volonté : on disait, en effet, que les gardiens des Templiers faisaient des difficultés pour représenter leurs prisonniers. Les commissaires firent de nouvelles citations, et ils chargèrent Philippe de Vohet et Jean de Janville, gardiens désignés pour les provinces de Reims, Sens, Rouen, d'enjoindre à leurs subordonnés de ne plus faire de difficultés. La résistance la plus sérieuse paraît être venue de l'évêque de Paris. Comme les commissaires avaient reçu de lui une réponse insuffisante, ils lui écrivirent le 18 novembre pour préciser leur mission : ils ne voulaient pas procéder contre les personnes, mais seulement contre l'ordre en tant qu'ordre ; ils n'avaient pas l'intention d'obliger les prisonniers à comparaître devant eux, mais ils voulaient que ceux qui s'offraient à donner leur témoignage pussent venir. En conséquence, ils lui demandaient de requérir les gardes du roi de faire conduire à l'évêché, sous bonne garde, les Templiers qui en feraient la demande. Le 22, l'évêque répondit qu'il avait obéi, particulièrement en ce qui concernait le maître de l'ordre et le visiteur de France ; il ne disait pas la vérité ; il avait simplement dit à certains Templiers que les commissaires désiraient les voir et non qu'ils pouvaient se présenter à eux s'ils désiraient défendre l'ordre.

Le 22 novembre, eut lieu la première comparution ; un certain Jean de Melot vint et fit une déposition incohérente ; on reconnut qu'il était simple d'esprit, et on le renvoya. Le même jour comparut Hugues de Pairaud ; il déclara qu'il avait déjà déposé devant le pape et trois cardinaux et qu'il ne savait rien de plus que ce qu'il avait dit. La première déposition intéressante est celle de Jacques de Molai, car elle permet de constater l'intervention du roi dans les travaux de la commission. Molai déclara qu'il était « prêt à défendre l'ordre de toutes ses forces », mais qu'il lui était difficile de le faire dans sa position, car il était prisonnier du pape et du roi et n'avait pas même quatre deniers à dépenser à son gré ; en conséquence, il demandait aide et conseil. Les commissaires lui répondirent qu'en matière de foi et d'hérésie, on procédait simplement, « sans noise d'avocats ». Ils lui firent lire et traduire cinq ou six documents, en particulier les aveux que les procureurs de la cour romaine déclaraient avoir reçu de lui, sans doute à Chinon. Molai, stupéfait, se signa deux fois et dit « que si les seigneurs commissaires étaient gens à entendre quelque chose, il le leur dirait à l'oreille », et il ajouta : « Plût à Dieu qu'on observât ici l'usage des Sarrasins, qui coupent la tête des pervers en la fendant par le milieu ». « Souvenez-vous, dirent alors des membres de la commission, que l'Eglise romaine livre les obstinés au bras séculier. » Molai, inquiet, avisa Guillaume de Plaisians, venu là pour surveiller sa déposition et peut-être aussi les commissaires, et demanda à lui parler en particulier. « Vous savez comme je vous aime, dit Plaisians ; nous sommes tous deux chevaliers ; je ne veux pas que vous vous perdiez sans raison. » Molai était désorienté ; il dit : « Je vois bien que si je ne délibère pas, je pourrais courir des dangers » ; il demanda aux commissaires et obtint d'eux un délai de douze jours. Quand il revint devant eux, Nogaret était présent ; le grand maître déclara qu'il s'abstenait de déposer et qu'il se réservait de parler devant le pape. Il allait se retirer quand la honte l'arrêta ; passant sous silence, par prudence, les articles d'accusation, il dit, pour libérer sa conscience, qu'il n'existait pas d'ordre dont les églises fussent plus ornées que celles du Temple, où l'on fît plus largement l'aumône, qui eût versé plus de sang pour la foi chrétienne. Il allait parler du rôle des chevaliers à Mansourah, quand Nogaret l'interrompit et lui cita un passage — authentique ou supposé — des chroniques de Saint-Denis : un maître de l'ordre aurait fait hommage à Saladin qui, en apprenant l'échec des Templiers, aurait dit publiquement que c'était la punition de leur vice infâme et de leur prévarication contre la foi. Molai, homme simple et sans culture, fut abasourdi ; il déclara enfin qu'il n'avait aucune connaissance de ces événements, mais seulement d'une trêve passée avec le sultan, trêve qu'il désapprouva, dont il murmura quand il était jeune, mais qui pourtant était nécessaire. En conclusion, il demanda aux commissaires et au « chancelier royal » l'autorisation d'entendre la messe ; on fit droit à sa requête et on loua sa dévotion.

L'attente de la déposition de Molai avait donné de l'inquiétude aux gens du roi ; sa comparution terminée, on respira. Puisque lui et Pairaud abandonnaient l'ordre au moment où il fallait le défendre, on avait peu à craindre des autres prisonniers. A partir de ce moment, le roi ne mit plus d'obstacles à l'enquête. Le 27 novembre, à la requête des commissaires, il donna l'ordre aux baillis de Rouen, Gisors et Caen, d'envoyer à Paris, sous bonne garde, les Templiers qui voudraient défendre l'ordre.

La nouvelle citation avait fixé la reprise des comparutions au 3 février ; c'était un délai bien long. Pourtant, au jour dit, personne ne se présenta, mais, à partir du 6, les Templiers comparurent très nombreux ; à la différence de Molai et de Pairaud, ils déclarèrent presque tous qu'ils voulaient défendre l'ordre. Le 14 mars, les commissaires leur donnèrent connaissance des articles sur lesquels ils devaient enquêter. Le 28, ils les réunirent au nombre de cinq cent quarante-six ; ils leur conseillèrent, pour éviter le tumulte d'une foule aussi considérable, de choisir parmi eux quelques délégués qui, par procuration, agiraient au nom de tous et pourraient visiter les prisonniers ; on ne les réunirait plus jusqu'au 31 mars, date à laquelle les commissaires reprendraient leurs travaux. Les Templiers eurent alors une délibération, puis, en leur nom, deux de leurs prêtres, Renaud de Provins et Pierre de Boulogne, dernier procureur de l'ordre en cour romaine, présentèrent diverses observations : ils ne pouvaient constituer de procureurs sans l'assentiment du maître ; plusieurs d'entre eux, qui voulaient défendre l'ordre, n'étaient pas autorisés à comparaître devant la commission. Ces pauvres gens, souvent illettrés, privés de leurs chefs, dépourvus de toute initiative, étaient désorientés ; plusieurs ne comprenaient pas bien la procédure que suivait la commission ; les commissaires leur promirent d'intervenir en faveur de ceux qu'on ne laissait pas comparaître. Le 31 mars, ils firent avertir les prisonniers, par leurs notaires, qu'ils étaient prêts à entendre leurs procureurs. Ces notaires, en faisant leur tournée, consignèrent les réclamations et reçurent des cédules des prisonniers ; ces documents témoignent du trouble extraordinaire qui s'était emparé des défenseurs de l'ordre. Tous déclaraient l'ordre pur ; ils se plaignaient du traitement auquel on les soumettait, de la modicité de l'allocation qu'on leur accordait chaque jour, de l'exploitation des geôliers, de la privation des sacrements, du manque de vêtements. Surtout, simples, ignorants de la procédure de la commission, ils réclamaient des conseillers expérimentés.

Pourtant, de cette foule inorganisée, neuf Templiers se détachèrent qui, le 7 avril, remirent une adresse aux commissaires. Ils déclaraient qu'il était impossible de constituer des procureurs sans l'autorisation du grand maître et du convent ; toutefois, et provisoirement, ils s'offraient à défendre l'ordre. Ils soutenaient qu'il était pur, ils réclamaient le secret des dépositions et des garanties pour les témoins ; les commissaires promirent de demander pour eux des égards et, parmi les neuf, choisirent quatre délégués qui devaient agir selon les besoins de la cause. Ceux-ci, le 23 avril, présentèrent une nouvelle requête, dénonçant la pression que l'on exerçait sur les témoins et réclamant encore une fois le secret des dépositions. Malgré ces entraves, les affaires du Temple n'étaient pas en **mauvaise voie ; le 2 mai, le nombre des défenseurs** était passé de 546 à 573 ; il n'est pas douteux que, sans le coup de tonnerre du 11 mai, l'ordre n'eût réussi à organiser sa défense.

Entre temps, les dépositions proprement dites des témoins avaient commencé. D'abord, comparurent un petit nombre de laïcs, choisis évidemment comme accusateurs par les gens du roi ; leurs dépositions ne furent pas accablantes ; leur nombre restreint montre assez que, s'il y avait dans la foule des rumeurs hostiles à l'ordre, il y avait peu de personnes qui osassent apporter contre lui des accusations précises. Ensuite, comparurent des Templiers dont plusieurs avaient déjà déposé devant le pape à Poitiers, et qui firent des dépositions défavorables. On avait d'abord fourni à la commission des témoins de qualité inférieure ; on voulait occuper ainsi ses séances, pendant qu'on préparait un coup terrible contre les témoins à décharge.

D'abord, l'inquisition de l'évêque de Paris reprit de l'activité ; les procédés ont elle usa, comme on a vu, permirent d'amollir certaines résistances et de diminuer le nombre de ceux qui d'abord s'étaient offerts à défendre l'ordre. Ensuite, et surtout, on fit appel au concile de la province de Sens. Philippe de Marigni, grâce à son frère qui, vers cette époque, commençait à prendre beaucoup d'influence sur le roi, avait d'abord obtenu l'évêché de Cambrai ; il venait d'obtenir le siège de Sens, dont Clément avait, sur la requête du roi, fait avec répugnance la réserve. Il était entré en fonction depuis peu, et précisément au moment où les Templiers s'organisaient. Un seul moyen restait à Philippe pour briser cette organisation et arrêter les révocations d'aveux : c'était la convocation — prématurée sans doute, mais nécessaire au succès de sa politique — du concile provincial de Sens.

Le dimanche 10 mai, des délégués des Templiers demandèrent aux commissaires de vouloir bien se réunir ; ils leur annoncèrent que le concile de la province siégerait le lendemain ; évidemment, on voulait surtout frapper ceux de leurs frères qui, après avoir avoué, étaient revenus sur leurs premières déclarations. Les quatre délégués demandèrent protection aux commissaires ; ils les prièrent d'inviter l'archevêque à ne prendre aucune mesure avant que l'enquête de la commission ne fût terminée ; ils réclamèrent aussi l'assistance d'un ou de deux notaires, car ils ne pouvaient trouver un homme de loi qui voulût passer acte de la protestation qu'ils voulaient présenter à l'archevêque.

L'archevêque de Narbonne, alors présent, n'eut pas le courage de leur répondre ; il se retira bientôt, disant qu'il avait à « entendre ou à dire la messe » ; il abandonnait donc un ordre dont il devait instruire impartialement le procès, et il passait du côté de l'ennemi ; les commissaires qui restaient discutèrent le cas qui leur était soumis, et, le soir, appelèrent les délégués ; ils leur dirent qu'ils les plaignaient, mais qu'ils ne pouvaient rien, puisque l'archevêque et son concile agissaient en vertu d'une délégation du pape. Tout était perdu ; le 11, le concile — adoptant une opinion controversée alors et fort douteuse — condamna comme relaps cinquante-quatre Templiers qui, devant l'inquisition diocésaine, avaient révoqué leurs précédents aveux. Le 12, les commissaires, apprenant que les condamnés allaient être exécutés, eurent un mouvement de pitié. Ils chargèrent deux gardiens des prisonniers, Philippe de Vohet et Ami, archidiacre d'Orléans, d'une mission auprès du concile. Ils demandaient que l'exécution fût différée, à cause du péril d'âme que couraient les Templiers, et parce que désormais les dépositions qu'enregistrerait la commission ne seraient plus sincères. La tentative fut vaine ; le même jour, les condamnés furent menés hors de la ville, dans les champs, entre Saint-Antoine et le moulin à vent de Paris, et brûlés à petit feu. Ils moururent en affirmant leur innocence avec un courage qui surprit unanimement. Peu après, cinq autres furent brûlés. Ceux qui se refusèrent à faire des aveux furent condamnés à la prison perpétuelle ; ceux qui n'avaient pas renié leur confession — c'est-à-dire le plus grand nombre — furent réconciliés et mis en liberté.

La journée du 12 mai fut décisive ; quand, le lendemain, la commission reprit ses séances, le premier témoin entendu, Aimeri de Villiers-le-Duc, se jeta à genoux, pâle de terreur, se frappant la poitrine. Il eut le courage de rétracter les aveux que la torture lui avait arrachés. Il raconta que, la veille, il avait assisté au départ des Templiers condamnés au feu ; il supplia les commissaires de ne pas révéler aux gens du roi ni à ses gardiens ce qu'il venait de dire, car il craignait d'être traîné au supplice. Après cette déposition, les commissaires interrompirent leurs travaux. Ils pouvaient bien, comme ils le firent plusieurs fois, chercher à rassurer les témoins timorés et leur promettre le secret ; mais c'est une promesse qu'ils ne pouvaient tenir, car les gens du roi assistaient aux séances ; parce que les témoins étaient effrayés, parce que leur œuvre était en danger, et pour d'autres motifs qu'ils ne détaillaient pas, mais qu'on devine sans peine, ils décidèrent de surseoir à l'audition des témoins. Le 18, ils tentèrent une timide intervention auprès de l'archevêque de Sens et lui demandèrent de laisser comparaître Renaud de Provins ; dans la soirée, comme Philippe de Marigni leur demandait des explications, ils se contentèrent de répondre modestement que leur lettre était suffisamment claire et qu'ils n'avaient rien à y ajouter ; sans doute, ils avaient peur, car ils sentaient que les gens du roi étaient derrière lui. Les circonstances, d'ailleurs, les aidèrent ; le 4 avril, Clément avait ajourné le concile au mois d'octobre 1311, parce que les travaux des commissions d'enquêtes prenaient plus de temps qu'on n'avait d'abord cru ; les Templiers, découragés, s'abandonnaient eux-mêmes ; ils n'avaient plus de procureurs : Renaud de Provins était prisonnier, Pierre de Boulogne avait été saisi par le concile ; le 19, plusieurs frères vinrent déclarer qu'ils renonçaient à la défense de l'ordre ; alors, le 30, la commission s'ajourna au 3 novembre.

Quand elle reprit ses travaux, le 17 et non le 3 de ce mois, la situation des témoins n'était pas meilleure. Sans doute, il y eut quelques hommes fermes qui persistèrent à vouloir défendre le Temple : Bertrand de Sartiges et Pierre de Chambonnet ; toutefois, ils refusèrent d'agir seuls sans le concours de Renaud de Provins et Pierre de Boulogne. Mais la plupart des dépositions que l'on recueillit désormais furent défavorables à l'ordre, ce qui n'est pas surprenant. Presque tous ceux qui comparurent alors avaient été réconciliés ; heureux de s'être tirés à bon compte de la tragique aventure, ils ne se souciaient guère du Temple. Ils venaient surtout des provinces de Reims et de Sens qui, six mois auparavant, avaient subi le plus fortement l'influence du roi. Aucun de ceux qui, en province, s'étaient offerts à la défense ne comparut alors ; par contre, on fit venir de très loin des témoins à charge. Ces gens, qui déposent alors, sont des témoins pitoyables ; ils tremblent, se contredisent, se rétractent d'un jour à l'autre, sans doute parce que, derrière la coulisse, leurs gardiens les ont menacés.

L'enquête de la commission fut close le 5 juin, comme s'il n'existait plus de témoins qui voulussent déposer. Pourtant, les trois quarts de ceux qui s'étaient offerts à la défense n'avaient pas été entendus ; qu'ils persistassent ou non dans leur attitude première, il était aisé, semble-t-il, de les amener devant la commission pour entendre d'eux la confirmation de leur résolution définitive. En fait, à partir de la fin de 1310, la commission est devenue la chose du roi. Avant qu'elle ne reprît ses travaux, Philippe avait voulu ajourner sa réunion après le 23 janvier 1311, date de l'ouverture du

Parlement ; la commission avait résisté. Mais, ensuite, elle poussa la soumission à l'extrême. L'un de ses membres, l'évêque de Bayeux, envoyé en ambassade à Avignon à l'automne de 1310, avait soumis au pape et à la cour pontificale l'état de l'enquête. Clément et quelques cardinaux déclarèrent que l'enquête leur paraissait suffire, à moins qu'on ne pût obtenir encore des détails sur les réceptions qui avaient lieu outre-mer. Avant de continuer son travail, la commission, incomplète, attendit la fin du Parlement de Pontoise qui tenait occupés l'évêque de Bayeux et l'archevêque de Narbonne. Ensuite, on attendit le retour des ambassadeurs qui avaient opéré à Avignon la réconciliation du pape et du roi. Le 5 juin, tous les membres de la commission se rendirent à l'abbaye de Maubuisson, près Pontoise, et conférèrent avec le roi. En considération de l'absence de témoins qui pussent déposer sur les réceptions d'Outre-mer, et de l'impatience du cardinal Etienne de Suisi qui réclamait le travail des commissaires, l'enquête fut close le jour même, en présence de Gui de Saint-Pol, de Guillaume de Plaisians, de Geoffroi du Plessis et de divers autres.

V

L'ÉLECTION AU TRONE D'ALLEMAGNE

ET LE PROCÈS DE BONIFACE VIII

Au xiiiᵉ siècle, les domaines du roi de France étaient bornés par deux fiefs et de nombreux Etats d'étendue modeste. Au Sud, étaient les duchés de Guyenne et de Gascogne ; au Nord, le comté de Flandre ; la Guyenne et la Gascogne dépendaient du roi d'Angleterre qui, s'il en avait la volonté comme Edouard Iᵉʳ, était capable de les protéger ; la Flandre était riche, peuplée, et elle pouvait, comme elle l'avait montré plusieurs fois, se défendre seule. Au contraire, au Nord-Est et à l'Est, il y avait une poussière de petits Etats qui provenaient de la dislocation des domaines de Lothaire : comtés de Hainaut, de Luxembourg, de Bar, duché de Lorraine, comtés de Bourgogne et de Savoie, ville de Lyon, domaine des dauphins de Vienne. Ces Etats faisaient partie de l'Empire, mais leurs seigneurs désiraient être indépendants. Ils n'obéissaient au roi d'Allemagne que lorsque c'était leur désir ou leur intérêt de le faire ; ils n'hésitaient pas à se faire des guerres qu'il ne pouvait empêcher ; ils n'hésitaient pas même à combattre leur souverain, à demander l'alliance et les subsides du roi de France ; certains d'entre eux le faisaient d'autant plus volontiers que leurs domaines : Luxembourg, Lorraine, Bourgogne, Savoie, Dauphiné, étaient en tout ou en partie de langue française. A cause de la résistance qu'ils éprouvaient au Nord et au Sud-Ouest, les rois de France reportèrent une partie de leurs efforts au Nord-Est et à l'Est, précisément en un temps où l'Empire était très affaibli. Leur action dans ces pays prit deux formes : d'une part, ils y créèrent des partis français ; d'autre part, selon les cas, ils combattirent ou protégèrent les princes d'Empire de la frontière.

A l'avènement de Philippe, Rodolphe était roi des Romains. Il était désireux de maintenir les droits de l'Empire ; mais Otton, comte palatin de Bourgogne (Franche-Comté), était favorable aux Français et prétendait ne rien tenir de l'Empire. Quand, en 1289, Rodolphe vint en Franche-Comté, Otton fut secouru par son beau-frère Robert d'Artois, venu avec des chevaliers français. Peu après, il prit une décision hardie ; le 12 juin 1291, il promit de marier sa fille à un des fils de Philippe, et s'engagea à travailler pour que le roi d'Allemagne renonçât à son droit de suzeraineté. Vers la même époque, l'influence de la France s'était accrue ailleurs : le comte de Hainaut, qui autrefois refusait de prêter hommage au roi pour l'Ostrevent, s'était soumis ; la ville de Valenciennes, révoltée contre lui, prétendait faire partie du royaume de France. En 1286, Philippe avait pris la défense de l'abbaye de Beaulieu en Argonne contre son souverain, le comte de Bar. En 1292, le 4 mai, il avait pris sous sa garde les Lyonnais qui déclaraient être « du ressort de la souveraineté du roi de France ».

Avec le successeur de Rodolphe, Adolphe de Nassau, les relations furent mauvaises. En 1294, ce roi s'engagea à secourir Édouard Ier, qui était en guerre avec Philippe. Il fit savoir qu'il ne tolérerait plus les usurpations du roi de France et qu'il revendiquait ce dont Philippe et ses prédécesseurs s'étaient emparés dans l'Empire ; à lui, contre le roi de France, se joignirent, entre autres alliés, le comte de Flandre, le comte de Bar, le comte de Savoie ; mais Philippe eut l'alliance des comtes de Hainaut et de Luxembourg, du duc de Lorraine, du dauphin de Vienne et aussi d'Albert d'Autriche. Adolphe n'eut pas le temps d'essayer de réaliser ses projets ; en 1298, il fut battu et tué par Albert d'Autriche qui était son compétiteur et qui devint son successeur. Au temps d'Adolphe, la France avait encore fait des progrès dans l'empire ; le 2 mars 1295, à Vincennes, Otton de Bourgogne, qui était couvert de dettes et qui avait besoin d'argent, avait conclu avec Philippe un traité avantageux pour ce dernier. Renouvelant le projet de mariage élaboré en 1291, il s'engageait à donner en dot à sa fille son comté, dont Philippe aurait dès maintenant l'administration provisoire ; en échange, Otton reçut un capital de cent mille livres et une rente viagère de dix mille livres ; il vint alors habiter Paris et s'y amuser.

Albert d'Autriche, quand il était l'adversaire d'Adolphe, avait demandé pour son fils aîné Rodolphe la main d'une fille de Philippe. Après la mort de son ennemi, il hésita d'abord quelque temps avant de prendre parti ; puis, comme Boniface VIII ne reconnaissait pas son élection, il passa du côté du roi de France, qu'il rencontra le 8 décembre 1299 à Quatrevaux, entre Vaucouleurs et Toul. Il fut décidé dans cette entrevue que Blanche, sœur de Philippe, épouserait le fils aîné d'Albert et que les conflits entre les deux souverains seraient soumis à des arbitres ; comme les officiers de Philippe avaient rencontré la résistance des nobles en prenant possession de la Franche-Comté, on établit entre ceux-ci et le roi une trêve, en attendant que le tribunal d'Empire décidât. Le bruit courut alors en France que Philippe s'était prononcé en faveur de l'hérédité des Habsbourg en Allemagne, et qu'en échange Albert lui avait cédé le royaume d'Arles et les pays de la rive gauche du Rhin. L'alliance des deux souverains eut de bons résultats pour la France ; les nobles francs-comtois, qui s'étaient révoltés contre les engagements d'Otton, abandonnés par Albert, se soumirent au printemps de 1301 ; le tribunal d'Empire ne décida jamais de la question de droit posée, et l'ancien comté de Bourgogne fut incorporé au royaume. D'autre part, en 1300, les habitants de Toul prièrent Philippe de les prendre sous sa garde, ce qu'il fit ; le comte de Bar, qui avait pris parti pour Édouard Ier, vit son comté ravagé par les Français ; en 1299, grâce à Albert, il obtint une trêve ; en 1301, cette trêve fut convertie en un traité par lequel il s'engageait à faire hommage au roi de France pour ses terres de la rive gauche de la Meuse, le « Barrois mouvant ».

L'entente entre les deux rois ne dura que deux ans ; Boniface, après qu'il se fut brouillé avec Philippe, reconnut Albert comme roi des Romains, le proclama supérieur à tous les autres souverains, et délia de leurs engagements tous ceux qui avaient prêté — même en faveur du roi de France — un serment de fidélité au détriment de l'Empire. Philippe s'allia alors à Wenceslas de Bohême, candidat au trône de Hongrie ; du roi des Romains, dont il avait jadis recommandé le couronnement au pape, il disait maintenant : « Albert, qui se prétend roi des Romains ». La mort de Boniface paraît avoir mis fin au conflit. Albert fut absorbé par sa lutte avec Wenceslas et par le désir qu'il avait de transmettre sa couronne à son fils. Philippe profita de ces préoccupations et de la neutralité de Benoît XI, ainsi que de la bienveillance de Clément V, pour continuer ses progrès. Sur sa demande, le pape pourvut d'hommes sûrs les évêchés vacants de la région du Rhin. A Cologne, il nomma Henri de Virnebourg qui, à Lyon, promit à Philippe fidélité et aide contre tous, sauf le roi d'Allemagne et l'archevêque de Cologne ; à Mayence, il nomma Pierre d'Aspelt, auparavant évêque de Bâle, qui avait été l'intermédiaire des négociations de Philippe avec la Bohême ; à Bâle, il nomma Otton de Grandson, qui était d'origine française ; à Constance, Gérard d'Avignon, un français ; à l'archevêché de Trèves, le frère d'Henri, comte de Luxembourg. En même temps, l'influence politique de la France s'accroissait en terre d'Empire. En 1305, l'évêque de Viviers — en conflit avec le roi depuis un demi-siècle — capitulait ; il reconnaissait la supériorité du roi sur tous les fiefs de son église ; deux ans plus tard, il cédait en paréage à Philippe la moitié de ses droits sur le Vivarais. En 1306, comme on a vu, l'archevêque de Lyon passait un nouveau traité avec le roi. En 1307, l'évêque de Verdun s'engageait à détourner l'empereur des mauvais desseins qu'il pouvait concevoir contre la France, sans pourtant violer la fidélité qu'il lui devait. Il y avait donc un lent travail de pénétration de la France dans l'Empire quand, le 1er mai 1308, Albert fut assassiné.

Cet événement permit à Philippe, qui le connut à Poitiers, d'essayer de faire passer la couronne impériale dans sa famille. On ne sait pas si le roi ou ses conseillers avaient déjà en tête ce projet, qui n'était pas absolument nouveau. La pensée en était venue à Charles d'Anjou, homme ambitieux, aussi hardi que Philippe dans ses conceptions, mais moins mesuré dans ses entreprises, désireux de se servir de son neveu Philippe III de la façon dont plus tard Philippe IV se servit de Charles de Valois, son frère. Pendant le « grand interrègne », deux rois des Romains avaient été élus ; l'un, Alphonse de Castille, n'était pas pris au sérieux ; l'autre, Richard de Cornouailles, mourut en 1272. Alors, Charles d'Anjou conseilla à Philippe de se faire élire roi des Romains ; il lui fit remettre un mémoire dans lequel il disait que le devoir des princes, et surtout celui du roi de France, est de servir Dieu ; le moyen le plus convenable à un roi de France de faire son devoir, c'est d'obtenir la dignité impériale qui lui permettra de faire une croisade avec des forces plus grandes. Les difficultés que l'on allègue ne sont pas, au dire de Charles, insurmontables ; s'il faut se concilier quelques Allemands, le roi a de quoi les acheter. Philippe se laissa persuader ; il adressa des envoyés aux cardinaux amis de la France, à Florence ; ceux-ci les renvoyèrent à Grégoire X, qui les reçut courtoisement, mais leur donna une réponse évasive. Ce fut Rodolphe de Habsbourg qui fut élu ; Philippe ne tint pas rancune au pape ; sa conduite donne à penser que son projet de candidature ne lui tenait pas à cœur.

La question fut reprise en 1300 par le publiciste encyclopédique Pierre Dubois. Dubois fondait alors de l'espoir dans l'annexion de pays d'Empire ; il pensait que l'empereur ou les électeurs céderaient la Lombardie, qui, en fait, était devenue indépendante ; il pensait aussi que les empereurs, pressés par leurs vassaux, auraient recours à la protection du roi de France qui, par traité, leur imposerait ses conditions. En 1306, à propos de la croisade, Dubois revient sur ce sujet. La succession à l'Empire est une cause de troubles ; aussi faut-il demander dans le futur concile que le royaume et l'empire d'Allemagne soient confirmés à perpétuité à un roi moderne, et après lui à sa postérité. On supprimera ainsi la cupidité des électeurs à qui l'on accordera en compensation quelques concessions, à prendre sur les biens et les libertés de l'Empire. Quant au roi, qui deviendra ainsi empereur, il promettra d'envoyer chaque année en Terre Sainte, tant qu'il en sera besoin, un grand nombre de combattants bien armés. Tout cela pourrait se faire par une convention avec le roi d'Allemagne, qui donnerait le royaume et l'empire au frère ou aux neveux de Philippe; le roi de France, par suite de cette convention et d'autres qui sont antérieures, aurait le pays en deçà du Rhin, ou du moins la Provence et la Savoie et les droits que possède l'empereur en Lombardie, à Gênes, à Venise; une autre convention, passée avec le pape, lui donnerait le patrimoine de l'Eglise. En 1308, Dubois précise davantage; cette fois, le trône d'Allemagne est vacant; Philippe est le candidat qui s'impose. Devenu empereur, il mettra fin aux luttes des Guelfes et des Gibelins; il pacifiera l'Allemagne et l'Italie, et pourra ensuite conduire à la conquête du tombeau du Sauveur l'Occident uni sous son étendard. Il lui sera facile d'arriver à l'Empire, parce que le droit des électeurs, qui a été créé par le pape Hadrien, peut être supprimé par un autre pape, qui dira aux électeurs : Nous pouvions vous priver du droit d'élire, car vous avez fait de mauvais choix ; l'Empire a été transféré des Grecs aux Allemands en la personne de Charlemagne, parce que l'empereur de Constantinople ne défendait pas bien l'Eglise. Or, vous avez choisi des empereurs, qui, loin de défendre l'église romaine, l'ont attaquée, et vous les y avez aidés. Arrivant à l'Empire vieux et privés de pouvoirs suffisants, minés tous les jours par les brigues des compétiteurs, les empereurs ne peuvent rien pour défendre l'Eglise et la Terre Sainte. Pour consoler les électeurs, on leur donnera des indemnités considérables : les unes territoriales, les autres pécuniaires, prises sur le produit de la dîme des églises d'Allemagne. Si les électeurs refusent de céder, le pape — comme cela s'est vu — suspendra l'exercice de leur droit et nommera directement Philippe.

Il n'est pas sûr que ce mémoire ait eu de l'influence sur la conduite du roi ; mais il est possible que Dubois y ait exposé des idées qui avaient cours dans l'entourage de Philippe. Sans doute, les progrès que faisait la France dans l'Empire étaient réguliers ; mais ils étaient lents, et l'on ne pouvait en apprécier l'importance qu'en comparant des temps assez éloignés. On avait eu le bonheur jusqu'à présent de rencontrer un roi faible (Adolphe) et un roi ami (Albert) ; mais un homme énergique, capable de faire de l'opposition à la France, pouvait parvenir au trône et obtenir — comme cela c'était produit avec Boniface — l'appui du pape. Puisque, pour le moment, le pape était un homme faible, sinon tout à fait bienveillant, il fallait profiter de l'occasion. Il n'est pas douteux que c'est la présence sur le siège pontifical d'un homme tel que Clément, dont on avait déjà tant obtenu, qui a précisé les ambitions de l'entourage du roi. On n'osa pas présenter la candidature de Philippe, parce que sa personnalité pouvait effrayer le pape et les électeurs, mais on choisit un prince sans terre, qui n'était pas l'héritier de la couronne, et dont on était sûr : son frère Charles de Valois.

Le 27 mai, Philippe adressa une circulaire aux électeurs et à d'autres princes allemands qui étaient en relation avec la France comme vassaux ou pensionnés. Il déplorait la mort d'Albert et exprimait le souhait que son successeur fût un bon prince pour l'Allemagne, l'Eglise, la Terre Sainte. Il demandait que l'élection fût différée jusqu'à ce qu'il eût terminé les pourparlers qu'il avait alors avec le pape et qu'il leur eût fait connaître ses volontés ; il ne disait rien, alors, de la candidature de son frère. Le ton de cette lettre est surprenant ; Philippe ne donne pas aux princes — sauf au roi de Bohême — leurs vrais titres, il les considère comme des inférieurs. Il semble être sûr du résultat de ses négociations avec Clément ; il a confiance et considère l'élection comme une formalité.

Les négociations de Poitiers furent, comme on sait, longues et difficiles ; aussi, avant de s'être mis complètement d'accord avec le pape, Philippe prit une résolution préalable. Le 11 juin, il envoie en Allemagne Gérard de Landri, Pierre Barrière, Hugues de la Celle, avec pouvoir, confirmé par Charles, de promettre des sommes d'argent et des pensions à vie ; le même jour, il remet à son frère 10.500 livres tournois, afin « d'atteindre et d'avenir à la hautesse d'estre esleu en roi d'Allemagne ». Le 15, il ordonne à son trésorier de remettre 1.300 livres à Hugues de la Celle. Entre temps, il avait écrit à Henri de Carinthie, roi élu de Bohême, — et sans doute à d'autres — pour lui recommander la candidature de Charles de Valois.

Il était impossible que la seule influence de Philippe, si grande qu'on la suppose, réussît à assurer l'élection de Charles ; le roi ne pouvait avoir sur les électeurs ecclésiastiques une influence égale à celle de Clément ; or, c'était d'eux surtout, que leur qualité excluait du trône et obligeait au désintéressement, que dépendait l'élection ; c'est pour cela que Philippe, avant de récrire aux électeurs, avait voulu s'entretenir avec le pape. Ce dernier, qui depuis 1307 subissait ses violences, ne pouvait se plaire à cette conversation ; il trouvait Philippe trop puissant, comme roi ; il ne pouvait songer à lui donner l'Empire, car c'est Philippe qui se dissimulait derrière Charles. Un roi d'Allemagne, qui ne fût pas parent du roi de France, pouvait être un jour d'un grand secours si le pape entrait en conflit avec le roi de France. Ce secours, Boniface VIII l'avait espéré d'Albert, et Clément lui-même l'attendit plus tard d'Henri VII.

Examinons maintenant ce que fut la conduite de Clément. Il n'y a pas à tenir compte d'une affirmation de Villani ; celui-ci prétend que l'élection impériale avait été déjà négociée avec Boniface et que c'était le sixième engagement contracté à Saint-Jean-d'Angeli par Bertrand de Got. Clément, en apprenant que le roi allait venir à Avignon pour exiger l'exécution de cet engagement, recommanda, sur le conseil du cardinal de Prato, l'élection d'Henri de Luxembourg, qui eut lieu aussitôt. Rien n'autorise à croire que Boniface ait sérieusement songé à donner le royaume d'Allemagne à Charles de Valois; ce que l'on a dit, d'autre part, de la prétendue entrevue de 1305 suffit à faire rejeter l'explication de l'historien florentin, inexacte d'ailleurs au point de vue chronologique. Il n'y a pas davantage à faire état d'une affirmation de Perrens; celui-ci affirme que, « très puissants auprès du pape élu par leurs efforts, le cardinal de Prato et le cardinal Orsini (Napoléon) faisaient obstacle à ce choix (de Charles de Valois), celui-là parce qu'il accusait le prince français d'avoir fait échouer en Toscane sa mission pacificatrice, celui-ci parce que, mécontent de voir les Italiens « rejetés comme des vases cassés », le saint siège « confiné dans un coin de Gascogne », l'Eglise en péril d'être détruite, il répugnait à rendre plus fort le redoutable et despote monarque qui le tenait en sujétion... Le cardinal de Prato obtint de Clément V que, secouant à la fin ses chaînes, il invitât secrètement les électeurs d'Allemagne à élire roi des Romains Henri de Luxembourg ». Il n'existe aucune preuve de ce qu'avance Perrens; si Clément a combattu la candidature de Philippe, ce n'est pas sur les conseils des cardinaux Nicolas et Napoléon; car le premier n'a jamais eu une grande influence sur le pape Clément; quant au second, il n'était plus guère écouté à la curie en 1308, mais il restait toujours le partisan de la politique de Philippe.

En réalité, Clément n'a montré en cette affaire ni la duplicité qu'atteste Villani, ni la résistance énergique qu'imagine Perrens. Son attitude a été plus complexe, à cause des difficultés de sa propre situation. Clément, en effet, subissait à Poitiers une forte pression de la part de Philippe, et il en souffrait. Mais Philippe, d'autre part, avait besoin de lui pour l'expédition du procès des Templiers. Clément profita de cette circonstance; il n'écrivit aux électeurs que trois semaines après la première démarche de Philippe, retard qui, à lui seul, indique la force de sa résistance. Si l'on se reporte aux négociations relatives au procès du Temple, on verra que Philippe, à la fin du mois de juin, abandonna ses prétentions premières et fit de grandes concessions. Il est très possible que cette modération relative ait été calculée en vue d'obtenir du pape une adhésion à la candidature de Charles de Valois.

Le 19 juin, le pape écrivit aux électeurs une lettre qui n'avait rien de catégorique ; il leur disait qu'il importait fort que le futur roi fût dévoué à l'Eglise et prêt à faire la croisade ; ce sont précisément ces qualités que Philippe recommandait dans son frère ; mais c'était une circonstance bien peu favorable à Charles, qu'il fallût rapprocher des lettres de deux personnages pour découvrir une recommandation du pape en sa faveur. Clément laissait aux électeurs la plus grande liberté, comme l'indique sa lettre à Rodolphe, comte palatin du Rhin. Il avait demandé à ce dernier de réfléchir au choix d'un candidat, et, avant l'élection, de lui communiquer le résultat de ses réflexions ; ensuite, il lui ferait connaître ses propres intentions ; le pape ne faisait aucune allusion à l'ajournement des discussions de candidature qu'avait réclamé le roi. Toutefois, le cardinal le plus influent de la curie, Raimond de Got, fit une démarche d'importance ; au mois de juillet, il écrivit à l'archevêque de Cologne une lettre de recommandation en faveur de Charles de Valois, dont l'élection, disait-il, procurerait un grand avantage à la croisade. Cette lettre, rapprochée de celle de Clément, dont elle semble reproduire les passages qui traitent de la croisade, a donné à penser que le cardinal était chargé de préciser officieusement la pensée de son oncle. Il est bien plus probable que Raimond de Got a agi de sa propre initiative et pour complaire à Philippe. S'il écrivait de l'aveu de Clément, pourquoi ne pas le dire, afin de donner plus de poids à sa recommandation ? Pourquoi le pape, s'il était d'accord avec son neveu, aurait-il écrit une lettre aussi incolore que celle du 19 juin ? L'initiative du cardinal n'a rien qui doive surprendre ; Clément ne se montrait pas tyrannique avec son entourage et ses parents ; et les cardinaux correspondaient souvent avec les princes sans son aveu. Clément, par ses déclarations vagues, ne s'était pas engagé ; il avait sollicité l'avis du comte palatin du Rhin, et, sans doute, celui des autres électeurs ; cela lui permettait d'attendre avant de se prononcer définitivement.

Les ambassadeurs de Philippe n'obtinrent pas grand succès. Le roi de Bohême resta inerte, ce dont Philippe se souvint plus tard. Henri de Cologne, qui devait beaucoup au roi de France, promit de faire tout ce qu'il pourrait pour l'élection, mais il borna sa bienveillance à cette déclaration. On ne connaît pas la réponse de Pierre d'Aspelt, archevêque de Mayence, dont l'appui était précieux, puisque c'est lui qui devait diriger l'élection ; son attitude dut être bienveillante dans la forme, puisque le roi, plus tard, demanda à Clément sa punition, comme s'il avait manqué à sa promesse. Il importe peu que les envoyés aient vu Beaudoin, archevêque de Trèves, qui, lui, avait son candidat.

Si les envoyés du roi furent reçus froidement, c'est que les électeurs négociaient de leur côté, en tenant compte de leurs intérêts et non de ceux de Philippe. Or, ils redoutaient un roi tel qu'avait été Albert, et par dessus tous les électeurs ecclésiastiques qu'il avait maltraités ; élire Charles de Valois, c'était se donner un maître qui, personnellement, pouvait être accommodant, mais dont les conseillers et les inspirateurs seraient tout autres. Il est remarquable que les envoyés de Philippe promirent au nom de Charles des pensions à vie et de l'argent, mais qu'ils n'étaient pas chargés de faire des concessions d'ordre politique aux électeurs. Or, le candidat de tout repos, on croyait l'avoir sous la main, c'était Henri de Luxembourg. Il était présenté par son frère, l'archevêque de Trèves, Beaudoin, qui payait ainsi une dette de reconnaissance ; c'était un petit prince dont la puissance n'était pas comparable à celle d'Albert et qui était disposé à faire de grandes concessions. Le 20 septembre, il promit à Henri de Cologne de faire droit à ses demandes et de réparer les dommages que lui avait causés Albert; plus tard, il fit également des concessions à l'archevêque de Mayence; ainsi, il pouvait espérer obtenir les trois voix ecclésiastiques. Or, Henri de Cologne, un peu auparavant, vers la fin de juillet, avait négocié avec Otton, margrave de Brandebourg, et avec la Saxe. Otton et Henri s'engagèrent à voter d'accord ; quant à la voix saxonne, elle fut promise sans condition au candidat de l'archevêque. Ainsi, dans le courant de septembre, une majorité se dessinait en faveur d'Henri de Luxembourg.

Philippe ne savait pas tout cela en détail; mais il sentait que la candidature de son frère ne faisait pas de progrès. Avant de quitter Poitiers, vers la fin de juillet, il avait demandé à Clément d'écrire aux électeurs pour leur recommander nominativement Charles. Mais Clément avait repris sa liberté et retrouvé une partie de son courage depuis qu'il était revenu en Guyenne; il laissa passer tout le mois d'août et presque tout le mois de septembre sans répondre. C. Wenck a proposé une explication très satisfaisante de ce retard; il pense que Clément attendait pour permettre à l'opinion des électeurs de se fixer; quand, dans le courant de septembre, il apprit les progrès de la candidature d'Henri, il recommanda celle de Charles. Cette intervention venait trop tard et ne pouvait modifier le vote; mais le pape pouvait la présenter comme une satisfaction donnée au roi. Ceci ne suffit pas à Philippe qui réclama auprès du pape; il voulait se venger d'Henri de Carinthie qui, disait-il, « se donne comme roi de Bohême », et il demandait à Clément de défendre à l'archevêque de Mayence de le couronner avant l'élection du roi des Romains ; Clément, le 1er octobre, refusa. Il réclamait une nouvelle lettre de recommandation aux électeurs ; le pape accepta seulement d'écrire à l'archevêque de Cologne, qui, déjà, s'était montré bienveillant, mais il refusa d'accréditer les plénipotentiaires de Philippe, qui, le jour de l'élection, devaient défendre la candidature de Charles, et il consentit seulement à envoyer aux électeurs une personne que le roi choisirait lui-même ; cette apparente concession lui permettait encore de gagner du temps. Philippe demandait enfin au pape de prier Henri de Luxembourg de retirer sa candidature ; jusqu'ici, Clément n'avait pas encore laissé voir ce qu'il pensait de cette candidature, en faveur de laquelle Henri et son frère Beaudoin l'avaient sollicité ; il se montra très ferme, et conseilla au roi de s'adresser directement à Henri qui était son vassal. Ainsi, Philippe éprouvait partout des échecs. Clément, le même jour, 1er octobre, lui avait adressé une lettre du duc de Saxe ; le 22 octobre, il lui en transmettait une autre du comte palatin Rodolphe ; on peut supposer avec Wenck que ces lettres, dont le pape n'indique pas le contenu, n'étaient que des défaites ; ce qui fortifie cette conjecture, c'est que Clément envoyait en même temps au roi une lettre du doge de Venise, relative à l'empire de Constantinople, et s'étonnait de ne plus entendre parler de l'expédition dont il avait été question dans l'entrevue de Poitiers, comme s'il pensait déjà que Charles de Valois ne pouvait devenir roi des Romains.

L'affaire était donc manquée. Philippe ne chercha pas à opposer quelqu'autre prince à Henri de Luxembourg ; les électeurs laïcs y avaient songé. Le comte palatin du Rhin avait, sans succès, présenté sa candidature ; les margraves de Brandebourg, qui se trouvaient en meilleure posture, ne pouvaient réunir que trois voix : la leur, celle d'Henri de Cologne et, par lui, celle de la Saxe, alors que cinq voix par contre étaient gagnées à Henri de Luxembourg. Celui-ci fit, en octobre-novembre, les concessions nécessaires ; le 28 octobre, il promit la chancellerie impériale à l'archevêque de Mayence, avec droit de nommer le chancelier du royaume ; il fiança sa sœur au fils du Palatin ; il fit des concessions au Brandebourg, paya les frais de l'élection, et, le 27 novembre, il fut élu unanimement. Ainsi, Clément, sans se montrer l'ennemi du roi de France, s'était dérobé à lui ; il avait laissé faire le sentiment national, comme l'a montré Wenck, et aussi les intérêts particuliers des électeurs, et cela avait suffi.

Les électeurs, d'une façon ouverte, Clément, d'une manière détournée, s'étaient opposés à Charles de Valois ; mais le nouvel élu n'avait pas été choisi pour déplaire à Philippe dont il était déjà l'ami. Henri était né probablement à Valenciennes, mais il avait passé une grande partie de sa jeunesse à Paris, dans l'entourage du roi, qui, peut-être, l'arma chevalier. La veuve de Philippe le Hardi le maria à sa nièce Marguerite, fille de Jean, duc de Brabant, allié de Philippe contre Adolphe de Nassau. En 1294, au début de la guerre franco-anglaise, il passa un traité avec Philippe ; moyennant une somme de 6.000 livres tournois, Henri devait, pendant la guerre, entretenir 200 hommes d'armes au service de Philippe. Peu après, il envoya à Paris son frère Beaudoin, alors âgé de 13 ans, qui y étudia pendant cinq ans. En 1302, au moment du différend, il assista à la réunion convoquée par Philippe, et approuva l'adresse envoyée par la noblesse à Boniface. Au moment de la guerre de Flandre, parce qu'il avait de bonnes relations avec le comte, il rappela son frère ; mais, après la bataille de Mons-en-Pevèle, il fut un des premiers à proposer la paix ; puis il renvoya son frère poursuivre ses études à Paris, et lui-même, en janvier 1306, à Lyon, où il était venu assister au couronnement de Clément, fit un nouveau traité avec Philippe, à qui il promit, en son nom et au nom du jeune Beaudoin, de garder les alliances conclues. En 1307, pour son frère élu archevêque de Trèves, il obtint de Clément les dispenses nécessaires, grâce à l'intercession du roi d'Angleterre et aussi à celle de Philippe et de la reine ; en échange, en avril 1308, Beaudoin promit foi et loyauté au roi de France pour les services qu'il avait reçus de lui.

Ces séjours en France et ce contact prolongé avec la civilisation française ont laissé sur Henri une empreinte ineffaçable, car il en a gardé des habitudes de vie. Il portait les cheveux coupés à la mode française ; il n'a jamais parlé que le français ;

c'est en français que sont rédigés ses comptes ; et, au moins jusqu'à son couronnement, ils sont calculés en monnaie française. Il n'est pas exagéré de dire que, de tous les rois d'Allemagne, Henri a été le plus français.

Il n'existe pas de document qui nous fasse connaître les sentiments avec lesquels Philippe accueillit l'élection d'Henri. Ce qui précède donne à croire et ce qui s'ensuivit prouve qu'il fut mécontent. Mais il n'en laissa d'abord rien paraître, et Henri, de son côté, lui témoigna les intentions les meilleures. Le 30 janvier 1309, en effet, le nouveau roi des Romains lui envoya le comte de Namur et le duc de Brabant pour lui faire savoir qu'il était disposé à entretenir avec lui des relations d'amitié. Philippe répondit qu'il était prêt à conclure une alliance. Ces déclarations furent suivies d'un échange de demandes de service. Le 13 février 1309, le comte et la comtesse de Bourgogne écrivirent à Henri pour le prier d'accueillir favorablement les requêtes de leurs ambassadeurs ; ils demandaient sans doute un délai pour l'hommage qu'ils lui devaient à raison de leur comté. Philippe intervint auprès du nouveau roi en faveur de l'évêque de Cambrai, qui obtint une prorogation de délai pour prestation d'hommage. Henri, de son côté, intervint en faveur de Béraud, seigneur de Mercœur, qui, après une révolte, avait été fait prisonnier, s'était évadé, avait été repris, puis enfermé à Poissi ; le 1er septembre de cette année, de Spire, il affirmait à Philippe que Béraud était innocent et il le priait de ne pas croire ceux qui prétendaient le contraire ;

dans le courant de ce mois, grâce à cette intervention et à celle de Charles de Valois, Béraud fut grâcié. Une entrevue fut même projetée entre les deux souverains ; elle devait avoir lieu, si l'on en croit Clément, le 22 août 1310 ; avant cette entrevue, on devait liquider toutes les difficultés pendantes entre les deux royaumes. L'une d'elles était la question de Bourgogne. Philippe, depuis le mariage de son fils mineur avec Jeanne, fille d'Otton, comte de Bourgogne, administrait ce pays au nom de son fils, mais sans l'assentiment du roi d'Allemagne. Le 23 janvier 1310, Philippa désigna comme ambassadeurs Louis de Clermont, grand chambellan de France, Pierre de Latilli, archidiacre de Châlons ; ceux d'Henri, désignés le 26 avril, furent Jean, comte de Namur, Simon de Marville, trésorier de l'église de Metz, juriste, maître Henri de Geldon et un clerc, Albéric de Fauchiers. Les plénipotentiaires se rencontrèrent à Paris, travaillèrent rapidement, et, le 26 juin, se mirent d'accord. Philippe pouvait prendre possession du comté de Bourgogne, à condition de le reconnaître comme fief d'Empire ; les deux souverains ne pouvaient imposer réciproquement leurs terres qu'après décision de six prud'hommes, dont chacun désignerait la moitié. Si Henri, devenu empereur, créait un roi des Romains, celui-ci serait tenu de respecter le traité en ce qui concernait le comté de Bourgogne ; d'autre part, tout comte placé par Philippe sur les frontières de l'Est ferait alliance avec ses voisins d'Empire. La requête adressée par le comte et la comtesse à Henri dès

1309 était accueillie ; Henri n'exigerait l'hommage de son vassal qu'après avoir vu le roi de France, et, au cas où l'entrevue n'aurait pas lieu, qu'après son retour d'Italie. Ce traité était un grand succès pour Philippe ; il semblait devoir marquer le début d'une période de relations amicales, comme on en avait vu au début du règne d'Albert.

Pourtant, ces bonnes dispositions n'étaient qu'apparentes ; car, au fond, Philippe était mécontent d'Henri, comme il était mécontent de Clément. Il entama contre le nouveau roi une campagne très complexe, à la fois en cour pontificale et en pays d'Empire. Dès 1309, il avait été irrité par la confirmation de l'élection. Le pape avait reçu le décret d'élection et une ambassade composée des évêques de Bâle et de Coire, d'Amédée, comte de Savoie, de Jean, dauphin de Vienne et de quelques autres, envoyés le 2 juin par le nouvel élu pour demander confirmation de l'élection ; le 26 juillet, il accorda cette confirmation. Ceci déplut fort à Philippe ; le roi de France ne désapprouvait pas la confirmation elle-même, puisque l'élection était régulière, mais la précipitation du pape. Celui-ci, plus tard, tenta de se justifier. Il raconta aux ambassadeurs de Philippe, à la fin de 1310, qu'il avait fait patienter les envoyés d'Henri pendant neuf semaines. Il avait demandé aux cardinaux Pierre de la Chapelle, Etienne de Suisi, Raimond de Got, s'ils avaient reçu des lettres de Philippe relatives à cette affaire ; sur leur réponse négative, il ratifia l'élection dans la neuvième semaine et fixa le couronnement à la Chandeleur (2 février) de 1312 ; cette décision, il l'avait prise avec l'assentiment de tous les cardinaux, car Pierre de la Chapelle, qui d'abord s'était prononcé contre l'avis du pape, avait fini par l'approuver. Clément cherchait à donner l'impression qu'il avait examiné minutieusement l'élection ; dans une bulle d'approbation, destinée au roi de France, il décrivait longuement les supplications des envoyés du comte de Luxembourg, l'enquête qu'il avait faite ; en réalité, les choses ne s'étaient pas passées tout à fait de cette façon, car un autre procès-verbal mentionne sommairement l'examen, et Clément, dans une bulle qu'il adressait à Henri, appelait celui-ci roi élu et ne parlait pas des prières répétées de ses envoyés. Clément exagérait aussi quand il prétendait avoir attendu la neuvième semaine avant de prendre une décision, car, entre le départ de Constance des envoyés et la confirmation de l'élection, il ne s'était écoulé que sept semaines et cinq jours dont il faut défalquer la durée du voyage. Ce délai, quand on considère les lenteurs ordinaires de la curie et les précédents, apparaît bien court, et donne l'impression que Clément, comme le lui reprochait Philippe, s'est vraiment hâté de prendre sa décision. C'est d'ailleurs, comme le remarque Wenck, ce que le pape avouait quand il disait qu'Henri avait toujours trouvé l'Église généreuse à son égard ; c'est ce qu'indiquait aussi, en 1330, Jean XXII, quand il parlait de la diligente approbation de Clément, faite pour éviter les embûches qui étaient sur le point de se produire, dans un délai de quelques jours. On s'explique aisément la précipitation de Clément ; reconnaître l'élection avant d'entendre les observations de Philippe, c'était prendre une décision sur laquelle on ne pourrait jamais revenir et se faire un ami d'Henri ; cette précipitation évidente éclaire d'un jour suffisant ce qu'il peut y avoir d'obscur dans l'attitude de la curie pendant la période électorale de 1308.

Par contre, la conduite de Philippe se laisse difficilement expliquer ; si le roi avait vraiment eu l'intention de discuter la confirmation de l'élection, pourquoi a-t-il perdu tant de temps ? Après que l'ambassade d'Henri fut arrivée à Avignon, il pouvait encore agir ; or, il n'intervint pas auprès des cardinaux, ses amis ; Pierre de la Chapelle, qui refusa d'abord son approbation au décret qui fut publié le 26 juillet, agit plutôt par conjecture que par connaissance exacte des désirs de Philippe. On n'a pu à cet égard que faire des hypothèses, dont le nombre indique la difficulté du problème. Wenck croit que le silence de Philippe est une preuve de prudence ; selon lui, Henri connaissait ses devoirs et n'était pas homme à laisser périr les droits de l'Empire ; il était en bonnes relations avec le Brabant et la Gueldre, avec Namur et la Lorraine ; les comtes de Flandre s'étaient placés sous sa protection, le comte de Savoie cherchait à s'allier avec lui. Il pouvait revendiquer les droits que Boniface avait conférés à Albert, son prédécesseur, en déliant les seigneurs du royaume d'Arles des serments qu'ils avaient prêtés au détriment de ce royaume ; il avait peut-être la pensée de protéger la mémoire de Boniface contre Philippe ; parce que son adversaire était puissant, et pour éviter un conflit, Philippe devait d'abord se montrer conciliant. L'idée qu'Henri — qui, en 1302, avait souscrit la lettre de la noblesse — pouvait songer à défendre la mémoire de Boniface est fantaisiste et ne mérite pas qu'on s'y arrête ; les autres motifs indiqués par Wenck procèdent de la haute opinion que cet historien se fait des talents d'Henri et de l'estime exagérée qu'il a pour ses forces. Henri, en réalité, n'était qu'un petit prince ; il ne possédait que le Luxembourg, pays fort pauvre ; ses domaines et ce que lui valait son titre de roi des Romains lui fournissaient très peu, comme le montre son expédition en Italie ; même entouré des alliés qu'on lui donne alors, il n'était pas de ceux que Philippe dût redouter. Faut-il penser que Philippe avait vraiment l'intention d'entraver la reconnaissance de l'élection, mais que ses envoyés arrivèrent trop tard, comme le donnerait à croire la lettre précitée de Jean XXII qui parle après avoir, assure-t-il, entendu des personnages d'importance ? Faut-il admettre plus simplement que Philippe, ne pouvant soutenir son opposition d'aucune raison légale, ait voulu laisser toute la responsabilité de l'affaire au pape, afin de pouvoir se plaindre de lui, par la suite, sans être obligé de préciser ses réclamations ?

A la question de l'élection se rattachaient d'autres plaintes. Philippe protestait contre la conduite d'Henri qui avait établi des péages sur le

Rhône ; il se plaignait de l'attitude de l'archevêque de Mayence qui, peut-être, n'avait pas tenu les promesses qu'il avait faites dans l'été de 1308.

En même temps qu'il travaillait contre Henri à Avignon, Philippe reprenait la politique ancienne et continuait ses empiètements dans l'Empire, d'abord à Lyon. Les Lyonnais, théoriquement, faisaient partie de l'Empire ; mais depuis longtemps les empereurs n'exerçaient plus leurs droits sur leur ville ni sur ses environs et étaient remplacés par les archevêques. Mais les archevêques, souvent en conflit avec les habitants de la ville, virent leur autorité menacée d'assez bonne heure, et ils durent compter avec l'intervention des rois de France qui, commencée en 1164, se poursuivit régulièrement jusqu'à la fin de l'indépendance de la ville. Au temps de l'entrevue de Lyon, Philippe avait profité de son séjour dans la ville pour s'occuper de faire valoir ses droits. Le clergé de la ville se prétendait indépendant ; les gens du roi soutenaient au contraire que l'église de Lyon appartenait au royaume de France de temps immémorial. Les discussions entamées alors aboutirent le 29 janvier 1306 à un projet de traité, puis, en septembre 1307, à Pontoise, à un traité. Le roi accordait à l'église de Lyon, qu'il appelait le premier siège du royaume de France, le droit de posséder à perpétuité, à titre de comté, tout ce qui était dans sa juridiction ; il accordait pour le passé une amnistie à l'archevêque et au chapitre qui, par contre, reconnaissaient la souveraineté du roi. Toutefois, ce traité ne fut pas publié sur les instances des Lyonnais qui, n'ayant point participé aux négociations, soutenaient que la justice à Lyon avait toujours appartenu au roi en appel et seulement en première instance à l'archevêque et au chapitre. L'archevêque Louis de Villars mourut en 1308 ; son successeur, Pierre de Savoie, confirma le traité de Pontoise le 4 août 1308, à Poitiers, après que le roi eût réconcilié bourgeois et clergé. Mais, au début de 1310, l'archevêque changea d'attitude ; comme Nogaret lui demandait de prêter serment de fidélité à Philippe, il refusa de le faire avant d'avoir pris l'avis de son chapitre. Il revint de Paris à Lyon, dont la population se souleva contre les Français, à qui elle reprit le château de Saint-Just. La répression fut rapide et vigoureuse ; une armée française, avec le roi de Navarre, les deux autres fils de Philippe, ses frères Charles de Valois et Louis d'Evreux, arriva. La ville fut investie, capitula, et l'archevêque se rendit à son oncle, Amédée de Savoie, qui servait dans l'armée du roi. Clément essaya de sauver Lyon ; le 24 juin, il y envoya les cardinaux Etienne de Suisi et Landulphe Brancaccio, afin de prier les clercs et ceux des bourgeois qui étaient pour lui de tâcher de conserver la bienveillance du roi et de le rendre conciliant ; le même jour, il priait les bourgeois de Lyon de ne pas enfreindre les droits de l'Eglise ; le 5 août, il convoquait l'archevêqne, pour qui il avait demandé un sauf-conduit à Philippe ; il le priait de ne traverser, dans son voyage, ni la ville, ni le diocèse, sans doute afin de ne pas irriter le roi. Cette grosse affaire devait se dénouer en 1312. Vers la même époque, Philippe exécutait une opération de police dans le comté de Savoie, en terre d'Empire; il s'alliait à Jean II, dauphin de Vienne, et fiançait l'une des filles du comte de Bourgogne, son fils, à Guigues, fils aîné du dauphin. Il contestait à Henri le droit d'établir des péages le long du Rhône, et il songeait à obtenir le royaume d'Arles qu'il venait d'attaquer en détail.

Cette politique tortueuse et complexe devait mettre fin aux bonnes relations officielles établies au début de 1310. L'entrevue projetée entre les deux souverains n'eut pas lieu, en dépit des bons offices de Clément qui, le 30 août, les invitait encore à tenir leur promesse. Henri déclara plus tard que ses occupations ne lui avaient pas permis de se rencontrer avec Philippe; mais il est évident qu'il n'a rien fait pour faciliter l'entrevue, car il commençait à se lasser des coups d'aiguilles que lui donnait le roi de France. Philippe, qui se plaignait plus tard du manque de parole d'Henri, n'était peut-être pas très mécontent du retard de l'entente définitive, car le serment d'hommage que son fils devait au roi d'Allemagne était ainsi ajourné.

En même temps qu'il se vengeait de son ancien vassal de Luxembourg, Philippe se vengeait de son ancien ami Clément, en poussant à fond le procès de Boniface VIII. Ce procès était une vieille affaire commencée par Nogaret du vivant de Boniface; il avait été en fait interrompu par la mort du pape et pendant le règne de Benoît, parce que Nogaret, l'accusateur principal, se trouvait dans une situation fausse, poursuivi qu'il était lui-même pour les événements d'Anagni, et parce qu'aussi, peut-être, le roi n'avait pas voulu se servir de ce moyen d'intimidation auprès d'un homme qui, jusqu'alors, avait été conciliant. Sans doute, il avait été question de cette affaire depuis l'élection de 1305 ; Philippe en parla à Clément à Lyon, d'abord, puis dans les deux entrevues de Poitiers. On ne sait presque rien de ces premières conversations ; Philippe a raconté, plus tard, qu'il avait toujours trouvé le pape favorable à cette affaire, mais qu'à cause d'autres questions : croisade, paix avec le roi d'Angleterre, procès des Templiers, Clément n'avait pu procéder aussitôt qu'il eût désiré. Il est douteux que le pape se soit montré d'abord favorable, puisque nous verrons le roi incriminer plus tard sa mauvaise volonté. Il est bien plus probable que le procès déplut d'abord à Clément autant que par la suite, et que Philippe n'en parla qu'à mots couverts, sans insister, tant qu'il trouva le pape bienveillant, c'est-à-dire jusqu'en 1308.

Avec la seconde entrevue de Poitiers, l'affaire entre dans une nouvelle phase, parce qu'alors Clément se révolte. Elle apparaît donc, dans son principe, comme un moyen d'intimidation et non comme une affaire majeure ; d'ailleurs, la façon dont Philippe la laissa tomber plus tard montre qu'elle ne lui tenait pas fort à cœur. A Poitiers, le 12 août 1308, Clément, en consistoire public, déclara qu'il avait entendu de graves propositions contre Boniface, qu'il ne pouvait dénier à quelqu'un son droit et que ses cardinaux et lui procéderaient en cette affaire, à Avignon, le premier jour utile qui suivrait la fête de la Purification de 1309. Renaud de Supino, l'homme de confiance de Nogaret, l'ennemi personnel de Boniface, considérant cette déclaration comme une citation, se mit en route ; arrivé à trois lieues d'Avignon, il fut assailli par des gens armés, — sans doute des Bonifaciens — n'osa pas continuer sa route et se contenta de protester devant l'official de Beaucaire. Il semble que cette citation de 1308 ait été faite d'une façon obscure ou contraire aux formes usitées, puisque Nogaret, en 1310, déclarait que personne ne la connaissait. En réalité, l'affaire ne commence vraiment que dans la seconde moitié de 1309 ; l'une des causes de ce retard est donnée par le pape lui-même qui n'arriva à Avignon que le 9 mars, par suite de la longueur de la route, de la neige, des inondations ; mais cela n'explique pas tout, puisque Clément attendit encore six mois avant de faire une citation ; il est possible qu'il ait été déterminé alors par la rupture qui suivit la confirmation de l'élection d'Henri VII. Ce n'est que le 13 septembre qu'il cita à Avignon, pour le lundi qui suivrait le second dimanche du carême de 1310, d'une façon nominative, les accusateurs de Boniface. Un mois après, le 18 octobre, il chargeait l'évêque de Paris et son propre chapelain, frère Guillaume Pierre de Godin, de transmettre cette décision aux intéressés. Clément résumait les préliminaire du procès, affirmait qu'il ne croyait pas que Boniface fût coupable, mais expliquait sa décision par le désir qu'il avait de ne pas dénier la justice et de faire toute la lumière ; d'après ce document, les accusateurs étaient : le roi, Louis, comte d'Evreux, son fils, Jean, comte de Dreux, Guillaume de Plaisians. Cette citation déplut au roi et provoqua de sa part des réclamations, puisque, le 2 février 1310, le pape déclara que dans sa citation il n'avait pas voulu comprendre Philippe, qui lui avait déclaré n'être pas partie au procès. Cette mise hors des débats permettait au roi une retraite aisée en cas d'insuccès, mais elle ne laissait pas le pape seul en face des accusateurs, car Philippe intervint plus d'une fois comme s'il avait été partie. Dans la liste des accusateurs, ne figurait pas le nom de l'instigateur de l'affaire, qui jusqu'à la fin de 1310 en portera presque tout le poids, Nogaret. Le pape ne voulait peut-être pas le voir parce qu'il le considérait comme excommunié. A la réception des citations, Guillaume de Plaisians, Pierre de Galard, Pierre de Broc, sénéchal de Beaucaire, Alain de Lamballe, archidiacre de Saint-Brieuc, Guillaume de Nogaret, se mirent en route pour Avignon. Pour Nogaret, c'était une tâche de longue durée qui commençait ; aussi se fit-il suppléer, le 27 février 1310, comme garde du grand sceau, par Gilles Aicelin, archevêque de Narbonne ; c'était aussi une expédition aléatoire ; aussi, instruit peut-être par le sort de Renaud de Supino, avait-il fait son testament avant de partir. Du côté des défenseurs se présentèrent : le cardinal François Gaëtani et Thibaut de Bernazo d'Anagni, tous deux neveux de Boniface, Got de Rimini et Baudry Biseth, docteurs, le premier en l'un et l'autre droit, le second en décret, Blaise de Piperno, Crescentius de Paliano, Nicolas de Verulis, Jacques de Sermineto, Conrad de Spolète, autres jurisconsultes, et enfin Jacques de Modène, Thomas de Morro et Ferdinand, chapelain du cardinal Pierre l'Espagnol. Plusieurs de ces personnages ont un rôle secondaire ; l'homme qui agit en consistoire est Baudry Biseth ; c'est lui qui est nommé le plus souvent dans la procédure ; c'est à lui que, pendant la suspension du procès en été, fut remis le soin de la défense. Mais les vrais défenseurs de Boniface sont les cardinaux qu'il avait créés, directement intéressés au procès, puisqu'en cas de condamnation du défunt pape, leur promotion au cardinalat devenait nulle ; parmi eux apparaissent en première ligne François Gaëtani et Jacques Stefaneschi.

Le procès commença à Avignon, le 16 mars, en présence des accusateurs et des défenseurs, de beaucoup de cardinaux et d'une foule de clercs et de laïcs. Clément fit d'abord donner lecture de sa bulle de citation ; et, tout de suite, la bataille commença. Nogaret prit la parole et offrit ensuite de remettre le texte de son discours ; les défenseurs se déclarèrent prêts à défendre la mémoire de Boniface et affirmèrent que les accusateurs n'étaient pas recevables en leur poursuite. Clément remit alors l'affaire au 27 mars, et, en attendant, commit les cardinaux Bérenger Frédol et Etienne de Suisi pour recevoir les actes des deux parties.

Le 20, Jacques de Modène remit une cédule qui contenait la déclaration faite par les défenseurs le 16. Les Français communiquèrent plusieurs documents : la requête par laquelle, le 12 mars 1303, Nogaret dénonçait au roi les crimes de Boniface, lui demandait de travailler à l'élection d'un nouveau pape, et, d'accord avec les cardinaux, de pourvoir l'Église d'un vicaire provisoire et de s'assurer de la personne de Boniface ; le discours prononcé par Guillaume de Plaisians en juin de la même année ; enfin une liste des cardinaux considérés comme suspects et inhabiles à participer au procès. Nogaret demanda que les témoins âgés et valétudinaires fussent entendus et qu'on ne publiât pas leurs noms. Il dit que plusieurs cardinaux suspects ne pouvaient connaître de cette affaire, que leurs gens et des membres de leurs familles faisaient de l'obstruction au procès et que quelques-uns de ses gens avaient été volés. Il rappelait ensuite brièvement les débuts du procès et critiquait la citation de Clément dans sa forme et dans son contenu, disant qu'il était venu à Avignon, non pas en vertu de cette citation, mais pour continuer un procès qu'il avait déjà commencé ; que la citation avait été simplement affichée à Avignon et non signifiée directement aux accusateurs, que le comte d'Évreux et les autres n'étaient pas des accusateurs, mais qu'ils avaient demandé à Guillaume de Plaisians de faire la preuve de l'hérésie de Boniface, que le roi n'avait pas demandé de prononcer l'anathème contre la mémoire de l'accusé, mais seulement d'entendre les accusateurs. Il protestait enfin contre le procès que Boniface avait dirigé contre lui, en disant que ce qu'il avait fait à Anagni lui avait été commandé par la nécessité, déclarant avec une audace inouïe que Boniface, avant de mourir, l'avait absous, demandant en conséquence que Clément cassât le procès de Benoît XI.

Le 27 mars, Nogaret reparaît en consistoire; il réclame le retrait de la bulle *Redemptor noster*; il demande que les défenseurs de Boniface ne soient pas admis au procès, parce qu'ils ne proposent rien de raisonnable pour la défense de sa mémoire, que les noms des témoins soient tenus secrets; enfin, il communique les noms des cardinaux qu'il tient pour suspects : Léonard d'Albano, Pierre, évêque de Sabine, Jean de Namur, Guillaume, Richard de Sienne, Lucas Fieschi, Jacques Stefaneschi, François Gaëtani. De son côté, Baudry Biseth critiqua chacune des affirmations de Nogaret, soutenant que les défenseurs étaient recevables, et qu'au contraire Nogaret et les siens ne l'étaient pas, pas plus d'ailleurs que les témoins dont on demandait l'audition. Les défenseurs déclaraient en outre que, s'ils intervenaient au procès, ce n'était pas pour attaquer quelqu'un, mais simplement pour défendre Boniface. Après cette longue dispute, Clément renvoya les débats à quinzaine.

Le 1er avril, Nogaret remit aux cardinaux Bérenger et Etienne une cédule dans laquelle il soutenait que les défenseurs n'étaient pas recevables en la poursuite contre Boniface, parce qu'il s'agissait d'une question de foi et que personne ne pouvait être admis à défendre la mémoire d'une personne accusée d'hérésie. Le même jour, dans une cédule, les défenseurs soutinrent qu'on ne pou-

vait procéder en dehors du concile général; que
Boniface était pape légitime; que n'importe qui
pouvait le défendre; que, par contre, ni Nogaret ni
les siens ne pouvaient le poursuivre, parce qu'ils
étaient animés d'un mauvais zèle, comme le prou-
vaient les événements d'Anagni, l'arrestation de
Boniface, le pillage du trésor, le procès commencé
par le pape Benoît; que Guillaume de Nogaret et
Guillaume de Plaisians étaient des ennemis de Boniface; qu'un tel procès serait d'un mauvais
exemple, parce que, désormais, tous les évêques
pourraient être accusés quand ils déplairaient à
leurs sujets spirituels; que, d'ailleurs, Boniface
avait vécu et était mort en catholique, tenant la
croix et récitant les articles de foi, en présence de
huit cardinaux. Nogaret, ce jour-là, montra une
cédule dans laquelle, disait-il, se trouvaient les
noms des témoins; mais comme les cardinaux la
lui demandaient en promettant de la tenir secrète,
il refusa, disant qu'il ferait en même temps et la
remise des noms et la présentation des témoins, à
quoi les cardinaux objectèrent qu'ils n'avaient
mandat que de recevoir les noms. La précaution
de Nogaret était d'ailleurs légitime, car les témoins
à charge n'étaient pas absolument en sûreté, comme l'avait démontré l'aventure de Renaud de Supino et comme on le verra plus tard.

Le 10 avril, Clément, sans vouloir recevoir les
accusateurs ni les défenseurs comme parties, demanda communication des noms des témoins, afin
de pouvoir délibérer sur leur admission. Nogaret
réclama pour leur sûreté qui lui fut promise. Le

lendemain 11, Baudry Biseth, qui n'avait pu être entendu la veille à cause de l'heure trop avancée, déposa une protestation parce qu'il n'avait pas encore copie de tous les actes remis par Nogaret; il demanda un ajournement jusqu'au premier jour utile qui suivrait Quasimodo, ajournement qui fut prononcé le 27 avril.

Ce premier ajournement commence une série de retards et marque le début de la résistance ouverte du pape. Clément recourut d'abord à des moyens dilatoires; le 8 mai, quand les parties comparurent devant lui, il prétexta qu'il avait à s'occuper de lettres qu'on lui attribuait et qui étaient fausses, et renvoya l'affaire au 11; le 11, il fut pris d'un saignement de nez et renvoya au 13. Le 13, Nogaret reparut et prit la parole; mais Clément se débarrassa de lui et prit l'offensive. Nogaret, dans le courant d'avril et de mai, avait sans doute témoigné d'une grande désinvolture; il avait prétendu — avec quelques docteurs d'ailleurs — qu'il n'était pas excommunié, puisque le pape l'avait reçu et lui avait parlé. Mais Clément protesta contre cette opinion et déclara qu'il tenait toujours Nogaret pour excommunié. En ce qui concernait le procès, Clément se déclara prêt à le poursuivre avec célérité; mais c'était une affaire difficile et qui n'avait pas encore été soumise à une délibération; d'ailleurs, les chaleurs approchaient, et les cardinaux devaient prendre soin de leur santé. Pour tous ces motifs, afin, disait-il, que l'affaire fût expédiée plus vite, Clément imagina une procédure qui, en réalité, devait la faire durer plus longtemps. Il décida que désormais on ne procéderait plus oralement, mais par écrit, et il accorda aux parties jusqu'au premier jour utile qui suivrait les calendes d'août pour le dépôt de leurs écritures ; il offrit aussi d'entendre les témoins, afin que la preuve ne pût périr. Nogaret fit une dernière tentative, toute personnelle d'ailleurs, et demanda son absolution ; Clément lui répondit que l'affaire était très difficile et qu'il s'en occuperait. Il y eut alors un arrêt dans la procédure ; le 21 mai, Nogaret et Plaisians donnèrent mandat à Alain de Lamballe, Bertrand Agace et Bernard de Roquenegade de poursuivre l'affaire en leur nom. Tous deux vinrent sans doute ensuite auprès du roi, afin de lui rendre compte de ce qui s'était passé. Clément s'était, pour un temps, débarrassé du procès ; il fit entendre des témoins, mais sans les admettre vraiment au procès ; à vrai dire, le procès n'était pas encore commencé puisque le pape n'avait pas encore décidé s'il recevrait les accusateurs et les défenseurs comme parties. Puisque la situation était intacte, que rien d'irréparable n'était encore fait, avant d'aller en vacances au prieuré du Grozeau, il résolut de faire une démarche indirecte auprès du roi ; le 23 mai, il écrivit à son frère Charles de Valois.

Il rappelait brièvement l'origine du procès, et comment il avait écouté volontiers les envoyés du roi. Il disait les souffrances que lui avait causées le procès, ses anxiétés d'esprit et d'âme, ses veilles et ses journées consacrées à l'affaire, ses angoisses ; de tout cela pourraient témoigner Geoffroi du

Plessis et frère Guillaume de Godin qu'il envoyait au roi. Il rappelait qu'il avait déjà prié Philippe de lui remettre l'affaire. Il montrait qu'à cause des disputes continuelles des adversaires il pouvait résulter du procès beaucoup de dangers, et que ces dangers seraient écartés si le roi abandonnait la procédure d'accusation, pour s'en remettre à la procédure d'office exercée par le pape. Cette nouvelle procédure n'épargnerait pas les peines de Clément, bien au contraire ; mais le pape se soumettait bien volontiers à un surcroît de travail, afin de donner à l'affaire une issue honorable. En conséquence, il suppliait Charles d'intervenir auprès de Philippe, afin que celui-ci abandonnât l'accusation et la fît abandonner à ses gens.

Cette lettre ne produisit aucun effet ; on ne sait pas si Charles de Valois était naturellement hostile au procès, ou bien s'il haïssait dans ce procès l'œuvre de légistes qu'il n'aimait pas. En tout cas, l'intermédiaire était mal choisi par le pape, parce que Charles n'avait pas à se féliciter de la conduite de Clément en 1308 et parce que lui-même, bien loin qu'il eût de l'influence sur Philippe et son entourage, n'a jamais été qu'un instrument dans leurs mains. La réponse de Philippe fut peu encourageante et remplie de reproches ; elle est datée de Saint-Denis, le 3 juillet. Le roi se plaint de la lenteur du procès, dit que les témoins valétudinaires meurent et qu'ainsi la preuve de la culpabilité de Boniface disparaît ; que les défenseurs de Boniface terrorisent les témoins, les torturent et les mettent à mort ; que l'on a publié de fausses bulles qui absolvent Boniface. Le 23 août, Clément se justifiait par lettre ; peu après, il envoyait à Philippe comme ambassadeur Jacques Dueze, l'évêque d'Avignon. Il disait que l'affaire de Boniface se poursuivait, qu'elle l'occupait jour et nuit et qu'elle arrêtait l'expédition des affaires de tout le monde chrétien, rois, prélats, fidèles. Il ne savait rien de la prétendue négligence qui présidait à l'audition des témoins ; bien au contraire, il témoignait en cette affaire de la plus grande diligence, comme le prouvait le fait suivant : une nuit, il avait envoyé son vice-chancelier interroger un frère mineur que l'on disait savoir quelque chose des accusations et que l'on avait trouvé mort. Sans doute, il s'était produit des événements regrettables : deux moines du monastère de Saint-Jean in Venere, au diocèse de Chieti, venus pour les affaires de leur diocèse, ont été arrêtés par les familiers d'un cardinal bonifacien, à qui Boniface avait recommandé le monastère ; il est vrai qu'ils ont été détenus, mais non qu'ils aient été torturés et mis à mort comme on l'a dit au roi ; l'un des deux moines n'a pas été entendu ; mais cela n'est pas imputable au pape, qui l'a fait rechercher par son camérier jusqu'à ce qu'on apprît par un familier du cardinal Pierre Colonna qu'il était en France avec Nogaret. Sans doute aussi, un familier du cardinal François Gaëtani a menacé un témoin, mais le pape a fait une enquête dont Philippe pourra connaître le résultat en interrogeant le cardinal Etienne de Suisi qui connaît l'affaire, ou bien Enguerran de Marigni et Pierre de Galard, a qui il a tout raconté de vive voix. D'ailleurs, le pape a porté des sentences très graves contre ceux, de quelque rang qu'ils fussent, qui refuseraient ou empêcheraient de témoigner en cette affaire. Il est vrai enfin que de fausses bulles ont été préparées ; mais Clément a fait une enquête en consistoire, les a condamnées et fait brûler, comme il l'a déjà dit à Philippe ; sans doute, il n'a pas été procédé contre les faussaires, mais Philippe doit savoir que les procès contre les grands personnages sont périlleux, comme on l'a vu il n'y a pas longtemps, et que c'est l'usage entre princes, et surtout entre ecclésiastiques, de remettre les peines et d'être indulgent. Clément terminait en disant que, depuis que Philippe lui avait écrit, il avait entendu beaucoup de témoins et délégué en Italie et en France des commissaires pour en entendre ; actuellement, des témoins étaient continuellement entendus au prieuré du Grozeau. Le pape se montrait conciliant, mais il ne paraissait pas disposé à céder au roi d'un seul coup, et, s'il blâmait certains actes des Bonifaciens, il refusait de procéder contre eux. Sa lettre est celle d'un homme qui est désireux de s'entendre avec Philippe, mais qui ne veut pas se brouiller avec les Bonifaciens dont il craint d'avoir un jour à demander l'appui.

Entre temps, à partir du 3 août, conformément aux ordres du pape, les procureurs des deux groupes d'adversaires avaient remis aux cardinaux Bérenger et Etienne une quantité d'écritures pour appuyer leurs prétentions. Du côté français, deux **mémoires furent remis** ; dans le premier, qui est une réponse à un écrit des défenseurs du 1ᵉʳ avril, on déclare qu'il est inutile de réunir un concile pour l'affaire, puisque le pape, vicaire de Dieu, représente à lui seul toute l'Eglise ; Boniface n'était pas vraiment pape, bien qu'il eût été reconnu par le roi ; il est entré dans l'Eglise comme un renard, il a gouverné comme un lion, il est mort comme un chien. Le trésor de l'Eglise n'a pas été volé par Nogaret ; d'ailleurs, Boniface était vicieux, avant son exaltation au pontificat comme après ; il était rempli de haine pour la France. Nogaret demande ensuite son absolution à cautèle, puis, suivent diverses propositions que l'on prétend prouver : Boniface est mort hérétique, c'était un intrus dans l'Eglise ; les témoins doivent être interrogés làdessus. Dans le second, Nogaret énumère en trente et un paragraphes les crimes de Boniface : il avait l'intention de ruiner la France, il a pris de l'argent aux rois de France et d'Angleterre, le cardinal Le Moine est venu en France pour troubler le pays, Boniface n'a pas signifié une constitution publiée à Rome, il a couronné le roi des Romains pour nuire à la France ; il voulait délier les sujets du roi du serment de fidélité ; voilà pourquoi Nogaret fut obligé d'intervenir à Anagni, intervention dont il fait un long récit ; en conclusion, Nogaret soutient que Boniface n'était pas pape. Dans un autre document, Nogaret fait encore une apologie de sa conduite et en soutient la légitimité : Plaisians et Nogaret attaquent aussi les défenseurs de Boniface et prétendent qu'en matière d'hérésie, n'importe qui, même un ennemi, peut exercer une poursuite. Un dernier mémoire, bourré de raisons théologiques, conteste à nouveau la légitimité de Boniface : l'union du pape et de l'Eglise est un mariage spirituel, aussi indissoluble que le mariage de l'homme et de la femme ; on ne cesse d'être pape que par la mort ; Célestin restait donc pape du vivant de Boniface, car il ne pouvait renoncer à la tiare qu'en concile général.

Du côté des défenseurs, Jacques de Modène remit le 30 juillet un document dans lequel il soutient que le pape n'est justiciable que de Dieu et non d'un autre pape, que d'ailleurs Nogaret et Plaisians sont les ennemis de Boniface, comme l'ont prouvé suffisamment les événements d'Anagni, le pillage du trésor, la dissipation des reliques, la destruction des titres de l'Eglise, le meurtre de l'évêque de Strigonia, l'incendie de la porte de l'église d'Anagni, la violence faite à Boniface, la fuite des cardinaux. Boniface n'a jamais été considéré comme hérétique, et, d'ailleurs, ses accusateurs, à plusieurs reprises, l'ont reconnu pape légitime. Il était vertueux, il était le légitime successeur de Célestin qui avait le droit de se retirer. D'ailleurs, le pape ne peut être accusé que s'il est manifestement hérétique, et, en tous cas, en matière d'hérésie, on ne doit pas admettre de témoins. Puis les défenseurs s'en prenaient au roi ; Philippe est un ennemi de Boniface, comme le montrent ses réponses au cardinal Le Moine et à Jacques des Normands, ce qu'il a dit de sa supériorité, les dons qu'il a faits à Nogaret, comblé de châteaux, de terres, admis dans sa familiarité, créé chancelier ;

il a défendu de sortir du royaume, maltraité Jacques des Normands, arrêté l'abbé de Citeaux et plusieurs autres qui allaient à Rome, fait emprisonner le chapelain du cardinal Le Moine et reçu les Colonna en France. Jusqu'à la reprise des débats, en novembre, d'autres mémoires furent encore déposés : l'un d'eux est une réponse au document déposé le 3 août par Jacques de Modène ; Nogaret et Plaisians y exposent les droits que possède le roi sur les églises, et ils justifient l'annexion de Lyon. Trois autres mémoires, dépourvus d'indication d'auteur, n'apportent rien de nouveau au procès ; l'un contient un éloge des rois de France et de l'église gallicane et détaille l'hérésie de Boniface en 28 articles ; un autre résume les mêmes accusations ; le dernier les reprend en quatre-vingt-quatorze points.

Le 10 novembre, après le retour du pape du Grozeau, le procès recommence à Avignon. Mais, comme à la fin d'avril et au début de mai, Clément cherche à entraver la procédure ; et, d'ailleurs, du côté français, l'activité diminue, parce que, comme on le verra plus loin, le procès fait l'objet de négociations secrètes plutôt que d'audiences publiques. Le 10 novembre, prétextant la maladie de quelques cardinaux et l'absence de certains autres, l'obscurité d'un point de droit sur lequel il n'a pas encore pu délibérer pleinement, Clément renvoie l'affaire au 13. Ce jour-là, Nogaret change de tactique et, suivant son habitude qui consiste à attaquer ceux qui défendent une cause contre lui, il s'en prend aux défenseurs de Boniface. Il prétend que, dans leurs écritures, ils ont attaqué l'honneur du roi et porté atteinte aux droits qu'il possède sur l'église de France ; cette plainte lui fournit, sans doute, l'occasion de déposer un long mémoire, dans lequel il définissait les droits du roi en cette matière. Clément reconnut que l'affaire était grave, et il se mit à la disposition de Nogaret afin de réparer le mal causé; puis, comme il se faisait tard, il renvoya l'affaire au 17, et, ce jour-là, Nogaret demanda et obtint un renvoi au 20. Le 20, a lieu une séance sans intérêt ; Nogaret et Plaisians déclarent qu'ils n'ont voulu que défendre l'honneur du roi et son innocence, à titre personnel, non comme ses ambassadeurs, puisqu'il n'est pas partie au procès. Le 24, Nogaret demanda que l'on entendît les témoins, que l'on poursuivît les falsificateurs de bulles, et il continua à défendre le roi. Il soutint que celui-ci pouvait — bien qu'il ne l'eût jamais fait — imposer les églises sans leur approbation. Clément ajouta qu'il était prêt à protéger les droits de Philippe, auxquels les paroles prononcées ne pouvaient porter préjudice, de même que les droits de l'Eglise. Nogaret demanda de nouveau l'accélération du procès et son absolution à cautèle. Il espérait que le pape se montrerait plus conciliant pour faire excuser les attaques dirigées contre le roi. Clément, chose nouvelle, se plaint de la longueur des débats qu'il impute aux deux parties, se déclare prêt à statuer sur l'audition des témoins, mais estime la question d'absolution très ardue et prie Nogaret de présenter sa requête par écrit. Le 27, dans une séance insignifiante, les défenseurs se déclarent prêts à soutenir la mémoire de Boniface. Le 29, afin de gagner encore du temps, Clément ordonne aux parties de remettre leurs écritures aux cardinaux Bérenger et Etienne, afin que l'on puisse en délivrer des copies; le dépôt de ces documents devait se faire du 9 au 13 décembre, et un consistoire devait avoir lieu ensuite le 21 ou le 22; toutefois, le délai pour le dépôt des mémoires fut reporté au 17 par les deux cardinaux. Les documents versés alors aux débats n'apportent presque rien de nouveau; les défenseurs reprennent leurs vieux arguments dans deux mémoires; dans le second, divisé en sept parties, ils protestent, malgré la décision du pape, contre l'audition des témoins. Nogaret et les siens répliquèrent article par article, et Nogaret, conformément à l'avis de Clément, déposa une supplique détaillée afin d'obtenir son absolution. Le 22 décembre, en consistoire, le pape, prétextant une indisposition d'estomac qui lui donnait mal à la tête, renvoya une fois de plus les débats, mais cette fois au 22 mars 1311. Ainsi, depuis le 10 novembre, l'affaire se traînait, le procès se perdait dans les sables, et chacun — juge et parties — s'efforçait de le prolonger. Les débats en consistoire étaient d'importance secondaire, parce que la question était traitée maintenant par une ambassade française, et que d'autres affaires l'emportaient en intérêt sur le procès. Avant de passer à ces questions, il n'est pas inutile de rechercher la signification et le caractère du procès de Boniface.

La culpabilité de Boniface est une question presque aussi controversée que la culpabilité des Templiers. Les documents qui peuvent servir à la résoudre sont de deux sortes : en première date, les accusations, d'abord vagues, puis précises, de Nogaret et de Plaisians ; et, postérieurement, deux séries de dépositions : les unes, recueillies en août 1310, assez détaillées parce que les témoins ont produit leurs dépositions d'après un canevas et que les cardinaux enquêteurs sont intervenus pour leur demander des précisions ; les autres, recueillies en avril et en mai 1311, beaucoup plus courtes.

La première impression faite par ces dépositions est d'ordinaire très forte. Les témoins parlent avec une grande précision, en distinguant soigneusement ce qu'ils ont vu de ce qu'ils ont entendu dire. Ils déclarent qu'ils sont venus déposer, parce que, par suite de circonstances accidentelles, ils en ont été requis ; qu'ils n'ont pris conseil de personne avant de parler, qu'ils ne parlent ni par crainte, ni par faveur. L'impression que l'on ressent est même plus forte que celle qui résulte de la lecture des dépositions à charge des Templiers, parce que l'on sait que les témoins n'ont été ni menacés ni torturés par ceux qui les entendirent.

Pourtant, on ne peut rien conclure de ces témoignages, par une raison unique, mais décisive ; ces témoins, qui déclarent n'être pas les ennemis de Boniface, ont déposé sur la demande de Nogaret ou de ses agents. Ce sont des témoins choisis, triés par un homme qui savait procéder en ces sortes d'affaires. Tant qu'on n'aura pas d'autres témoignages, — et il est à croire qu'on n'en aura jamais, puisque les Bonifaciens, qui protestaient contre l'audition des témoins, n'en firent pas entendre — on ne pourra tirer d'eux que des accusations épouvantables, mais rien qui ressemble à une preuve. Des accusations de Nogaret et des défenses présentées par les cardinaux bonifaciens, il ne faut presque rien attendre. Nogaret jouait une partie difficile, puisque son sort dépendait en partie du succès de l'accusation ; pareillement, l'unanimité des cardinaux bonifaciens, qui pourtant avaient connu l'accusé, n'est pas suffisante, parce qu'eux aussi étaient intéressés personnellement dans l'affaire et qu'une condamnation de Boniface eût entraîné l'annulation de ses actes, par suite celle de leur promotion ; ce n'est pas de gens qui intimidaient les témoins, qui faisaient fabriquer de fausses bulles, qu'il faut attendre des lumières. Notons d'ailleurs que dans le sacré collège il y eut au moins un cardinal qui crut aux crimes de Boniface ou qui, du moins, travailla à faire condamner sa mémoire : Napoléon Orsini. De tout ce qui fut dit alors de Boniface, on ne peut tirer qu'une conclusion que confirment la conduite publique de ce pape, ses paroles authentiques, ses écrits : c'est que cet homme était violent, brutal, audacieux, dépourvu de grandes vertus privées.

Toutefois, il est possible d'arriver à quelque chose de plus, en laissant de côté ces documents médiocres pour suivre le développement de l'accusation. Une première constatation s'impose : les accusations portées contre Boniface par Nogaret se produisirent très tard, alors qu'il était âgé, qu'il était pape depuis plus de huit ans, cardinal depuis vingt-deux ans. Il est au moins singulier, après cela, d'entendre des témoins parler de ses vices et de ses hérésies de jeunesse. Sans doute, si l'on en croyait des dépositions qui furent reçues par Clément à Avignon, du 17 au 24 avril 1311, l'origine de ces accusations devrait être reportée un peu plus haut. Le cardinal Nicolas de Fréauville, ancien confesseur du roi, déclare qu'au temps du siège de Lille (été de 1297), deux dominicains vinrent de la part des Colonna, avec des lettres portant que Boniface était hérétique. Le cardinal Jean Le Moine rapporte — sans être sûr — qu'il accusa Boniface d'hérésie, mais il ne dit pas quand. Pierre Colonna dit qu'il accusa auprès du roi Boniface de profaner les sacrements, mais que du temps de Célestin, Boniface, alors cardinal, était déjà soupçonné d'hérésie. L'abbé de Saint-Médard de Soissons rapporte que Simon, cardinal de Palestrina, avait entendu parler des hérésies de Boniface.

Il faut rabattre quelque chose de ces allégations. Le récit de Nicolas de Fréauville ne concorde pas tout à fait avec celui de Pierre Colonna, car le second ne parle que de profanation des sacrements et, d'autre part, le cardinal Jacques n'a connu l'hérésie de Boniface qu'après son retour d'exil. La déposition de l'abbé de Saint-Médard, qui met en cause des cardinaux morts : Simon de Palestrina, Hugues d'Ostie, Pierre d'Aquilée, Thomas d'Ocrea, est extrêmement suspecte. Celle de Jean Le Moine n'est pas peu surprenante, car ce cardinal se dit accusateur du pape en un temps où il était son légat. Il résulte de tout cela qu'il circulait en Italie, au moment du conflit, de mauvais bruits contre Boniface ; mais rien n'indique que les cardinaux en aient reconnu le bien fondé, et rien n'indique que ces bruits fussent anciens. Ils remontent très probablement à l'élection de Boniface, et, très probablement aussi, ils sont d'origine franciscaine. Que des franciscains aient éprouvé de la haine pour celui qui avait maltraité Célestin, et que la suppression de ce pape ait pris chez eux la forme d'acte diabolique d'un hérétique, cela n'a rien de surprenant ; mais cela ne fut pas grave, au début, en dehors des milieux franciscains. Ce qui le prouve, c'est la conduite des Colonna ; ils accusent Boniface d'être un usurpateur, et c'est ainsi que le pape apparaît d'abord dans les milieux gouvernementaux français. Pierre Flotte l'accuse de violences et d'empiètements ; mais, jusqu'à 1303, il n'est pas prononcé, au nom du roi, une parole contre sa doctrine ou contre ses mœurs.

En France, la première mention d'hérésie se trouve dans le mémoire rédigé par Dubois en réponse à la prétendue bulle *Scire te volumus* ; ce journaliste dit que la conduite du pape permet de le réputer hérétique et qu'on peut prouver son hérésie ; un peu plus tard, une allusion est faite à Boniface, dans le mémoire de Nogaret sur Bernard Saisset ; chose singulière, Nogaret, pour discréditer l'évêque, l'accuse d'avoir dit que Boniface est un diable incarné ; il faut penser qu'il ne croyait guère, en ce temps, à l'exactitude de cette accusation.

Brusquement, tout change en 1303, car Nogaret prend l'affaire en main. Le 12 mars, il accuse le pape d'hérésie et de toutes sortes de crimes, sans préciser davantage. Le 14 juin, il y a déjà plus de précision, car Plaisians, son lieutenant, développe en vingt-neuf articles les crimes de Boniface. Cette fois, il est question d'approbation d'hérétiques, de démon privé, de sodomie. Ces accusations s'amplifient plus tard, l'approbation des hérétiques devient hérésie, les chefs d'accusation se multiplient et s'épanouissent, pour prendre en 1310 leur forme définitive.

Or, il est impossible de ne pas être frappé de la ressemblance qu'il y a entre les accusations que l'on a portées contre Boniface et celles que l'on trouve dans trois autres affaires, l'une antérieure, celle de Bernard Saisset, les deux autres contemporaines, celle du Temple, celle de Guichard de Troyes.

Dans le procès de Bernard Saisset, l'enquête ne porte que sur des griefs politiques ; dans le mémoire de Nogaret, il est question d'hérésie et de mauvaises mœurs ; l'évêque prétend — comme on le racontera plus tard de Boniface — que la fornication n'est pas un péché. Les premières dépositions faites contre Guichard parlent de sorcellerie ; les nouveaux articles soumis à Nogaret parlent de mauvaises mœurs et de sodomie. Ce que l'on a dit des Templiers permet — sans qu'il soit besoin de s'y attarder — de terminer la comparaison.

Cette insistance maladive porte la marque d'une personnalité qui a travaillé en ces affaires et a donné un air de famille à ces procès dont chacun a son individualité.

Un autre trait de ressemblance entre ces procès, c'est qu'il est légalement difficile de prouver la fausseté des accusations. Les crimes qui sortent de l'imagination de Nogaret ont pour caractéristique d'être secrets. C'est en secret que Bernard Saisset était hérétique, en secret que Guichard de Troyes voyait le démon, en secret que les Templiers commettaient leurs turpitudes, en secret aussi que Boniface dogmatisait. C'étaient des crimes sur lesquels seuls pouvaient parler les accusateurs, dont la tâche était ainsi rendue facile. Nogaret a profité de cette circonstance avec habileté, après avoir failli, un jour, être pris à son piège ; dans la chaleur de la discussion, à Avignon, il s'était laissé aller jusqu'à prétendre que Boniface soutenait ses doctrines en consistoire ; mais il se reprit ensuite, disant qu'il les avait soutenues devant vingt, trente, quarante, cinquante personnes, mais non en consistoire, car, ajoute-t-il, « cet homme pervers n'affichait pas naturellement son hérésie ».

Il y a encore un motif qui fait douter de la culpabilité de Boniface, comme de celle de beaucoup d'accusés de ce temps-là : c'est la fin du procès. Comment croire qu'un homme religieux, comme était Philippe, eût abandonné l'accusation, s'il avait cru Boniface coupable ; qu'il eût recommandé Bernard Saisset en 1308 à Clément, si l'évêque avait été l'homme immoral que Nogaret nous a décrit ;

qu'il n'eût pas poursuivi jusqu'au bout Guichard de Troyes, qui devint évêque de Rascie? La facilité avec laquelle on abandonna toutes ces accusations montre qu'elles n'étaient pas solides. C'étaient des armes dont on se servait dans les grandes luttes d'alors et qu'on laissait tomber quand elles étaient inutiles ou dangereuses comme dans le cas de Boniface.

Le procès intenté à la mémoire du défunt pape était une arme terrible contre Clément V, qu'elle éclaboussait des hontes que l'on reprochait à l'un de ses prédécesseurs, et contre les cardinaux bonifaciens qui, en cas de condamnation, pouvaient perdre leur dignité. Le premier et les seconds, pour se dégager, dirigèrent une sorte de contre-attaque contre Philippe; Clément lui créa des difficultés dans ses négociations en Flandre, les Bonifaciens essayèrent d'unir contre lui son parent, le roi de Sicile, et son ennemi, Henri de Luxembourg.

Le succès remporté par Philippe à Poitiers dans son entrevue avec le comte de Flandre avait été précaire; comme en 1305, les Flamands, surtout les gens de Bruges, protestèrent. Dès 1307, ils déclaraient qu'après l'entrevue de Poitiers ils avaient juré le traité, mais sous réserve des grâces qu'on leur avait promises et dont ils réclamaient confirmation par lettres. On recommença donc à négocier en 1308, à Beauvais, en présence de Robert de Béthune. Le parti national populaire flamand prit le dessus; pour l'intimider, les plénipotentiaires du roi menacèrent d'employer les sentences d'interdit dont il était question dans le traité; mais les Flamands répondirent que le pape n'avait pas encore remis au roi ces sentences, et qu'ils savaient de bonne source qu'il ne les remettrait jamais.

Pour négocier dans de meilleures conditions avec les Flamands, Philippe s'efforça d'obtenir de Clément les sentences d'interdit, comme moyen d'intimidation. Il envoya au pape Pierre de Latilli; celui-ci exposa la requête de son maître, puis, au nom des comtes de Valois, d'Evreux, de Saint-Pol et d'Enguerran de Marigni, pria le pape d'envoyer au roi des cardinaux pour régler le différend. Mais Clément fit de grandes difficultés : parce que Pierre de Latilli était venu sans pleins pouvoirs en règle, le pape demanda de nouveaux ambassadeurs, ce qui était un moyen de gagner du temps; le roi envoya alors Plaisians. Clément délibéra avec les cardinaux Bérenger Frédol, Etienne de Suisi, Landulphe Brancaccio, Pierre Colonna, Raimond de Got, Arnaud de Pellegrue, puis il avisa Philippe qu'en cette affaire il ferait tout ce qu'il pourrait pour lui, « sauf l'honneur de Dieu et de sainte Eglise ». Il fit fort peu, d'ailleurs; le même jour, 31 décembre, il écrivait au évêques de Tournai, Cambrai, Térouanne, pour leur dire qu'au cas où les Flamands recommenceraient leurs manœuvres contre la paix, au grand détriment de la croisade qu'il espérait voir partir l'année suivante, ils devaient dissoudre les ligues qui pourraient se former en Flandre et avertir les rebelles que dès maintenant il lançait l'interdit contre eux pour le cas de désobéissance. Ce n'était pas précisément ce que voulait le roi, qui reçut finalement une réponse défavorable. Clément lui disait qu'il n'y avait pas de raison pour que l'on fît droit à sa requête, mais qu'il était prêt à négocier et à désigner une ambassade de cardinaux favorables au roi s'il voulait confirmer la demande que Latilli avait faite à titre privé.

Philippe perdit alors patience; il sentit que Clément se dérobait de plus en plus, et, le 19 janvier 1309, il répondit que la communication faite par Latilli avait un caractère purement personnel, et que lui, Philippe, ne désirait qu'une chose : la délivrance des sentences d'excommunication contre les rebelles. Il s'étonnait des subtilités soulevées par Clément depuis leur dernière entrevue et ne pouvait croire qu'elles vinssent du pape lui-même; car l'affaire était claire : un traité avait été fait et accepté par les deux parties ; les Flamands, par procureurs, en avaient demandé la confirmation intégrale; il fallait s'exécuter. Il reprochait enfin au pape d'encourager les rebelles, et ainsi de nuire indirectement à la cause de la Terre Sainte, et il le priait, en conclusion, d'accélérer l'exécution de ce qui avait été décidé à Poitiers, relativement à l'affaire du Temple. Le même jour il écrivait à plusieurs cardinaux pour les prier de plaider sa cause auprès de Clément.

Clément ne céda pas ; les négociations avec la Flandre prirent fin à Paris au mois d'avril. Elles ne furent pas très favorables au roi qui, mal soutenu par le pape, dut faire des concessions. Les villes flamandes, — à l'exception de Bruges — entraînées par le comte, ratifièrent le traité d'Athis adouci; Bruges ensuite les imita, et, dans l'année, Guillaume de Plaisians alla recevoir l'adhésion du commun de chaque ville. Le traité accepté, on essaya de mettre en vigueur la clause relative à l'excommunication. Le 13 juillet 1309, Robert de Béthune supplia les évêques de Tournai et de Térouanne de promulguer cette peine, comme il était indiqué au traité; le 16, les procureurs des villes et les chanoines firent de même; le 30, l'official de Tournai accepta; l'évêque de Térouanne avait fait droit à cette demande par avance, dès le 11. Après la confirmation des deux évêques, on demanda celle du pape. En avril 1310, Robert de Béthune et cinq délégués des communes vinrent à Avignon; ils s'y rencontrèrent avec Alain de Lamballe, archidiacre de Saint-Brieuc, Pierre de Blanot, chevalier, Pierre de Galard, grand maître des arbalétriers, devant une commission composée des cardinaux Bérenger Frédol, Etienne de Suisi, Raimond de Got. Conformément au traité, les Flamands prièrent le pape de confirmer les sentences d'interdit prononcées par les ordinaires de Térouanne et de Tournai, réserve faite des grâces et rémissions accordées par le roi; les Français, au contraire, exigeaient une confirmation pure et simple, sans réserve, et ils remirent un mémoire aux cardinaux pour les décider à passer outre à l'opposition des Flamands. Si l'on se reporte aux conventions écrites, il semble bien que le droit était pour les Français; mais les Flamands soutinrent qu'en jurant jadis ce traité, ils avaient déjà fait des réserves ; si elles n'étaient pas mentionnées dans les actes, c'est que ceux-ci avaient été rédigés par des notaires français amenés par Plaisians, qui les avait contraints à cette falsification.

Le pape, fort embarrassé, essaya de donner satisfaction à tout le monde. Le 13 juin, il confirma le traité révisé en avril 1309; il ordonna à l'archevêque de Reims, à l'évêque de Senlis et à l'abbé de Saint-Denis d'excommunier ceux des Flamands qui rompraient leurs engagements; l'article épineux était conservé : l'excommunication frappait « ipso facto » les rebelles, qui ne pouvaient être réconciliés qu'à la requête du roi. Toutefois, Clément mentionnait les réserves faites par les délégués des Flamands.

Mais ici se présente une obscurité. Clément, qui faisait cette concession au mois de juin, voulait la reprendre au mois d'août. Espérait-il en juin que Philippe abandonnerait le procès de Boniface? On ne sait; mais on voit que le 23 août le pape revenait sur la clause qui concernait l'excommunication. Il reconnaissait que cet article avait été approuvé par lui à Poitiers, mais il déclarait qu'il y avait eu négligence, parce qu'alors il était très occupé. Il avait offert au roi, par l'intermédiaire de Geoffroi du Plessis, d'échanger la confirmation de Poitiers contre une autre qui ne contiendrait pas cet article. Il ne trouvait cette clause ni juste, ni humaine, déclarait qu'en cette affaire il ne pouvait ni abdiquer son autorité, ni engager celle de ses successeurs. En conclusion, toutefois, il offrait de laisser l'article dans le traité si le roi pouvait lui citer un précédent, et il renvoyait au roi, pour continuer la négociation, Enguerran de Marigni.

La diversion que tentèrent les Bonifaciens contre Philippe fut imaginée par le cardinal Jacques Stefaneschi. Ce cardinal, instruit et poète, était un admirateur de Boniface dont il avait condamné l'arrestation ; il fut de ceux qui, à Pérouse, ne se rallièrent à Bertrand de Got qu'au dernier moment ; il fut de ceux qui condamnèrent le séjour de Clément en France et il le dit dans des vers attristés. Pour paralyser le roi de France, il songea à unir contre lui Henri VII et Robert de Naples.

Robert avait succédé au mois de mai à son père Charles dont il n'avait pas la faiblesse ; c'était un prince actif, énergique, dont presque tous les contemporains ont fait l'éloge. On pouvait prévoir qu'un conflit s'élèverait entre lui et Henri, qui venait en Italie pour se faire couronner empereur et pour revendiquer les droits que lui valait ce titre. Chaque fois qu'un roi des Romains avait fait ce voyage, la péninsule était entrée en effervescence ; les luttes de ville à ville, et dans chaque ville de parti à parti, reprenaient de leur intensité. Tandis que le roi des Romains se mettait à la tête des Gibelins, le roi de Sicile devenait le chef des Guelfes ; opposer ces deux hommes, c'était entraver l'œuvre d'Henri ; les unir, c'était établir la paix, fortifier le pape en fortifiant son débiteur et protecteur Henri.

Dès le mois de juin 1309 sans doute, — alors que le début du procès approchait — Jacques écrivit à

Henri et lui proposa de marier sa fille au fils de Robert. Comme Robert, par ce mariage, apportait beaucoup à Henri, — la paix en Italie, la route ouverte vers Rome, le couronnement pacifique — le cardinal voulait lui donner en compensation le royaume d'Arles. C'était une petite perte pour Henri, car le royaume d'Arles ne rapportait presque rien et lui donnait un titre plutôt que des pouvoirs ; c'était, au contraire, beaucoup pour Robert qui en possédait déjà une partie comme comte de Provence et qui, par cette annexion, aurait réalisé les projets de sa famille et couronné les efforts de ses devanciers. La combinaison du cardinal Stefaneschi avait encore l'avantage d'opposer deux princes d'une famille qui couvrait alors l'Europe de ses rejetons, et, en faisant de Robert un grand prince dans la vallée du Rhône, d'arrêter les progrès persistants du roi de France vers l'Est.

Clément, au moins au début, ne participa pas personnellement à cette intrigue ; il connut les négociations après qu'elles furent commencées ; le roi de Sicile lui affirma que Philippe, dont il avait pris l'avis, était favorable au projet de mariage. Clément déclarait avoir répondu à Robert que l'affaire ne le regardait pas, mais qu'il trouvait la combinaison heureuse, parce qu'il n'en pouvait résulter que du bien.

L'année suivante, au début de l'été, les envoyés des deux partis se réunirent à Avignon, devant le pape. Les ambassadeurs de Robert demandaient la fille d'Henri et le royaume d'Arles, — réserve faite des droits de Robert — ainsi qu'une grosse somme d'argent, à titre de dot, que Clément toutefois pouvait, s'il le trouvait bon, diminuer, conformément à l'autorisation que lui accordait Robert. On ne put pas s'entendre, parce que les prétentions de Robert étaient trop grandes, comme le remarquait Clément; l'honneur, disait-il, devait suffire; d'ailleurs, Henri était pauvre et ne pouvait donner beaucoup. Sans doute, les exigences extrêmes de Robert ne pouvaient faciliter les négociations; mais ces exigences s'expliquent par les soucis d'argent qu'avait le roi de Naples, dont la dette envers le pape s'élevait encore à 93.340 marcs d'or. Henri, de son côté, ne fit peut-être pas tout ce qu'il fallait pour gagner Robert; peut-être voulait-il, dès cette époque, que Robert lui rendît un hommage personnel à raison du comté de Provence.

Les envoyés des deux rois avaient décidé, après leur premier échec, de se réunir le 8 novembre pour en finir; mais, à la fin de décembre, Clément déclarait ne rien savoir de ce qui était advenu. Le pape, dans cette affaire, s'attribuait systématiquement un rôle passif; il disait qu'il se serait fait un crime de ne pas favoriser une alliance aussi honorable et aussi heureuse, puisqu'il en pouvait résulter une paix entre les Guelfes et les Gibelins. Cela n'est pas contestable; mais il n'est pas douteux que Clément voyait dans le projet un avantage d'autre sorte, un appui donné à Henri en face de la France, un allié enlevé à Philippe, l'arrêt de l'expansion française dans la vallée du Rhône. C'est précisément ce que ne voulait pas Philippe, qui désirait maintenant obtenir en bloc ce royaume d'Arles

14

que, depuis longtemps, il essayait d'annexer en détail. Il déniait d'ailleurs à Henri le droit d'en disposer, et faisait dire au pape, par l'évêque de Bayeux, son ambassadeur : « Le roi des Romains ne peut pas plus donner ce royaume qu'un évêque ne peut donner une ville, à supposer que le royaume d'Arles existe. »

Philippe à la fin de 1310, — pour paralyser ses adversaires — suscita une nouvelle difficulté à Henri et voulut retarder son couronnement. Clément, on l'a vu, avait ratifié l'élection d'Henri en juillet 1309 ; mais, parce qu'il était occupé par les préparatifs du concile et par beaucoup d'autres affaires importantes, il avait décidé que le couronnement n'aurait lieu que le 2 février 1312, à Rome, en l'église Saint-Pierre ; il se réservait toutefois de modifier cette date, s'il était nécessaire. Aux électeurs qui avaient fait une démarche analogue à celle d'Henri, aux ambassadeurs du Sénat et du peuple romain qui étaient venus le prier de venir à Rome, il avait confirmé sa décision. Mais, vers la fin de 1310, Henri, de même que les Romains, avait envoyé une ambassade à Clément. Il demandait que, pour assurer la tranquillité de Rome, de la Lombardie et de la Toscane, le couronnement fût avancé et fixé à la Pentecôte de 1311 (30 mai). Il est possible qu'Henri fût alors guidé par le désir d'assurer la paix à l'Italie, bien que la venue d'un roi des Romains dans la péninsule déterminât plutôt un redoublement qu'un apaisement des luttes de partis. Mais il est probable qu'Henri était décidé par les Gibelins qui comptaient sur son arrivée pour prendre l'avantage où ils étaient en état d'infériorité, et aussi par des considérations de prudence. Il savait que Philippe avait été opposé à la confirmation de son élection, et il craignait de sa part quelque entreprise contre son couronnement futur; se faire couronner dès maintenant que les circonstances étaient exceptionnellement favorables, c'était s'assurer une position solide en cas de conflit avec le roi de France. La demande d'Henri paraissait légitime à Clément qui avait pris connaissance des raisons du candidat qu'on peut résumer ainsi : Clément doit couronner Henri, à qui, le 26 février 1309, il a ordonné d'obéir ; Henri, préoccupé de la question du couronnement, ne peut s'occuper comme il le voudrait de la chose publique ; il y a des gens malintentionnés qui prétendent qu'on n'est pas tenu à l'obéissance avant le couronnement, et, en fait, il y a des barons qui ne sont tenus à certains services qu'après cette cérémonie ; si le roi allait tout de suite en Italie, il serait obligé d'y attendre trop longtemps l'arrivée de Clément, et les barons ne pourraient y faire un séjour aussi long et aussi dispendieux ; si, à ce moment, il se produisait des troubles en Allemagne, le roi devrait quitter l'Italie sans être couronné, à sa honte. Henri doit donc être couronné dès maintenant ; sinon, on ne pourra s'occuper de la croisade. Si Clément ne peut venir personnellement à Rome, qu'il délègue quelqu'un à sa place ; cette délégation est légitime et elle a des précédents, témoin le couronnement de Charles de Sicile.

Les demandes d'Henri rencontrèrent de l'opposition. On rapporta à Clément des paroles inquiétantes d'un ambassadeur de Philippe, l'abbé du monastère de Saint-Médard, au diocèse de Soissons. Celui-ci avait déclaré, non pas au nom du roi, — c'est toujours la même tactique — mais en son nom et au nom d'Enguerran de Marigni, qu'il serait bon de différer le couronnement pour le bien du roi de France, d'Henri, de l'Eglise; Philippe n'avait pas l'intention d'entraver la cérémonie, mais, grâce à ce délai, il serait plus facile d'expédier les affaires pendantes entre les deux princes. Evidemment, on voulait par ce moyen renouveler la tentative qui avait manqué en juillet 1309 et contraindre Henri à faire des concessions. Clément fut fort embarrassé; il savait bien que s'il rejetait la demande d'Henri, on jugerait qu'il agissait sous la pression de Philippe et que par suite, plus tard, les relations entre les deux princes se tendraient davantage. En témoignage de confiance, il transmit au roi de France, le 9 décembre, la requête et les arguments d'Henri qu'il jugeait justes. Ces raisons ne firent pas sans doute la même impression sur Philippe, qui dut lire avec satisfaction cet exposé que le roi des Romains faisait de ses ennuis et de sa faiblesse.

Philippe avait encore à sa disposition un moyen d'ennuyer Henri : c'était d'entrer en relation avec les Guelfes d'Italie. Il avait reçu des avances de la part de certaines villes qui étaient disposées à arrêter la marche d'Henri vers Rome. Il avait à Avignon des ambassadeurs qui ne s'occupaient pas seulement de la paix avec Henri et du procès de

Boniface ; l'abbé de Saint-Médard et Enguerran de Marigni s'y entretenaient avec des Guelfes italiens, particulièrement avec les envoyés de Florence et de Lucques. De ces entretiens sortit un projet d'alliance entre le roi de France et ces deux villes, qui tenaient fortement à conclure un traité avant que les progrès d'Henri en Italie ne fissent hésiter Philippe. Pour décider le roi, on lui représentait que la Lombardie se repentait déjà de sa soumission et que les Guelfes de Sienne et de Pérouse étaient résolus à résister énergiquement. Il n'est pas sûr que ces ouvertures aient été accueillies alors chaleureusement par Marigni et les siens ; mais on s'explique aisément que les ambassadeurs d'Henri et qu'Henri lui-même aient vu un danger dans ces pourparlers.

Les rapports de Clément et de Philippe étaient devenus très mauvais à la fin de 1310 ; le roi de France avait trop d'affaires sur les bras pour avoir l'espoir de les terminer toutes avec avantage ; il était embarrassé par elles et comme paralysé. Avant de prendre une résolution héroïque et de se résoudre à des concessions, il avait fait une dernière tentative.

Il avait expédié, au début de novembre, une ambassade composée de l'évêque de Bayeux, de Geoffroi du Plessis et quelques autres qui, s'adjoignant aux précédents envoyés, devaient tenter un dernier effort. Les nouveaux venus demandèrent à Clément une audience à Roquemaure ; l'audience fut accordée, mais fixée à huitaine, à Avignon, sous le prétexte — inexact comme le remarquaient les envoyés — qu'à Roquemaure on manquait de place. Clément se rendit donc à Avignon ; il ne descendit pas au couvent des prêcheurs, comme il en avait l'habitude, mais à l'évêché, dans la région la plus forte de la ville ; il est clair qu'il redoutait un coup de main. Il reçut d'abord sèchement les ambassadeurs et les congédia dès qu'ils l'eurent salué.

Dans la seconde entrevue, les ambassadeurs se plaignirent des Bonifaciens et produisirent les articles qu'ils avaient formulés, disaient-ils, contre l'honneur de Dieu, de l'Eglise, du pape, ce qui était contraire à la défense que leur avait faite Clément de ne rien proposer contre les prélats, barons et autres sujets du royaume de France. Clément protesta et affirma qu'il n'avait jamais fait pareille défense, mais simplement conseillé aux Bonifaciens de ne pas protester un certain jour, ce qu'ils lui avaient accordé. Sans doute, ils avaient protesté plus tard, en articulant des propositions contre le roi : en ce faisant, le pape le reconnaissait, ils avaient agi comme des fous, mais ils n'avaient pas excédé leurs droits. Comme, plus tard, les ambassadeurs demandaient au pape de procéder contre ceux qui avaient publié de fausses bulles, mal parlé du roi, torturé et maltraité les témoins à charge, Clément leur dit avec une résolution inaccoutumée : « Voulez-vous que je vous paie de mots ou que je vous réponde avec précision ? » Et, comme les ambassadeurs lui demandaient des précisions, il leur dit qu'il connaissait les coupables, mais qu'il n'en ferait pas justice avant la réunion du concile, parce que ces coupables étaient de grands personnages, entre autres huit cardinaux bonifaciens; quant aux gens de peu, il ne voulait pas les punir, de peur qu'on ne l'accusât d'entraver la défense de Boniface, que, maintenant, il appelait avec affectation le seigneur Boniface ; il excusa aussi ceux qui avaient maltraité les témoins. Puis, au lieu de continuer les négociations oralement, il demanda aux ambassadeurs de présenter désormais leurs requêtes par écrit, et il chargea le cardinal de Bordeaux et son camérier de les entendre.

Clément ne traduisait pas exactement ses pensées par son attitude; en réalité, il désirait beaucoup un accord, et il avait cherché à l'obtenir favorable en intimidant les envoyés du roi. Son camérier, un jour, dans la maison du cardinal de Bordeaux, tira à part Nogaret et lui demanda s'il ne serait pas possible de mettre fin aux tourments que causait au pape le procès de Boniface. On traita encore de cette affaire le 22 décembre, dans une entrevue où se trouvaient les cardinaux Pierre de la Chapelle, Etienne de Suisi, Nicolas de Fréauville ; comme ces cardinaux demandaient aux ambassadeurs d'indiquer un moyen d'en finir, les Français répondirent qu'il fallait que l'honneur du roi fût vengé; un peu auparavant, ils avaient dit à Etienne de Suisi que les cardinaux bonifaciens devaient révoquer publiquement leurs mensonges, reconnaître juste et bon le zèle du roi et se soumettre à sa volonté ; ensuite, on pourrait négocier. On décida d'ajourner la continuation du procès au mois de mars suivant, et de se réunir à nouveau entre la Circoncision et l'Epiphanie de 1311.

En ce qui concerne la question d'empire, Clément avait eu d'abord une attitude extrêmement hostile. Il reconnut qu'au dire de plusieurs, Henri avait excédé ses droits en établissant des péages avant son couronnement, mais il dit que personnellement il était d'un autre avis ; en réponse aux plaintes des Français il s'engagea seulement à lui écrire. Il écrivit, en effet, à Henri le 22 décembre, mais non dans les termes qu'eût désirés Philippe. Il disait qu'il y avait le long du Rhône, dans les provinces de Vienne et d'Arles, des péages qui nuisaient beaucoup à l'approvisionnement de la cour papale et des cardinaux ; il demandait à Henri, à titre de service personnel, et non en signe d'obéissance, de n'en plus laisser établir à l'avenir. — Les ambassadeurs avaient demandé la punition de l'archevêque de Mayence ; Clément reconnut que Pierre d'Aspelt avait mal agi, mais il refusa de le citer parce que cela était contraire à ses habitudes, que Pierre était en Allemagne un des vicaires d'Henri, et qu'en somme il avait agi par sottise plutôt que par malice. — Quand les Français lui parlèrent de l'entrevue projetée entre les deux souverains, Clément, à la différence de ce qu'il faisait au mois d'août précédent, en écrivant à Philippe, ne parut pas regretter qu'elle n'eût pas eu lieu. Non seulement Clément défendait Henri, mais il osait attaquer Philippe ; il lui reprocha le pillage des biens du Temple, il condamna la conduite qu'il avait eue dans les événements de Lyon et déclara qu'il devait obliger ses officiers à ne pas usurper sur les droits du roi d'Allemagne. Portant ensuite un jugement d'ensemble sur le règne du roi, il y distingua trois périodes : dans la première, Philippe était pacifique, obéi, riche ; dans la seconde, tout lui a manqué ; maintenant, il a la paix, mais il manque d'argent ; qu'il se conduise avec ses officiers de même que Philippe-Auguste qui défendit aux siens d'attaquer Dieu et l'Eglise.

La hardiesse singulière du pape surprit les ambassadeurs ; elle s'explique pourtant par l'exaspération de Clément et par le sentiment qu'il éprouvait d'être en sûreté. A Avignon, dans les domaines du roi de Naples, il était en pays d'Empire, et il comptait, évidemment, sur la protection d'Henri. A Hagueneau d'abord, puis le 11 octobre à Lausanne, Henri avait promis de défendre l'église catholique, de ne contracter aucune alliance avec ses ennemis, de conserver tous ses droits et de protéger le pape ; Clément montra ces documents aux ambassadeurs avec un certain sourire, en leur disant que cela leur donnerait une grande joie ; évidemment, il pensait qu'Henri était très puissant et capable de tenir ses promesses.

Telle était la situation de Philippe au début de 1311 ; malgré toutes les démarches de ses envoyés, elle restait mauvaise. Henri VII, éclairé, ne voulait plus d'entrevue et prenait l'offensive en négociant avec le roi de Sicile ; si ces deux princes parvenaient à s'entendre, Philippe perdait tout espoir d'agrandir son royaume vers l'Est. Clément, qui depuis trois ans montrait de la résistance, prenait aussi l'offensive; avec une hauteur inaccoutumée, il se moquait des ambassadeurs, les mettait en contradiction les uns avec les autres, refusait de s'entretenir avec Nogaret, soulignait les vues intéressées des Français, blâmait Philippe. Or, sans l'assentiment du pape, on ne pouvait terminer la grosse affaire commencée en 1307 : le procès du Temple. D'autre part, Clément n'était pas parfaitement rassuré sur l'issue de l'expédition d'Henri. Ce voyage, qui commençait si bien, pouvait, comme beaucoup d'autres, mal finir. Clément voulait bien d'un empereur qui le protégeât, mais non d'un empereur qui revendiquât avec trop d'assurance ses droits en Italie et qui, se mettant à la tête des Gibelins, prît l'offensive contre les Guelfes. Tout cela lui faisait désirer une entente avec le roi de France.

Avant de se réunir avec le camérier et le cardinal de Bordeaux, les envoyés français étaient allés voir les cardinaux amis de la France, en particulier Pierre de la Chapelle. Celui-ci, remarquant qu'il n'était pas question de traiter de l'affaire de Boniface, leur dit : « Pourquoi ne vous hâtez-vous pas de faire en sorte que monseigneur le roi de France soit déchargé et délivré de cette affaire qui nous a déjà donné tant de mal ?... L'Eglise romaine peut beaucoup de grandes et terribles choses... Et si le roi ne se dégage pas, la paix, pour laquelle on traite, pourrait bien être la cause d'un des plus gros événements de notre temps. » Après avoir donné au roi quelques conseils qui sont une critique de son gouvernement, il ajouta d'autres paroles si importantes que les envoyés se réservèrent de les rapporter de vive voix au roi. Pierre, pourtant, à la fin, laissait la porte ouverte à une entente : « Si le roi, disait-il, se délivrait de cette affaire, il n'aurait plus à craindre ni couronne noire (d'Italie), ni couronne blanche (d'Allemagne) » ; ainsi, il menaçait et tentait à la fois. C'est un peu de la même façon que s'exprimait Clément dans une lettre écrite à Philippe le 19 janvier, de la main même du camérier, et que le roi devait tenir secrète pour son propre honneur et pour celui du pape. Clément accusait réception d'une lettre par laquelle Philippe, le 7 janvier, lui demandait de surseoir à toute décision relativement aux affaires de la Terre Sainte, des rois, des princes, jusqu'à l'arrivée d'une personne de confiance, et il accordait le délai sollicité. Il rappelait que les ambassadeurs d'Henri, du Sénat et du peuple romain avaient demandé que le couronnement fût délégué à des cardinaux et avancé à la Pentecôte prochaine. Clément et ses cardinaux étaient d'avis de faire droit à cette requête ; mais jusqu'à présent, le pape, aux questions pressantes des ambassadeurs, n'avait donné que des réponses vagues ; pour gagner du temps, il leur avait dit qu'il répondrait au roi des Romains par une ambassade spéciale ; mais Philippe devait se hâter de répondre, car il n'était pas possible de patienter plus de quinze jours.

Le 20 décembre, Nogaret avait quitté Avignon pour aller trouver le roi ; il apportait à Philippe les résultats de la dernière ambassade ; la réconciliation dépendait de l'affaire de Boniface qui était l'œuvre propre de Nogaret. Si Nogaret avait été seul en face de Clément, il n'est pas douteux qu'il n'eût abandonné le procès qu'après avoir obtenu satisfaction entière ; mais, à côté de lui, depuis 1307, un homme s'était élevé : Enguerran de Marigni. En face des affaires religieuses qui constituent la spécialité de Nogaret, se placent les affaires politiques dirigées par le nouveau favori ; à celles-ci, qui étaient d'un intérêt général, on sacrifia les premières qui avaient quelque chose de personnel. Il n'est pas facile de dire qui, du roi ou du pape, est sorti vainqueur des négociations du début de 1311. Si l'on pense que toutes les réclamations de Philippe étaient sérieuses, il n'est pas douteux que le roi ait éprouvé un échec ; c'est l'opinion de Tolomeo de Lucques, qui représente le roi de France comme un suppliant achetant pour cent mille florins le pardon du pape. Mais si l'on pense que le procès de Boniface — invention de Nogaret — était une menace, l'échec du roi apparaît bien atténué et compensé par beaucoup d'avantages ; encore faut-il reconnaître que Clément a poussé la résistance très loin et qu'il a tiré de la situation tout ce qu'un homme hostile à une lutte violente en pouvait tirer. Si l'on veut vraiment trouver un vaincu dans ce tournoi, c'est à Nogaret que l'on doit songer.

Celui-ci, avant de se résoudre à céder, avait rédigé encore une apologie, la douzième. Il reprenait, sans y ajouter beaucoup, les vieilles accusations formulées entre Boniface. Mais il affirmait une chose qui, dans sa pensée, devait faciliter la conclusion de l'affaire : Boniface, après l'attentat d'Anagni, revenu à lui-même, avait publiquement déclaré que la conduite de Nogaret et des siens était l'œuvre de Dieu et qu'en conséquence il leur remettait les peines et les déliait des sentences d'excommunication qu'ils avaient pu encourir. L'abandon du procès avait encore été envisagé à cette époque dans un mémoire anonyme dont voici les conclusions : Le pape demande au roi de se désister du procès ; quelle conduite doit-on tenir ? Comment peut-on protéger ceux qui ont pris parti pour le roi, réclamé un concile, arrêté Boniface ? D'autre part, comment donner satisfaction à la partie adverse qui réclame une approbation des actes de Boniface ? On devra reconnaître que les ennemis de Boniface ont agi par suite d'un juste zèle religieux ; quant à ceux qui ont arrêté le pape, on devra les déclarer innocents et ne leur imposer aucune peine ou pénitence.

C'est dans cet esprit qu'un anonyme — sans doute Nogaret — prépara un projet de bulle qu'on espérait faire accepter par le pape. Dans ce document, on disait que Nogaret n'avait pu agir autrement qu'il n'avait agi à l'égard de Boniface. Aussi, Clément reconnaissait que les accusateurs du feu pape avaient été guidés par le zèle le plus pur, et que Nogaret et les siens avaient accompli une œuvre juste. On retirerait des archives de l'Eglise les procédures et constitutions de Boniface ; on annulerait et on retrancherait des registres la procédure entamée par Benoît XI contre Nogaret et les siens.

Philippe répondit en février à la lettre pressante de Clément. Il résumait l'affaire, disant qu'il avait été obligé d'intervenir par les mauvaises actions de Boniface et que tout son royaume de même que les Etats voisins s'étaient joints à lui. Après avoir pris l'avis des prélats et des universités, il avait entrepris le procès, non comme partie, ni comme juge, mais en auxiliaire de l'Eglise et pour qu'un concile fût convoqué. Il expliquait que les actes de violence d'Anagni étaient l'œuvre d'ennemis personnels de Boniface; il résumait la conduite de Nogaret, qu'il expliquait, qu'il excusait comme nécessaire, et mentionnait brièvement ce qui s'était passé au temps de Benoît et de Clément. En conclusion, à la prière du pape et de ses cardinaux, il remettait toute l'affaire à Clément qui en disposerait en plein concile, du conseil des cardinaux ou autrement, et il promettait d'acquiescer à ce qui serait décidé. Il promettait en outre que les accusateurs de Boniface abandonneraient aussi leur poursuites. Dans cette lettre, aucune condition n'était posée; mais il est clair qu'il y avait eu des marchandages. Philippe, en effet, en parlant des avantages qui sortiraient de sa résolution, mentionnait la question de la Terre Sainte et celle des Templiers; il espérait que la Terre Sainte pourrait être secourue et que Clément au concile mettrait fin à l'affaire du Temple qui, actuellement, était bien commencée. Le 14 février, Louis, comte d'Evreux, et Gui, comte de Saint-Pol, remirent l'affaire à Clément du consentement du roi ; auparavant, les défenseurs de Boniface avaient fait une renonciation analogue.

Dans les pourparlers de la fin de 1310 et du début de 1311, les ambassadeurs français avaient demandé que l'honneur de Philippe fût vengé ; plus tard, l'auteur d'un projet d'entente voulait que l'on reconnût bon et juste le zèle du roi. Avant de confirmer la sincérité de ce zèle, Clément — pour la forme — fit une enquête et s'adressa à des amis de Philippe qu'il interrogea du 14 au 24 avril ; tous ces témoins choisis affirmèrent le zèle du roi ; quelques-uns même déclarèrent Boniface coupable. Le cardinal Nicolas de Fréauville déposa que de mauvais bruits contre Boniface avaient circulé en France, dès 1297, et s'étaient multipliés plus tard ; il ne pouvait pas affirmer que ces bruits fussent fondés, mais seulement que le zèle du roi et des accusateurs était droit et juste. Napoléon Orsini déclara que personnellement il avait fait appel à Philippe contre Boniface et que le zèle du roi, de même que celui des accusateurs, était très louable. Les cardinaux Jean Le Moine et Pierre Colonna firent une déclaration assez analogue. Le cardinal Landulphe Brancaccio, qui ne put faire connaître l'origine des accusations portées contre Boniface, dit que le zèle de Philippe procédait de bonnes intentions. Pierre, abbé de Saint-Médard de Soissons, fit — comme on devait s'y attendre — une déposition accablante pour Boniface et attesta que les accusateurs avaient agi sous l'impulsion d'un zèle respectable. Le même zèle fut attesté par les cardinaux Bérenger Frédol et Jacques Colonna, par l'évêque de Bayeux, Marigni, Etienne de Suisi, Geoffroi du Plessis.

C'est alors que Clément expédia l'affaire par une série de bulles. Déjà, le 20 avril, à la prière de Philippe, il avait cassé le procès fait dans la Campagne romaine à la suite de la mort de Boniface. Le 27 avril, il publia les décisions définitives. Après avoir exposé et accepté la défense du roi présentée par Nogaret, Clément cassait tous les actes de Boniface VIII et de Benoît XI, postérieurs à la Toussaint de 1300, qui pouvaient léser le roi de France ou les siens. Il ordonnait que ces actes fussent effacés sur les registres de la chancellerie et que les sentences diverses, expédiées au cours de la même période, fussent anéanties dans les quatre mois. Le pape déclarait Philippe absolument innocent de tout ce qui était arrivé à Anagni; par une autre bulle du même jour, Clément déclara qu'à l'avenir nul ne pourrait mettre en doute les bonnes intentions et le zèle du roi. De cette absolution, le pape exceptait Sciarra Colonna, Renaud de Supino, divers habitants d'Anagni et Nogaret; mais, le même jour, il leur accordait une absolution, sous condition de certaines pénitences et de pèlerinages; il ne maintint que les sentences portées contre les détenteurs du trésor pillé à Anagni.

Nogaret avait renouvelé ses déclarations antérieures, affirmé qu'il était innocent du vol du trésor et des violences exercées sur Boniface, qu'il ne croyait pas être excommunié, mais que pourtant il demandait son absolution à cautèle et qu'il se soumettait aux pénitences qui lui seraient imposées. Clément lui accorda enfin cette absolution à cautèle, à condition qu'il passerait en Terre Sainte à la prochaine croisade, et y demeurerait à perpétuité, à moins qu'il n'eût obtenu une dispense du pape ou de ses successeurs ; en attendant, il devait — lui ou son héritier — faire des pèlerinages à Notre-Dame de Vauvert, à Rocamadour, au Puy, à Boulogne-sur-Mer, à Chartres, à Montmajour, à Saint-Jacques de Compostelle. L'obligation de passer en Terre Sainte était rassurante pour un homme comme Nogaret, qui savait les secrets du gouvernement et ce qu'il fallait penser de la croisade projetée. D'autre part, rien n'indique qu'il ait exécuté les pèlerinages qui lui étaient imposés, car les déplacements auxquels nous le voyons se livrer à partir de cette époque sont déterminés par des considérations purement politiques. Nogaret, d'ailleurs, ne fut pas très mal considéré en cour d'Avignon, car il y eut assez de crédit pour obtenir une dispense en lieu interdit et recommander un protégé. Auprès du roi, il continua d'être en faveur ; il participa assez activement aux affaires de Flandre, et les plaintes de Louis de Nevers, en 1312, disent assez que son crédit était toujours très grand. Mais l'affaire qui l'avait placé pendant plusieurs années au premier rang du monde politique prenait fin ; sans doute, il avait été entendu — suivant le procédé ordinaire de la diplomatie de Philippe — que le procès n'était pas éteint par les décisions d'avril 1311 ; et, le 27 de ce mois, Clément avait notifié aux ambassadeurs de Philippe que les témoins à charge ou à décharge pourraient toujours continuer à déposer devant lui. Mais cette mesure était une ressource ultime, pour le cas où Clément changerait d'attitude. Cette éventualité ne se produisit pas ; les témoins italiens, qui ne sentaient plus le roi derrière eux, disparurent ; et Nogaret s'effaça derrière Marigni.

La réconciliation de février 1311 accéléra la solution des difficultés qui éloignaient Henri de Philippe ; Clément, réconcilié avec le roi de France, avait maintenant une attitude moins amicale à l'égard d'Henri. Déjà, il avait changé d'opinion dans l'affaire du couronnement ; lui qui, à la fin de 1310 et même en janvier 1311, trouvait la requête d'Henri légitime, ne la considérait plus comme acceptable maintenant. Le 28 février, il annonça à Henri que l'approche du concile ne lui permettait pas d'aller à Rome, et que le peu de temps dont on disposait rendait impossible un couronnement à la Pentecôte ; en conséquence il le priait de demander pour la cérémonie une date ultérieure.

Nous constatons aussi ce changement d'attitude dans les négociations commencées en vue d'un traité de paix et interrompues depuis le 25 juin 1310. Le 14 février, Philippe avait chargé l'évêque de Bayeux, Geoffroi du Plessis, l'abbé de Saint-Médard de Soissons, Enguerran de Marigni, Guillaume de Nogaret, Guillaume de Plaisians, Alain de Lamballe, Jean Gorget, chanoine de Clermont, Pierre de Galard, de traiter avec les ambassadeurs d'Henri de la paix définitive, sur les bases fixées l'année précédente ou autrement. Mais Henri, maintenant, n'était plus pressé de négocier; il n'avait pas confiance en Philippe ni peut-être même en Clément; il se plaignait que la cour d'Avignon fût devenue le lieu de rencontre, pour leurs négociations, de tous ses ennemis. Et maintenant, c'est Clément qui usait son éloquence pour le décider à accepter le traité qui avait été préparé.

Le 4 mars, il lui écrivait pour lui en demander la ratification. Il lui envoyait pour le rassurer Robert de Salerne et Hugues Géraud, à qui son camérier avait donné les instructions suivantes : Les deux envoyés devaient affirmer à Henri qu'Enguerran de Marigni n'avait jamais rien dit contre le roi des Romains, pour qui il avait beaucoup d'affection. On a dit à Jean de Châlons que l'abbé de Saint-Médard et quelques autres envoyés de Philippe ne résidaient à Avignon que pour nuire à Henri; en réalité, ils n'ont rien fait de tel; bien plus, Enguerran s'est toujours montré dévoué au roi des Romains. Au temps où l'élection d'Henri fut approuvée, de semblables bruits ont couru, d'ailleurs aussi faux; car si Philippe s'était alors montré hostile, tous les cardinaux ne se seraient pas prononcés pour le couronnement; tout ceci, d'ailleurs, a été déjà dit de vive voix au comte de Savoie, à Gui de Flandre, à Otton de Grandson. Ces instructions sont remarquables, car elles montrent avec quelle aisance la chancellerie pontificale déformait les événements quand il y allait de son intérêt. On faisait de Philippe un ami d'Henri; le roi de France, qui avait protesté contre la confirmation hâtive de l'élection, passait maintenant pour l'avoir favorisée ; Enguerran de Marigni, qui le premier avait essayé de faire retarder le couronnement de l'empereur, devenait maintenant un ami dévoué d'Henri. En même temps, Clément envoyait à Henri un modèle de lettres de ratification du traité, qui devaient être échangées contre des lettres semblables de Philippe : les unes concernaient le traité de paix, les autres l'hommage du comte de Bourgogne. Il avait d'abord été convenu que l'échange des ratifications serait fait par le pape lui-même ; mais Clément, qui jugeait ce procédé trop long et qui finissait par trouver que les affaires d'Henri se plaçaient dans sa main plus qu'il n'importait, décida que l'échange se ferait sans intermédiaires. Toutefois, il recommandait à ses envoyés de ne toucher ce point qu'avec prudence, parce que les grands personnages se croient aisément provoqués. En même temps, Clément écrivait au comte de Savoie, maréchal de l'Empire, pour l'Italie, à Henri, évêque de Trente, à Gui de Flandre, comte de Zélande, à Otton de Grandson, pour les prier de déterminer Henri à suivre ses propres conseils.

Mais Henri résistait encore ; il doutait de la bonne foi de Philippe, ce qui détermina Clément à revenir à la charge auprès de lui. Dans une instruction nouvelle donnée le 5 avril, le pape lui affirme que des envoyés italiens sont allés à Paris pour savoir si Philippe verrait avec plaisir qu'ils s'opposassent au roi des Romains : Philippe ne les a pas reçus ; à Avignon, d'autres envoyés ont essayé de voir Enguerran de Marigni, qui n'a pas voulu les entendre ; et, pourtant, on a rapporté tout le contraire à Henri. Henri ne peut rien faire de mieux que de ratifier le traité, car, ensuite, son royaume sera tranquille. Si, malgré tout, Henri résistait, les envoyés devaient le voir en secret et lui dire : Si vous refusez, Philippe vous considérera comme un ennemi, et il est possible que le pape ne vous continue plus sa bienveillance. Le roi de France, comme vous pouvez le supposer, pourvoira à ce qui le concerne ; quant au pape, si on lui montre que le gouvernement d'Henri, les grandes faveurs qu'il lui a accordées sont considérés dans la chrétienté comme un scandale et un péril pour la croisade, il est à craindre qu'il ne vous continue plus ses faveurs et qu'il ne procède pas au couronnement, résolution vers laquelle, vraisemblablement, sa conscience le pousse. Voyez donc si vous faites bien en persistant à refuser votre ratification.

Henri capitula devant cette menace ; mais il ne céda pas tout ce que demandait Philippe, et il refusa d'abandonner les royaumes d'Arles et de Vienne ; Clément, en faisant connaître ce refus à Philippe le 1er mai, en adoucit l'amertume et décida qu'il n'approuverait jamais la cession de ces royaumes à une personne autre que l'église romaine. Le 8 mai, à Crémone, Henri ratifia le traité de paix, en faisant suivre sa ratification d'une réserve pour le serment qu'il avait prêté de conserver, recouvrer et maintenir les droits de l'Empire ; il y avait dans cette restriction quelque intention hostile à Philippe, et peut-être l'espoir de reprendre les pays conquis par le roi de France ; peu après, à Brescia, le 17 juin, Henri confirmait le délai de prestation d'hommage accordé au comte de Bourgogne. Le 20 juillet, en vertu des pouvoirs que leur avait donnés Henri le 18 juin précédent, Gérard, évêque de Bâle, Uguccio, évêque de Novare, et frère Jean de Lucidomonte, prêcheur, en présence du cardinal Arnaud de Pellegrue, désignèrent les arbitres institués par le traité ; c'étaient : l'archevêque de Cologne, Gui de Flandre, Otton de Grandson ; de son côté, Philippe avait désigné l'archevêque de Rouen et le comte de Boulogne. Henri exécutait donc enfin le traité conclu si laborieusement ; mais il le faisait sans enthousiasme, pour être sûr d'être couronné.

Philippe, le 14 juin, avait ratifié exactement le traité passé en 1310 ; mais, comme on a vu, Henri n'avait pas littéralement reproduit le modèle envoyé par Clément, auquel il avait ajouté une réserve. Aussi, quand on procéda à Avignon à l'échange des ratifications, Enguerran de Marigni constata cette divergence et demanda qu'on lui rendît les ratifications de son souverain. C'était un nouveau retard qui pouvait aboutir à une rupture. Clément intervint encore, et, le 18 décembre 1311, pria Henri de confirmer le traité sans restriction aucune, c'est-à-dire, en fait, d'accepter les annexions de Philippe. On ne connaît pas la réponse d'Henri ; Paul Fournier pense que le roi des Romains n'obéit pas et que son refus détermina la rupture avec Philippe ; cette hypothèse n'est pas acceptable, car elle est en contradiction avec l'intérêt immédiat d'Henri qui tenait à son couronnement, avec une affirmation de Clément qui, plus tard, déclara avoir mené à bonne fin sa paix avec la France, avec l'existence d'une ratification intégrale insérée dans les *Monumenta Germaniæ historica*.

VI

LE CONCILE DE VIENNE

Le concile général, qui se réunit à Vienne, était demandé depuis longtemps ; Philippe, au temps de sa lutte avec Boniface, l'avait réclamé ; mais quand Clément fut élu, le roi de France parut abandonner sa première requête ; son ambassadeur à Avignon demandait que le procès de Boniface fût jugé par le pape ; au contraire, les Bonifaciens se prononçaient pour le jugement du concile. Clément, comme on a vu, convoqua l'assemblée pour se dégager de l'étreinte du roi et pour ajourner la solution d'une affaire qui le gênait. Le concile devait s'occuper d'abord de l'ordre du Temple, puis de deux questions qui, depuis longtemps, étaient à l'ordre du jour : la croisade et la réforme de l'Eglise ; ce dernier problème se présentait sous deux faces : la réforme proprement dite, et la réforme des libertés de l'Eglise.

Le concile fut convoqué à Vienne, en terre d'Empire, là même où Clément avait d'abord fixé son couronnement, pour le 1ᵉʳ octobre de 1310. Mais parce que les enquêtes ordonnées à l'égard de l'ordre du Temple n'étaient pas terminées à temps, peut-être aussi parce qu'il était embarrassé alors par le procès de Boniface, Clément, le 4 avril 1310, ajourna la réunion au 1er octobre 1311.

Le pape avait invité plus de cent soixante-deux prélats, à raison de deux par province; il avait aussi invité des princes qui pouvaient s'intéresser à la croisade, tels que le roi de France, le roi des Romains, le roi d'Angleterre. Dans la petite ville de Vienne, il y eut grande affluence, la vie fut très chère, le séjour peu agréable pendant un hiver très froid. Mais, à l'exception de Philippe qui vint très tard et partit de bonne heure, il n'y parut pas de princes; il y vint aussi peu de prélats, non pas trois cents, comme le dit Villani, mais peut-être cent quatorze, comme le note le continuateur de Guillaume de Nangis, parmi lesquels il faut citer les patriarches d'Antioche et d'Aquilée; un tiers de ceux que l'on avait convoqués ne parurent pas. Les Français furent assez nombreux; avec eux, les Italiens participèrent d'une façon assez active aux travaux de l'assemblée; mais les Espagnols, les Allemands, les Anglais vinrent en moindre nombre, et — sauf les Aragonais — travaillèrent peu. Il semble que la convocation gênât beaucoup de prélats; le concile était pour eux une source de dépenses, qui obligèrent plusieurs d'entre eux à emprunter ou à vendre des biens; d'autre part, beaucoup craignaient aussi qu'on ne profitât du concile pour leur réclamer une décime. Clément a parfaitement compris l'hostilité que l'on a témoignée au concile dans le monde ecclésiastique; il s'en est plaint et a menacé de poursuites plusieurs prélats absents sans autorisation ni empêchement légitime.

Clément quitta le Grozeau, sa résidence d'été, avant le 18 septembre 1311, et se mit en route pour Vienne où il s'était fait précéder de son trésor ; le 30, il était déjà dans cette ville, et, le 16 octobre, dans la cathédrale, il tint la première session du concile. Il ouvrit les travaux de l'assemblée par un discours où il prit pour texte : « In conciliis justorum et congregatione magna opera Domini exquisita in omnes voluntates ejus ». Puis il exposa le triple programme du concile et renvoya les pères après leur avoir donné sa bénédiction. Dans cette première session, il ordonna aux évêques de présenter à une commission de trois cardinaux les pétitions relatives à leur diocèse, et, sans doute, il donna l'ordre de former des commissions d'études et d'organiser le travail.

On commença par la question du Temple. On a vu précédemment comment des commissions inquisitoriales avaient été chargées de préparer la tâche du concile. A la fin de 1309, et pendant l'année 1310, la plus importante de ces commissions, celle de Paris, n'avait pas travaillé rapidement ; d'autre part, Philippe n'avait jamais témoigné d'un vif désir de voir la fin de ses séances. Après la réconciliation de 1311, tout change ; le roi, d'accord avec le pape, fait décider la clôture de l'enquête ; de son côté, Clément se montre presque aussi impatient à l'égard des enquêtes des autres pays ; d'une part, avec une hâte fébrile, il réclame aux commissaires leurs enquêtes, sans délai ; d'autre part, il ordonne aux inquisiteurs d'employer la torture, comme si la première impression produite par les procès-verbaux n'avait pas été favorable aux accusations portées contre l'ordre.

Ces enquêtes furent envoyées au pape, au prieuré du Grozeau, et examinées, les unes par Clément et les cardinaux, les autres par des prélats et des personnes lettrées, au nombre desquelles il faut citer les évêques de Mende, Bayeux, Coutances, et l'archevêque de Rouen, Gilles Aicelin. On résuma alors les dépositions qui avaient été recueillies, de manière à mettre en lumière les aveux qu'elles pouvaient contenir. Les fragments qui nous restent de ces travaux n'indiquent pas — contrairement à l'opinion de Schottmüller — que le travail ait été mal fait; tout ce qu'on peut relever d'incorrect est la mention, dans le résumé des dépositions anglaises, d'un aveu fait en France par Geoffroi de Gonneville. En supposant même que les incorrections aient été plus nombreuses pour les résumés des autres enquêtes, les travaux des pères du concile n'en auraient pas été viciés; car ces résumés n'étaient que des guides pour aider à l'examen des dépositions intégrales; les prélats devaient, et ils purent toujours, se reporter aux enquêtes.

Comme les pères étaient trop nombreux pour délibérer utilement ensemble sur l'affaire, ils désignèrent parmi eux, sur l'ordre de Clément, des patriarches, archevêques, évêques, abbés exempts et non exempts, procureurs, qui leur parurent capables et qui devaient délibérer avec le pape et les cardinaux. Devant ces commissaires, à la cathédrale, on fit lire pendant plusieurs jours les attestations de l'enquête ; puis cette première commission en choisit dans son sein une seconde, composée d'archevêques et d'évêques, à la tête desquels était le patriarche d'Aquilée. Devant cette seconde commission, on lut les dépositions et les résumés, et on les examina.

Ce n'est pas notre intention de reprendre, après tant d'autres, la question de la culpabilité de l'ordre en tant qu'ordre, la seule qui se posât au concile. La démonstration de son innocence, commencée par Raynouard, faite par Lea, reprise par Gmelin, Langlois et partiellement par Finke, est décisive. Il n'y a rien à objecter aux arguments qu'ils ont fournis : absence de preuves matérielles, absence de doctrine hérétique soutenue par les accusés dans le procès, contradictions énormes dans les dépositions relatives à des accusations précises, nullité d'aveux obtenus par la procédure inquisitoriale. Sans doute, la démonstration de l'innocence n'a pas été acceptée par tous ; mais il ne faut pas s'étonner que la discussion dure encore. Le caractère d'une vérité d'ordre historique n'est pas d'être acceptée unanimement et d'un seul coup, mais seulement par ceux qui s'appliquent à ne faire que des raisonnements corrects ; il y aura toujours des érudits qui ouvriront les yeux et ne verront pas. Pourtant, il n'est pas inutile de se demander quelle impression fit sur les pères de la commission, qui n'étaient pas des érudits et qui n'avaient pas les loisirs dont ont disposé les chercheurs modernes, l'enquête de Paris, la seule qui fût en apparence défavorable à l'ordre. Cette enquête était le seul élément dont on pût disposer, puisque les perquisitions, faites au moment de l'arrestation soudaine d'octobre 1307, n'avaient produit aucune pièce à conviction.

Dans le droit du moyen-âge, l'aveu était un élément important d'un procès, parce qu'il entraînait une condamnation. Précisément parce que dans le procès du Temple l'aveu était nécessaire pour qu'une condamnation pût intervenir, les inquisiteurs s'efforcèrent d'en obtenir, soit par la contrainte morale, soit par la torture physique. Cette préoccupation suffit pour vicier par avance toutes les dépositions que l'on a obtenues. Cet inconvénient, qui n'est guère contesté aujourd'hui, n'a pas échappé aux commissaires qui siégeaient en mai 1310 à Paris ; si les prélats qui travaillaient au Grozeau et à Vienne n'y ont pas prêté attention d'eux-mêmes, ils ont pu être éclairés par les cédules que les Templiers remirent aux notaires de la commission et qui, insérées dans le procès-verbal, constituent la meilleure critique de la procédure employée et la défense la plus pressante de l'ordre.

Beaucoup de témoins déclaraient qu'ils avaient avoué des crimes imaginaires par suite de leur terreur, et qu'ils eussent dit la vérité s'ils avaient été libres. Ils n'exagéraient pas d'ailleurs l'effet de cette torture, puisqu'à Paris trente-six accusés moururent des suites de la question. Beaucoup avouèrent pour l'or qu'on leur donna, à cause des promesses et des menaces qu'on leur fit. Plusieurs avouèrent parce qu'ils ne comprirent rien à la procédure qu'on employait, sans presque avoir conscience de ce qu'ils faisaient ; un accusé, interrogé sur les articles 124, 125, 126, 127, répondit qu'il croyait à la réalité des crimes que l'on y mentionnait, parce qu'il l'avait entendu dire, d'après des bulles, en présence de l'official de Poitiers. Si l'on avait voulu faire une enquête qui ne fût pas suspecte, il fallait, comme le disaient les témoins, retirer les Templiers de la main du roi, assurer leur liberté, ainsi que celle de leurs procureurs, faire une enquête sur ceux qui avaient quitté l'ordre, chercher à connaître les confessions des Templiers à leur lit de mort, défendre aux laïcs d'assister aux dépositions, séparer ceux qui avaient témoigné de ceux qui allaient le faire, assurer le secret des dépositions. Ces précautions prises, les dépositions auraient été favorables à l'innocence de l'ordre, ainsi que cela s'était produit hors de France. Quand on a lu avec attention quelques-unes des dépositions à charge ou à décharge, on est d'abord surpris que la publication de Michelet n'ait pas entraîné la conviction des historiens et qu'il ait fallu plus tard instituer une défense en règle du Temple. Les prélats témoignèrent d'un esprit plus critique que celui de beaucoup d'érudits modernes ; dès le début de novembre, plusieurs pensaient que l'ordre ne pouvait être condamné. Cela donnait l'idée que le concile pourrait durer longtemps, plus de cinq mois, comme le racontait Bérenger Frédol aux envoyés du roi d'Aragon.

Il avait presque été entendu à Poitiers que l'affaire du Temple donnerait lieu à Vienne à un véritable procès contradictoire. Les Templiers, en tant qu'ordre, avaient été invités à se présenter au concile en personnes ou par procureurs, pour entendre la sentence qui interviendrait. Pierre de la Chapelle, leur gardien, avait reçu l'ordre d'y conduire ses prisonniers. Sans doute, beaucoup de frères avaient abandonné l'ordre, comme Pairaud, par faiblesse, pour se sauver; mais d'autres, comme Molai, avaient fait preuve de beaucoup d'irrésolution, avec l'espoir de pouvoir un jour défendre l'ordre, librement, devant le pape. Philippe ne permit pas que les dignitaires fussent menés à Vienne, et aucun indice ne montre que le pape ait regretté leur absence. Parmi les simples chevaliers et les frères servants, il en était plus d'un qui, n'ayant pas faibli à Paris, voulait résister à Vienne. Il restait encore des défenseurs ; au mois d'octobre, sept d'entre eux se présentèrent au concile ; quelques jours plus tard, deux autres les imitèrent ; Clément, embarrassé, les fit mettre en prison. Mais tout danger n'était pas conjuré ; le pape écrivait en effet au roi, le 4 novembre, qu'il y avait aux environs de Lyon quinze cents ou deux mille Templiers — nombre évidemment exagéré — prêts aussi à défendre l'ordre, peut-être même décidés à faire davantage, puisque Clément se faisait garder et qu'il conseillait au roi de prendre des précautions. Cet incident inattendu le décida à soumettre à la grande commission du concile une question qu'il avait probablement résolue d'avance : la défense de l'ordre. Au commencement de décembre, il lui posa quatre questions : Doit-on accorder à l'ordre des défenseurs? Doit-on accepter la défense offerte par les neuf Templiers qui viennent de se présenter? Dans la négative, doit-on permettre aux membres de l'ordre de se réunir pour désigner un syndic ou un procureur? Si cela paraît trop difficile, le pape doit-il désigner d'office un défenseur? Sur les membres de la commission, le dossier préparé par Philippe fit l'impression qu'il produira toujours sur ceux qui abordent les procès-verbaux sans avoir pris parti : il leur parut insuffisant pour entraîner un jugement définitif. Les prélats votèrent séparément et par écrit; leur vote fut net. La majorité des cardinaux et presque tous les autres prélats demandèrent que les Templiers fussent admis à se défendre. On ne connaît pas les noms des cardinaux de la minorité; mais on devine sans peine qu'il faut les chercher parmi les amis de Philippe, surtout ceux qui avaient procédé aux interrogatoires de Poitiers et de Chinon; la minorité des prélats comprit un Italien et cinq Français: l'abbé de Cluni, l'archevêque de Rouen, trois évêques. Le vote du début de décembre était très remarquable; il constituait un échec pour Philippe. On peut voir surtout dans ce vote l'effet des préoccupations de conscience des prélats; mais on peut y voir aussi le désir de s'opposer en sûreté à la politique envahissante du roi de France.

L'attitude de la commission contrastait fort avec celle du pape qui avait interrogé les membres pour la forme et qui était sans doute déjà résolu à supprimer le Temple, puisqu'il s'était déjà préoccupé du sort de ses biens. Bien qu'on ne pût traiter à fond cette question qu'après avoir examiné celle des personnes, on s'en était déjà entretenu dès le début du concile. Les opinions, comme on peut penser, étaient très variées ; la plupart demandaient la création d'un nouvel ordre dont le chef résiderait en Orient; un petit groupe voulait mettre ces biens à la disposition des évêques, qui les emploieraient soit en faveur de la Terre Sainte, soit pour l'accomplissement des vœux des donateurs ; mais cette avis rencontrait une vive opposition, car on craignait que les évêques ne fussent accusés d'avoir détruit l'ordre pour avoir ses richesses. D'autres voulaient qu'on les donnât à l'Hôpital ; mais alors plusieurs craignaient que cet ordre, déjà dépensier et orgueilleux, n'en devînt que plus répréhensible. Clément avait, lui aussi, examiné tous ces avis avec ses cardinaux. Il avait renoncé à créer un nouvel ordre, car la difficulté eût alors été grande de trouver une nouvelle règle, et il se prononçait pour le transfert des biens à un ordre déjà existant; il ne voulait ni de l'ordre d'Ucclès, ni de l'ordre de Calatrava, ni de l'ordre Teutonique, qui avaient un caractère national et étaient trop particuliers; il songeait déjà à l'Hôpital. Il était confiant alors ; il pensait que l'affaire du Temple serait réglée avant le 20 janvier.

Le vote du début de décembre détermina un arrêt dans les travaux de l'assemblée. Accorder aux Templiers l'autorisation de se défendre, c'était mettre en question tout ce que le roi de France avait fait, c'était peut-être manquer aux engagements que Clément avait pris au début de 1311. Le pape fut mécontent, Philippe le fut davantage. Il avait songé à venir de bonne heure au concile; il ajourna son voyage, d'abord parce qu'il avait à s'occuper de Louis de Nevers qui venait de s'évader de prison et allait faire appel au pape et à l'empereur, ensuite parce que la résistance du concile exigeait que l'on prît des précautions. En attendant que Philippe et Clément se fussent mis d'accord, on s'occupa de la question de la croisade et de celle de la réforme. La fin de l'année 1311 fut une période d'incertitudes. On était mal à Vienne, on pensait que le pape se transporterait ailleurs, on craignait une prorogation du concile, on redoutait la vengeance du roi. Le sacré collège se dépeuplait; l'évêque d'Albano venait de mourir à Lucques; Etienne de Suisi était mort à Vienne; l'évêque de Tusculum venait d'échapper à une grave maladie, et l'état de l'évêque de Sabine, légat en Italie, était désespéré. Un prophète avait annoncé que dix autres cardinaux et un bien plus grand personnage subiraient le même sort avant Pâques.

Le roi, tout d'abord décontenancé, se remit bientôt, car il était homme de ressources. Il usa d'un procédé qui était devenu presque classique, dont il s'était servi avec succès en 1302 et surtout en 1308 : le 30 décembre, il convoqua une assemblée de députés des trois ordres. Dans son édit de convocation, il parlait des crimes des Templiers et disait le désir qu'il avait de maintenir la pureté de la foi ; l'affaire intéressait tous les catholiques, mais surtout ceux de France, spécialement préposés par

Dieu à la garde de l'Eglise. L'assemblée devait se réunir le 10 février à Lyon, et il y avait, dans le choix de cette ville, une intention. Lyon était sur la route de Vienne ; son archevêque, vaincu en 1310, était en train de négocier sa paix ; le séjour du roi et de l'assemblée dans cette ville en constituaient comme une prise de possession anticipée. L'assemblée de Lyon n'a pas laissé de traces ; elle n'eut pas lieu à la date qu'avait fixée la convocation, car Philippe ne fut pas dans la ville avant le 14 mars ; pourtant, il n'est pas difficile d'imaginer ce qu'elle fut. L'assemblée de Tours, tenue avant la réunion des conciles provinciaux, avait déclaré, presque unanimement, l'ordre coupable ; celle de Lyon, qui fut tenue après que les conciles eurent prononcé des condamnations à mort, dut ressembler beaucoup à la première ; c'était ce que désirait le roi qui, dans sa convocation, mettait en parallèle Tours et Poitiers d'une part, Lyon et Vienne de l'autre. Philippe avait encore à sa disposition un autre moyen de pression sur le concile, et éventuellement sur le pape. Il avait été entendu, en avril 1311, que l'affaire de Boniface restait dans les mains du pape qui devait entendre tous ceux qui demanderaient à déposer ; mais il avait sans doute aussi été entendu que l'affaire du Temple serait terminée à la satisfaction du roi ; si cette dernière tournait mal, Philippe pouvait réveiller la première. Enfin, le roi de France pouvait influer sur le vote des prélats dévoués à l'œuvre de la Terre Sainte, car la croisade dépendait surtout de sa bonne volonté.

A partir du mois de février, les négociations entre le pape et le roi devinrent plus actives. A la fin de ce mois, Philippe était à Mâcon ; à partir du 17, ses ambassadeurs, Louis d'Evreux, les comtes de Saint-Pol et de Boulogne, Enguerran de Marigni, Nogaret, Plaisians, étaient auprès de Clément ; en secret, et presque chaque jour, ils travaillaient avec lui et avec les cardinaux Arnaud de Pellegrue, Arnaud de Canteloup, Bérenger Frédol, Nicolas de Fréauville et le vice-chancelier ; à la fin du mois ils quittaient la ville, et le 2 mars, de Mâcon, Philippe faisait connaître ses désirs au pape en ces termes : « Votre Sainteté sait que l'enquête a fait découvrir un tel nombre d'hérésies et de forfaits dont les Templiers se sont rendus coupables, que l'ordre doit être infailliblement aboli. Pour ce motif, et parce que nous sommes mus par un saint zèle pour la foi orthodoxe, nous demandons avec supplication et humilité que cet ordre soit anéanti ; les possessions qu'il avait pourront être données à un nouvel ordre de chevalerie. » Ainsi, le roi demandait la suppression de l'ordre, mais sans réclamer expressément une condamnation ; il ne prétendait pas aux biens pour un de ses fils, comme Dubois le lui avait conseillé et comme on lui en avait déjà attribué l'intention. Clément répondit le 8 ; il s'engageait brièvement et simplement, dans le cas où l'ordre serait supprimé, à affecter ses biens à la défense de la Terre Sainte. Entre temps, Enguerran de Marigni était revenu à Vienne et, toujours en secret, il avait travaillé avec le pape et les cardinaux déjà nommés, mais, semble-t-il, sans parvenir à un accord complet. On cherchait évidemment la formule qui pouvait mettre tout le monde d'accord.

Toute la difficulté venait du vote du début de décembre, qui demandait que l'on permît aux Templiers de se défendre. C'était là une grave décision qui pouvait, par ses conséquences, tourner à la confusion du roi et, en mettant les choses au mieux, prolonger les travaux du concile et ajourner la solution de l'affaire. Si l'on refusait d'accorder un défenseur à l'ordre, il fallait renoncer à l'espoir d'une condamnation ; et, pourtant, Philippe voulait la mort de l'ordre, et Clément était disposé à la lui accorder. La solution de la difficulté avait été donnée dans l'année précédente par Guillaume le Maire, alors absent ; à son avis, la preuve de la culpabilité du Temple est faite par plus de deux mille témoignages, — affirmation très exagérée — l'ordre est trop diffamé ; chez les incrédules, il a rendu le nom de chrétien fétide ; chez les croyants, il a ébranlé la foi. Que le pape le supprime donc, soit en vertu d'une décision judiciaire, soit en vertu de sa toute puissance, en rejetant toutes les frivoles demandes de défense.

Le 20 mars, Clément disait encore — mais faut-il le croire ? — qu'il ne savait pas si l'ordre serait détruit ou conservé. Mais ce jour-là, Philippe, que Marigni était allé réjoindre, arriva ; il avait avec lui ses frères Charles et Louis, ses trois fils, une suite nombreuse et armée, dans laquelle se trouvaient sans doute des délégués des trois ordres venus de Lyon. Deux jours après, le pape convoqua un consistoire secret, composé de la grande commission du concile et des cardinaux ; il lui posa la question : Faut-il permettre à l'ordre de se défendre, ou bien le supprimer par voie de provision ? A la majorité, l'assemblée approuva la suppression. La minorité comprenait les cardinaux bonifaciens et les prélats de la province de Tarragone ; l'un d'eux, l'évêque de Valence, avait objecté en vain qu'il fallait punir les Templiers coupables, mais ne pas faire porter aux bons la peine qu'avaient méritée les mauvais. Ce revirement d'opinion très brusque s'explique par l'arrivée du roi dont la présence intimida des opposants et entraîna les hésitants, peut-être aussi par une menace : la reprise du procès de Boniface, ou des promesses : l'octroi d'une décime d'un an au pape, l'engagement d'entreprendre la croisade.

Cette décision fut rendue publique dans la seconde session du concile, le 3 avril ; l'intervalle qui sépare ces deux événements fut peut-être employé à travailler l'assemblée pour obtenir sa soumission. Ce jour-là, Philippe, avec tout son entourage, parut dans l'assemblée, à laquelle assistait une multitude de gens ; il s'assit à côté du pape, mais un peu au-dessous de lui ; un ecclésiastique se leva et imposa silence aux pères, sous peine d'excommunication. Puis Clément prit la parole sur le thème : « Non resurgunt impii in judicio » ; il résuma la procédure qu'il avait suivie et indiqua les raisons qui lui commandaient de supprimer l'ordre, non en vertu d'un jugement de condamnation, mais en vertu de ses pleins pouvoirs et par provision apostolique. Ensuite, il fit lire la bulle de suppression ; il y disait que l'ordre était décrié parce que son maître et plusieurs de ses membres avaient avoué ; qu'il était mal vu par les prélats et les rois ; qu'aucun jurisconsulte n'avait osé prendre sur lui de le défendre ; qu'il était inutile à la cause de la Terre Sainte qu'il aurait dû servir ; qu'en différant le règlement de l'affaire, les biens risquaient d'être perdus. Ces affirmations ne sont pas toutes exactes ; Clément exagérait quand il parlait de la haine des rois et de l'absence de défenseurs ; on sent dans cette énumération un entassement de mauvaises raisons destinées à faire impression, et un désir d'étouffer l'affaire ; mais il est clair que la majorité du concile et que le pape lui-même, d'accord en cela avec l'opinion générale d'alors, ne crurent pas à la culpabilité de l'ordre en tant qu'ordre. Après cette lecture, Clément reprit la parole ; il prêcha sur le thème : « Desiderium suum justis dabitur » ; il fit connaître que le roi de France s'était engagé à se croiser dans une charte qu'il fit lire, et il annonça qu'une décime de six ans avait été accordée par les prélats pour l'expédition.

Il restait maintenant à décider du sort des biens et de celui des personnes du Temple. La première de ces deux questions tenait évidemment fort à cœur à Philippe ; il avait dit plusieurs fois qu'il désirait que les biens de l'ordre fussent affectés aux besoins de la Terre Sainte ; mais il donnait à cette expression générale un sens très précis. Il voulait que l'on créât un nouvel ordre, à qui l'on donnerait les biens du Temple, peut-être aussi ceux des

Hospitaliers et des Teutoniques. Il n'est pas facile de dire comment il concevait cet ordre ; mais il n'est pas impossible qu'il ait songé, comme le lui avait conseillé Dubois, comme le bruit en avait déjà couru, à mettre à sa tête un de ses fils. Cette solution ne déplaisait pas au roi d'Aragon qui aurait volontiers accepté pour son fils les domaines aragonais du Temple. Philippe dut renoncer à ce projet qui rencontra sans doute une vive opposition dans la curie ; le cardinal Bérenger Frédol, dont le zèle n'était pas suspect, estimait en effet qu'il ne fallait pas mettre une pareille épée dans les mains de Philippe. Finalement, le roi se rallia à l'opinion de la curie, mais, comme on verra tout à l'heure, avec une arrière-pensée. Cependant, l'attribution des biens à l'Hôpital rencontra une opposition si vive que la troisième session du concile, qu'on espérait tenir bientôt, fut retardée jusqu'au début de mai. La majorité des pères, hostile déjà à la solution du pape en novembre, n'avait pas changé d'avis en avril ; elle se composait de Français, d'Italiens, d'Espagnols ; elle était soutenue par les envoyés du roi d'Aragon qui harcelaient les cardinaux, arrêtaient le pape et ne laissaient passer aucune occasion de défendre le projet de leur souverain : attribution des biens à l'ordre de Calatrava pour lequel on instituerait un second maître en Aragon. Clément fit d'abord une concession ; il laissa de côté la question brûlante des biens de la péninsule, qui avaient été donnés au Temple, non pas pour le service de la Terre Sainte, mais pour la défense du pays. Cela fait, de concert avec le roi, il essaya de faire accepter son plan au reste du concile ; la résistance fut grande, sauf parmi les prélats français qu'il avait nommés lui-même ou qui appartenaient au conseil de Philippe. Clément s'impatienta ; il menaça les prélats de les garder jusqu'à ce qu'ils eussent accordé leur assentiment ; mais ils résistaient toujours le 15 avril. Huit jours après, toutefois, un léger changement s'était produit : douze Français et quelques Italiens avaient cédé ; mais le reste était inébranlable. Clément fit alors venir devant lui les Italiens et les Français ; il leur dit qu'il avait reçu des lettres annonçant que les Hospitaliers avaient remporté une grande victoire, tuant quinze cents Turcs et perdant soixante-quinze des leurs, et il conclut : Si vous consentez à l'attribution des biens à l'Hôpital, je la prononcerai d'accord avec vous, avec plaisir ; sinon, je la ferai quand même, que cela vous plaise ou non. Il y eut encore une consultation des prélats ; mais ni l'éloge de l'Hôpital, ni la menace de Clément ne décidèrent les Italiens, qui restèrent fermes dans leur opposition. Le 3 mai, dans la troisième session, Clément fit connaître sa décision ; il adjugea les biens du Temple à l'Hôpital, exception faite de ceux d'Aragon, de Castille, de Portugal, de Majorque, qui furent attribués plus tard à des ordres nationaux qui faisaient ou devaient faire la guerre aux Sarrasins. Philippe, qui déjà avait quitté la ville, avait obtenu une importante concession : l'ordre de l'Hôpital devait être réformé. C'était pour l'avenir l'amorce de nouvelles négociations, peut-être d'une nouvelle affaire : celle des Hospitaliers.

Restaient les personnes. Tous les conciles provinciaux ne s'étaient pas encore prononcés sur le sort des accusés, dont quelques-uns étaient en fuite. Le 6 mai, Clément ordonna de continuer devant les conciles le procès des accusés ; ceux qui seraient absous recevraient une part des biens de l'ordre, afin de pouvoir vivre convenablement ; à l'égard de ceux qui avaient avoué leurs crimes, il recommanda d'adoucir par la miséricorde la rigueur de la justice ; aux impénitents, aux relaps, aux réfractaires, on devait appliquer les règles canoniques ; ordre était donné aux fugitifs de comparaître devant les conciles provinciaux dans le délai d'un an, et à ceux qui détenaient les Templiers, de les livrer. Le pape se réservait à nouveau le jugement du grand maître, du visiteur de France, des précepteurs d'Outre-Mer, Normandie, Aquitaine et Poitou, Provence, et d'Olivier de Penna, son chambellan ; peut-être avait-il l'intention de les sauver.

A la question des Templiers était liée, comme on a vu, celle de Boniface ; la solution de la première entraîna la liquidation de la seconde. Il avait été décidé en 1311 que tout n'était pas fini par le désistement de Philippe, et que Clément ferait entendre tous ceux qui voudraient déposer ; et, en fait, nous voyons encore, en avril 1311, des témoins déposer en Italie. Que se passa-t-il au concile ? Pépin affirme que les ambassadeurs de Philippe demandèrent que le cadavre de Boniface fût exhumé et brûlé ; selon Villani, la mémoire du défunt pape aurait été défendue par les cardinaux Richard de Sienne, Gentile de Montefiore, François Gaëtani, en présence du roi, par des raisons juridiques ; deux chevaliers de Catalogne, Caroccio et Guillaume d'Ebole, se seraient déclarés prêts à prouver par l'épée son innocence ; à la confusion de Philippe et des siens, le concile avait déclaré que Boniface avait été catholique et pape légitime ; le roi se serait alors contenté d'un décret de Clément, déclarant qu'il n'était pas responsable de ce qui avait été fait contre Boniface et contre l'Eglise. Il est évident que le premier de ces témoignages rapporte à l'année 1312 ce qui s'est passé en 1310 à Avignon. Il semble bien qu'il en soit de même du second, avec cette différence que Villani a dramatisé la scène et saisi l'occasion d'attaquer le roi. Pourtant, il est sûr que la question de Boniface, qui n'était pas inscrite au programme de ses travaux, a été abordée par le concile, car il en est fait mention dans le cérémonial papal du cardinal Jacques Stefaneschi. L'auteur rapporte que, dans la troisième session, Clément se contenta de donner aux pères connaissance de quelques actes de la procédure antérieure, en particulier de l'édit de citation qui fut alors renouvelé. Philippe, qui avait reçu satisfaction par ailleurs, ne protesta pas, et cette retentissante affaire fut silencieusement enterrée. Clément reconnut la modération de Philippe, en l'aidant à s'emparer de Lyon ; lui, qui en 1310 s'était prononcé contre les empiètements du roi, leur laissait maintenant le champ libre ; en mai 1312, il abandonnait l'archevêque qui se soumettait à la France; l'Eglise, comme disent les envoyés d'Aragon, abandonnait ainsi son plus beau joyau.

En second lieu, le concile devait s'occuper de la croisade. Celles qu'avait faites saint Louis n'avaient pas réussi, la première parce qu'elle fut mal dirigée, la seconde parce qu'elle frappa à côté, en Tunisie, non en Egypte ou en Syrie. Elles n'empêchèrent pas les musulmans de reprendre une à une les villes de la Terre Sainte, dont la conquête se termina en 1291 par la prise de Saint-Jean-d'Acre. Il n'y avait plus alors de pays chrétien indépendant en Terre Sainte. La chute de Saint-Jean-d'Acre, qui remettait les choses en l'état où elles étaient deux siècles auparavant, fit une impression profonde; elle découragea beaucoup de chrétiens, mais elle surexcita ceux qui étaient fervents et qui ne pouvaient se résoudre à cette grande humiliation; ils se mirent à s'occuper d'une expédition nouvelle qui avait été décidée en principe au concile de Lyon, dès 1274.

Ce qui encourageait les partisans de la croisade, c'était l'intervention des Mongols. Ils avaient battu les Egyptiens en 1299 à Hims, et déterminé les chrétiens à une nouvelle offensive; la même année, à Byblos, Gui de Jaffa et Jean d'Antioche essayèrent de s'entendre avec le roi d'Arménie, allié des Mongols, pour une action commune. Henri II, roi de Chypre, des Hospitaliers, des Templiers, avec treize navires, donnèrent la chasse à sept navires égyptiens près de Rosette et ravagèrent le rivage jusqu'à Alexandrie. Peu après, Amauri de Lusignan, seigneur de Chypre, aidé par les deux ordres militaires, débarqua, mais ne séjourna pas dans l'île de Rouad ; en 1301, des Templiers occupèrent cet endroit, mais ils furent assiégés et finirent par se rendre à la fin de 1302, après avoir perdu cinq cents archers et trois cents hommes d'armes. Ce qui rapprochait les chrétiens des Mongols, c'étaient les rumeurs qui circulaient ; on disait que leur roi, Gazan, avait été converti par sa femme, une princesse chrétienne, qu'il avait pris le Caire, reconquis la Terre Sainte, réintégré les Hospitaliers et les Templiers dans leurs anciennes possessions, et qu'il avait fait engager le pape par deux frères mineurs à envoyer des troupes en Terre Sainte. Ces Mongols, dont on s'exagérait les succès, étaient assez favorables aux chrétiens et désireux de conclure des alliances avec les princes de l'Europe de l'Ouest, pour lutter contre l'ennemi commun. C'est pour cela qu'après la bataille d'Hims les ambassades mongoles se succédèrent très nombreuses ; on en trouve en 1293 en Bohême, en 1299 à Chypre, en 1300 à Paris et à Londres, en 1301 et 1303 auprès de Boniface qui renvoie la première en France, en 1303 et 1305 en France. C'est dans ces circonstances que Bertrand de Got devint pape.

Auprès de lui affluèrent les donneurs de conseils. Ces faiseurs de plans sont d'origines très diverses ; les uns sont des religieux exaltés, d'autres des laïcs instruits des choses de l'Orient, d'autres des maîtres d'ordres religieux, des prélats, d'autres des gens du roi de France ; les uns sont des solitaires qui ont travaillé de leur propre initiative, d'autres ont écrit à la demande de Clément, soit au début de son pontificat, soit pour le concile de Vienne. Leurs travaux ne sont pas de la même époque, mais ils s'échelonnent sur si peu d'années, et ils ont un caractère individuel souvent si marqué, qu'il n'est pas nécessaire de les examiner en respectant leur chronologie.

L'homme qui, à propos de la croisade, a exprimé le plus d'idées nouvelles est Raimond Lulle dont la vie aventureuse, dramatique, pleine d'action, fut consacrée à la préparation théorique de l'expédition. Il avait exposé anciennement ses plans à Nicolas IV, plus tard à Célestin V, à Boniface VIII, sans succès. Il les reprit dans son livre *De Acquisitione*, qu'il termina à Montpellier, en mars 1309, et qu'il adressa à Clément. Il revint sur cette question en 1311, dans un poème et dans une lettre qu'il adressa au concile de Vienne. Ses conseils sont plus originaux que pratiques. Selon lui, les souverains de l'Europe devront élire parmi eux un chef de la croisade. Une flotte devra garder la mer, prendre Rhodes et Malte, et couper les vivres aux Sarrasins. Il faudra interdire le commerce des épices que les mauvais chrétiens font avec eux ; de la sorte, l'Egypte sera si appauvrie que les chrétiens pourront la conquérir en six ans ; l'Europe ne souffrira pas de cette interdiction, parce qu'on pourra toujours faire venir les épices par Bagdad. A côté de ces mesures qui semblent pratiques alors, il y en a d'autres qui sont extravagantes ; la croisade se fera par deux routes : une armée, s'emparant de l'Afrique du Nord, longera la mer ; une autre arrivera par la Syrie; l'Egypte, ainsi attaquée de deux côtés, ne pourra résister. Ce qu'il y a de plus remarquable dans l'œuvre de Raimond Lulle, c'est l'espoir qu'il place dans une pénétration pacifique; en 1311, il demandait au concile, comme il l'avait déjà fait auparavant, la création à Rome, Tolède, Paris, de trois collèges où les missionnaires étudieraient les langues sémitiques afin d'aller ensuite enseigner les infidèles. C'est une école de ce genre qu'il avait créée à Palma, et c'est en prêchant lui-même qu'il trouva la mort.

Le Vénitien Marino Sanudo écrivit à propos de la croisade une œuvre en trois parties; dans la première, qu'il appelle art de guérir les malades, il indique les moyens de délivrer la Terre Sainte; dans la seconde, qu'il appelle la guérison, il s'occupe de la Terre Sainte reconquise; dans la troisième, qu'il nomme le maintien de la santé, il traite de la défense du pays reconquis sur les Sarrasins. La première partie, qui seule n'est pas entièrement spéculative, fut écrite à partir de 1306 et terminée en 1309. Sanudo demande que les pays chrétiens n'envoient plus au Soudan ni métal, ni matériaux de construction qui augmentent ses forces, ni esclaves qui accroissent son armée; si les délinquants persistent dans leur commerce, il faudra les poursuivre comme hérétiques et leur faire la guerre; ce sera chose facile, d'ailleurs, avec une dizaine de galères montées par des équipages vénitiens. Quant à l'expédition proprement dite, on ne doit pas attendre; il faut, en expédiant un corps détaché, sauver le royaume d'Arménie attaqué de tous côtés, Chypre qui est menacée, les îles de la Grèce qui sont déjà soumises au tribut. Il faut profiter des circonstances qui sont spécialement favorables, puisque les Tartares sont les ennemis des Sarrasins. L'expédition, forte d'au moins quarante mille hommes et mille chevaux, ira par mer en Egypte; autant que possible, il en faudra donner la direction à des Vénitiens.

Il nous est resté deux mémoires rédigés par des princes orientaux intéressés directement au succès de la croisade, l'un d'Hethoun, prince arménien, l'autre d'Henri de Lusignan. Hethoun avait participé à une expédition contre les Egyptiens; il s'était retiré ensuite dans un couvent de Prémontré à Chypre, puis avait voyagé en Europe; en 1307, à Poitiers, il fit remettre à Clément, qui la lui avait demandée, une histoire des Tartares. A la fin de cette histoire, Hethoun envisageait les chances de succès qu'aurait une expédition. Il trouvait les circonstances favorables; sans doute, le Soudan d'Egypte a une armée considérable qui compte peu de fantassins, mais vingt-cinq mille cavaliers, dont cinq mille en Syrie; mais, d'autre part, il faut considérer que ses sujets sont prêts à se révolter, que l'Orient est divisé, que les Tartares sont disposés à venir en aide aux chrétiens avec dix mille soldats et des vivres, et que, par contre, l'Europe est en paix. Au point de vue stratégique, Hethoun recommande de s'établir sur la côte d'Egypte et de remonter le Nil, afin d'affamer le pays en arrêtant les importations de produits européens; la croisade doit se faire en deux campagnes : une petite expédition de mille chevaliers, dix galères, trois mille hommes de pied, se saisira d'une ville en Syrie, s'établira à Chypre ou en Arménie, et, de là, attaquera l'ennemi en s'alliant aux Tartares; l'année suivante, une plus grande armée terminera la croisade en partant, soit de l'Arménie, soit de la ville que l'on aura prise en Syrie.

Henri de Lusignan, roi de Chypre, demande que l'on défende aux mauvais chrétiens de commercer avec les Sarrasins et de leur fournir des vivres et des armes; pour faire la chasse aux mauvais chrétiens, — qu'il a déjà commencée lui-même — il faut envoyer quinze ou vingt galères le long des côtes d'Egypte ou de Syrie et les confier à un homme qui ne puisse craindre les représailles de Venise, Gênes, Pise; si la croisière dure quelques années, elle suffira à ruiner l'Egypte. L'expédition principale devrait débarquer à Chypre, s'y reposer; il ne faut pas s'attarder en Arménie, car le climat y est malsain, ni en Syrie, puisque les Tartares y combattent; il faut aller tout de suite en Egypte, d'où l'on pourra plus tard, s'il est nécessaire, grâce aux vents qui sont favorables, passer en cinq ou six jours en Syrie. Henri recommande aussi d'opposer aux soldats à pied du Soudan des arbalétriers, car l'arbalète des chrétiens est une arme supérieure à l'arc des musulmans. Il y a, comme on voit, d'assez grandes analogies entre les projets de Hethoun et ceux de Lusignan; tous deux croient les circonstances favorables à une croisade qui se ferait en deux temps; mais tous deux sont guidés par des préoccupations personnelles et cherchent à faire servir l'expédition à la protection de leur propre pays.

Deux hommes furent spécialement, et de bonne heure, consultés par le pape, parce que leur dignité et leur expérience les désignaient pour un rôle prépondérant dans l'expédition : ce furent le maître de l'Hôpital et le maître du Temple, qui remirent probablement leurs mémoires le premier en 1308, le second en 1307. Selon Foulques de Villaret, le pape doit prêcher la croisade et accorder de grandes indulgences. Il désignera comme chef de l'expédition un légat, cardinal ou prélat, un homme qui tienne plus à la prospérité de la Terre Sainte qu'à celle de ses parents ou de son pays natal ; à ce légat, on adjoindra un laïc, soldat éprouvé. Avant d'entreprendre l'expédition proprement dite, il faut équiper ving-cinq galères, afin d'empêcher tout commerce avec l'Egypte, puis cinquante ou soixante autres afin de débarquer par surprise des troupes sur le rivage des domaines du Sultan ; ainsi, on ravagera son pays, on épuisera ses provisions, on fatiguera ses soldats. Il est inutile de convoquer un concile, parce que les dépenses qu'il exigera épuiseront le trésor pontifical, et qu'il faudra beaucoup d'argent. On constituera un grand trésor avec les revenus de la première année des bénéfices vacants, les biens des clercs décédés *ab intestat*, les vases d'argent et d'or laissés par les évêques et qui ne sont pas nécessaires à la célébration des offices ; il faut aussi engager les infirmes, les malades, ceux qui reçoivent les sacrements, à contribuer de leur argent à l'entreprise, exiger l'exécution des testaments qui contiennent des legs en faveur de la Terre Sainte, faire restituer les legs par ceux qui les détiennent et qui ne partiront pas en Terre Sainte, et, d'accord avec les princes, lever une taille du dixième au moins sur les biens des Juifs.

Jacques de Molai croit que la croisade sera difficile, parce que les chrétiens qui ont perdu Antioche et Tripoli ne possèdent plus de base d'opération, et que, pour cette raison, l'envoi de simples renforts serait insuffisant. Il est partisan d'une forte expédition allant directement en Terre Sainte, sans passer par l'Arménie, pays malsain, dont la population est lâche et remplie de haine pour les Francs. Toute l'Europe devra collaborer à l'expédition : les rois, les princes, les villes maritimes qui fourniront des vaisseaux. Pour avoir des chances de succès, il faudrait douze ou quinze mille chevaliers, deux mille arbalétriers et cinq mille hommes de pied. Il faudrait descendre à Chypre pour s'y reposer des fatigues de la traversée et tenir secret le lieu du débarquement définitif. Il faudrait aussi, dès maintenant, envoyer dix galères pour protéger les gens de Chypre et arrêter le commerce que les mauvais chrétiens font avec les infidèles ; le chef de cet escadre ne devrait être ni Templier ni Hospitalier et ne devrait avoir rien à craindre des puissances maritimes ; on pourrait désigner Roger, fils de Roger de Loria.

Des avis qui furent donnés à Vienne pendant le concile, un seul nous est connu avec détail : c'est celui que Guillaume le Maire, évêque d'Angers, malade et absent, prit soin de rédiger. L'auteur doute que la croisade soit possible, quand il considère les iniquités, les rivalités, les schismes du temps présent; pourtant, il s'en déclare le partisan, en considération de la dévotion du peuple et de celle du pape. L'expédition ne pourra se faire que dans dix ou douze ans. On profitera de ce délai pour procéder aux préparatifs. On prêchera partout la croisade et on accordera des indulgences aux croisés ; on affectera à la dépense les biens du Temple administrés par des ecclésiastiques, sans intervention des rois ni des princes séculiers. Jusqu'à l'époque du départ, les évêques paieront une demi-décime levée par des ecclésiastiques, mais ils ne paieront rien de plus; ce subside est faible sans doute, mais il sera donné de bonne grâce, et cela vaudra mieux qu'une forte contribution extorquée par la force. Cet argent sera conservé dans chaque cathédrale, et on prendra soin qu'il n'en soit rien dépensé sans l'assentiment du pape.

Ces mémoires, d'origine et de caractères si divers, appellent quelques remarques. On y voit que les hommes qui ne connaissaient pas bien l'Orient fondaient de grandes espérances sur une expédition. Raimond Lulle comptait sur la prédication des missionnaires qui n'a rien donné en pays musulman depuis six cents ans ; il croyait, avec plusieurs autres, que les circonstances étaient favorables, parce que l'Europe était en paix et que l'on pouvait compter sur des alliances. D'autres, plus avertis, savaient la paix précaire en Europe, l'appui des Tartares peu sûr, celui des Arméniens peu désirable. Quelques-uns, comme Hethoun et Henri de Lusignan, mieux instruits des choses de l'Orient, exagéraient la facilité de l'entreprise, parce qu'ils mêlaient à un zèle religieux incontestable des préoccupations personnelles évidentes. Les mémoires les plus précis et les plus raisonnables sont ceux des maîtres de l'Hôpital et du Temple, et, en première ligne, celui de Molai. L'auteur ne se dissimulait pas les difficultés de l'expédition ; il la voulait très forte parce qu'il ne croyait pas pouvoir compter sur des alliances. Tous n'étaient d'accord que sur la guerre qu'il fallait faire aux mauvais chrétiens, amis ou alliés des infidèles.

Les prédications enflammées de Raimond Lulle ne pouvaient, au début du xive siècle, déterminer à elles seules un mouvement général de l'opinion en faveur de la croisade. Les princes de Chypre et ceux d'Arménie étaient plus désireux d'obtenir des secours que capables d'en fournir ; Villaret et Molai ne pouvaient pas beaucoup isolément ; les évêques, en accordant une décime, ne pouvaient subvenir qu'à une partie des frais de la croisade. Il fallait donc, pour que le projet d'expédition eût quelques chances de se réaliser, trouver un prince temporel puissant qui voulût se charger de l'affaire, comme avaient fait Frédéric Barberousse, Richard Cœur de Lion, saint Louis.

On ne pouvait pas s'adresser aux princes de la péninsule ibérique qui faisaient chez eux-mêmes une croisade incessante. Le roi d'Angleterre, Edouard Ier, qui en 1270-72 avait combattu en

Terre Sainte, était, suivant l'expression de Nicolas le Lorgne, maître de l'Hôpital, de tous les princes de la chrétienté celui qui avait le plus à cœur le fait de la Terre Sainte ; c'est pour cela que beaucoup de chrétiens d'Orient, que les Mongols même avaient fait appel à son aide. Mais, au début du règne de Clément, Edouard était encore embarrassé dans les affaires d'Ecosse, et il n'était pas encore complètement réconcilié avec Philippe. Il mourut bientôt, le 7 juillet 1307. Son jeune successeur, Edouard II, se trouva bientôt engagé dans les guerres d'Ecosse et les révoltes de ses barons ; eût-il été libre, d'ailleurs, que dans son âme faible, sans volonté, sans ressort, l'amour de la Terre Sainte n'eût pu éveiller une décision virile ; le 3 mars 1308, il répondait aux ambassadeurs du roi d'Arménie, Léon IV, en exprimant la douleur qu'il éprouvait en face de la misère de la Terre Sainte et l'impossibilité où il se trouvait de s'en emparer alors. Il ne restait donc que le roi de France, et, à partir de 1308, celui des Romains. Henri de Luxembourg était, comme Edouard Ier, favorable à la croisade ; mais il ne pouvait donner à l'expédition qu'un appui précaire ; il n'était pas couronné au moment de la réunion du concile, et il ne voulait partir qu'avec le titre d'empereur ; à partir de 1311, il allait s'enfoncer dans l'inextricable guêpier italien. Tout dépendait donc de Philippe et de Clément.

Il nous reste heureusement un certain nombre de documents qui nous permettent de voir comment la future croisade était considérée en France.

L'un d'eux est un mémoire de Pierre Dubois, avocat des causes ecclésiastiques au bailliage de Coutances, écrit entre 1305 et 1307, sous le titre de *De recuperatione Terræ Sanctæ*; il contient des détails qu'on trouve déjà dans une œuvre antérieure, la *Summaria*, écrite en 1300, qui peut servir à le compléter et à l'éclairer; c'est pour cela que, dans l'analyse qui suit, on a fondu ces deux ouvrages, séparés l'un de l'autre par fort peu de temps. Un des grands obstacles à une croisade, dit l'auteur, c'est l'état précaire de la paix en Europe; on arrivera à la consolider par un remaniement de territoires qui donnera satisfaction à tous les intérêts aujourd'hui en conflit. Le roi de Castille Alphonse X a donné son royaume à son fils Sanche IV, bien qu'il eût promis de le laisser à son fils aîné Ferdinand, gendre de saint Louis, ou au fils de ce dernier, Ferdinand de la Cerda; pour mettre fin au conflit qui s'est élevé entre ces deux princes, le pape laissera au fils de Sanche IV le royaume de Castille, à condition que celui-ci aide Alphonse de la Cerda à s'emparer du royaume de Grenade sur les Sarrasins et qu'il donne au père d'Alphonse Ferdinand de la Cerda le Portugal, ou un autre des royaumes injustement détenus par Sanche IV, son père. Quand la conquête du royaume de Grenade sera terminée, les rois d'Espagne pourront prendre part à la grande croisade, conquérir en passant le royaume de Sardaigne pour Frédéric d'Aragon, qui rendra la Sicile à Charles II d'Anjou. On priera Andronic Paléologue — dont Dubois, par ailleurs, réclame le concours pour la croisade — d'abandonner l'empire de Constantinople ; s'il refusait, les croisés l'attaqueraient et ses Etats seraient donnés à Charles de Valois. D'autre part, et comme on a déjà vu, le roi d'Allemagne deviendra héréditaire.

Dubois n'oublie pas le roi de France, à qui il fait la part très belle au détriment du pape. Clément abandonnera à Philippe le domaine temporel de l'Eglise — qui lui cause plus d'embarras qu'il ne lui apporte d'avantages — en échange d'une pension annuelle. Ainsi délivré des Italiens, il pourra vivre de longs et beaux jours dans son pays natal. Philippe, pour exercer les pouvoirs temporels du pape, instituera un de ses frères ou de ses fils sénateur romain, et il héritera en Lombardie, à Gênes, à Venise, des pouvoirs des empereurs ; si ces derniers pays lui refusent ce qu'ils payaient autrefois à leur souverain, on les réduira à l'obéissance en les ruinant. Maître de l'Italie, Philippe sera maître aussi d'une autre bonne partie de l'Europe, puisque, comme successeur du pape, il sera le seigneur des rois d'Aragon, de Majorque, d'Angleterre. On pourra placer dans la même condition le royaume reconquis de Grenade, puisque Charlemagne en a fait autrefois la conquête. La paix ainsi établie, il faudra songer à se pourvoir de ressources ; on emploiera les biens des Templiers, des Hospitaliers et des ordres analogues donnés en perpétuelle emphytéose. On demandera ensuite un effort sérieux à l'Eglise qu'il faudra réformer ; chaque prélat devra envoyer à ses frais le plus de combattants qu'il pourra ; les moines de

Saint-Benoît sont trop riches; à côté des abbayes se trouvent de nombreux prieurés non conventuels qui produisent de gros revenus pour deux ou trois moines ; l'argent qui est destiné aux pauvres est employé par les prieurs à plaider contre leurs abbés. Les supérieurs doivent retirer l'administration des biens temporels des mains des religieux pour la donner à des séculiers, abandonner leurs biens en perpétuelle emphytéose ; il faut supprimer des prieurés, car il y en a trop, et consacrer à la Terre Sainte les bénéfices réalisés. Il faut tarir les sources scandaleuses de profit des cardinaux, et il faut que les cardinaux et le pape lui-même ne reçoivent plus de présents ; il faut que la moitié des biens laissés par les cardinaux et les prélats après leur mort soit affectée à la croisade, de même que la moitié des biens des clercs qui mourront *ab intestat* ; que les biens, à raison desquels les prélats sont tenus au service militaire, soient abandonnés par eux, en échange de pensions annuelles et perpétuelles. Les biens des monastères de femmes et des ordres mendiants serviront à la création et à l'entretien d'écoles ; le reste, c'est-à-dire plus de trois cent mille livres tournois, sera affecté à la Terre Sainte ; pour que chacun puisse vérifier l'emploi de cet argent, il y aura une caisse publique dans la trésorerie de chaque église cathédrale.

Tout cela fait, on pourra procéder à l'expédition. Le roi de France ne partira pas ; il restera dans son royaume, parce que sa fonction est de procréer et d'instruire ses enfants, comme faisait David pendant que l'on combattait pour lui. Les croisés suivront deux routes : les uns prendront par l'Allemagne et la Hongrie, pour se diriger vers Constantinople ; les Anglais, les Français, les Espagnols, les Italiens suivront la route de mer. Le pays conquis, il faudra le conserver ; on y arrivera en fondant en Terre Sainte des colonies européennes, avec des jeunes gens sortis des écoles établies dans des prieurés du Temple et de l'Hôpital. Dubois ne propose pas seulement pour les jeunes gens l'éducation alors en usage ; ce qu'il y a de nouveau dans ses plans, c'est qu'il recommande l'enseignement du commerce et celui des langues orientales ; on instruira aussi dans les écoles des jeunes filles que l'on enverra ensuite en Orient, pour les marier soit à des Européens, soit à des indigènes, même à des musulmans qu'elles pourront convertir.

Dubois reprit la question de la croisade dans un troisième mémoire adressé au roi en 1308 et la traita cette fois avec un peu plus de précision. Il engageait le roi à créer, en faveur de son second fils, Philippe le Long, un royaume chrétien en Terre Sainte ; la conquête, dit-il, est facile ; les côtes de l'Egypte se prêtent à un débarquement, ses habitants sont des soldats peu redoutables. L'expédition, pour avoir des chances de succès, se divisera en deux corps : l'un, débarquant du côté de Saint-Jean-d'Acre, fera une diversion ; le second en profitera pour s'installer en Egypte. Les revenus du pays, évalués à trois millions six cent mille florins, seront suffisants pour subvenir aux frais de sa garde ; les ordres militaires, unis sous le commandement de Henri de Chypre, s'en chargeront. Avec les biens du Temple, on armera une flotte de cent bâtiments qui ruineront les côtes de Syrie et qui interrompront le commerce entre l'Occident et les musulmans. Ainsi, pas de difficultés à redouter en ce qui concerne l'expédition ; s'il s'en pouvait élever, c'est du côté des chrétiens seulement qu'on pourrait les rencontrer, car Philippe n'a pas de droits sur le royaume de Jérusalem. Ceci n'est pas un grave obstacle; il se fera céder ceux du comte d'Eu, de Charles II, roi de Naples, d'Henri II, roi de Chypre. Ce dernier, veuf sans enfants, occupé surtout de pratiques religieuses, dépourvu de trésor, menacé par son frère Amauri de Tyr, cédera et acceptera la direction d'un ordre religieux. S'il faisait des difficultés, on pourrait lui suciter, comme compétiteur dans Chypre, le comte d'Eu ou le roi de Naples ; Amauri, lui, se contenterait d'un riche comté en Palestine. Pierre Dubois, on le voit, s'occupe peu de l'expédition proprement dite, il parle en détail de ce qui la précédera et aussi de ce qui la suivra ; la question principale est noyée par lui dans d'autres affaires ; la croisade n'est plus un but, c'est l'occasion et le moyen de donner à la France l'hégémonie de l'Europe.

Dubois, qui entassait avec sérénité tant de projets fantastiques et enfantins, ne représente pas l'opinion moyenne des gens qui, en France, pensaient alors à la croisade; il ne représente pas non plus exactement les idées de l'entourage de Philippe, bien que ses projets aient été dans les mains de gens du roi qu'ils inspirèrent peut-être. Il faut le rapprocher des journalistes qui remanient encore aujourd'hui la carte d'Europe, que leurs gouvernements ne blâment pas, parce que leurs déclarations préparent quelquefois la voie à des entreprises réalistes. Si nous pénétrons dans l'entourage du roi, nous rencontrons des projets plus pratiques que ceux de Dubois, mais cependant, dans leurs grandes lignes, peu différents des siens : ce sont ceux que Nogaret rédigea pour le concile. Selon Nogaret, la croisade ne sera possible qu'après une réforme de l'Eglise, qui fournira de l'argent. Quand les Templiers seront condamnés, on affectera leurs biens au service de la Terre Sainte; en attendant, on les estimera et on en remettra le produit au roi; on étendra cette opération aux Hospitaliers, aux Teutoniques et aux autres ordres, dont on mettra les biens sous la main du roi; on fera de même pour les églises cathédrales, les collégiales et les abbayes; les prieurés et les paroisses paieront une décime simple ou double; on prendra les revenus des prieurés ruraux où l'on ne célèbre pas le service divin, des établissements conventuels où il n'y a pas de moines et où l'hospitalité ne se pratique plus, — réserve faite d'une portion congrue pour chaque moine. On remettra au roi les legs faits à la Terre Sainte, tant en France qu'à l'étranger; pendant la durée de l'expédition, on attribuera au roi le revenu d'un canonicat et d'une prébende dans chaque église cathédrale et collégiale du royaume et celui de toutes les terres de l'église romaine et des églises qui lui sont immédiatement soumises ; pendant la croisade, et dans les mêmes pays, le roi aura le revenu de tous les bénéfices vacants ; on lui donnera encore les annates, les biens acquis ou retenus illégalement, qui ne pourraient être restitués à leurs premiers propriétaires ; on lui remettra aussi le produit des collectes.

La réunion de tant et de si grandes ressources est exigée par la croisade. A la différence de beaucoup d'écrivains, Nogaret juge l'expédition très difficile, parce que les princes chrétiens ne sont pas en paix, que les Sarrasins sont très exercés aux armes, et qu'aujourd'hui les soldats coûtent deux fois plus cher qu'autrefois. Pourtant, il faut faire la croisade, mais pas tout de suite, et ne négliger aucune chance de succès. Le pape doit se montrer très large dans la concession des indulgences, et faire appel à toutes les bonnes volontés, aux Tartares, aux Grecs ; par ce dernier conseil, Nogaret s'oppose à la politique de la famille d'Anjou et se sépare de Dubois. Il s'en rapproche par la haine qu'il témoigne aux villes d'Italie. Il faudra empêcher Pise, Gênes, Venise de nuire à l'expédition par leur cupidité, et même les contraindre à lui prêter un concours clair et certain ; sinon, c'est par elles que l'on commencera. Nogaret, qui très probablement s'est inspiré de Dubois, était, peut-être comme son modèle, sincèrement partisan de la croisade ; mais lui aussi mêlait à des vues religieuses des projets intéressés et très réalistes, comme la condamnation de l'ordre du Temple, l'extension de la même opération à d'autres ordres, la remise aux mains du roi des biens de l'Eglise.

Il est moins facile de connaître l'opinion du roi que celle de son ministre. Philippe était pieux ; il n'est pas surprenant qu'il ait, de bonne heure, donné des marques d'intérêt en faveur de la croisade. En septembre 1287, avant la chute de Saint-Jean-d'Acre, il disait à Rabban Çauma, ambassadeur du roi des Tartares : « Si les Mongols, qui ne sont pas des chrétiens, luttent avec les Arabes pour s'emparer de Jérusalem, à plus forte raison convient-il que nous combattions, et, s'il plaît à Dieu, nous irons avec une forte armée. » Il est extrêmement probable que ce projet était sincère, car l'idée de la croisade ne sortit jamais de l'esprit du roi qui, un peu avant de mourir, chargea Charles de Valois, à défaut de ses fils, d'employer à l'expédition les cent mille livres qu'il y consacrait par testament. D'ailleurs, quand même le roi n'eût pas été guidé par des raisons purement religieuses, il eût dû se prononcer ouvertement pour une expédition. L'entreprise, en effet, pouvait être productive, car elle s'ajustait assez bien aux plans de son entourage. On pouvait songer à une expédition, non pas surtout pour délivrer la Terre Sainte, mais pour constituer un royaume à un membre de la famille royale. On pouvait aussi considérer la croisade comme une occasion de s'attaquer au faible empire de Constantinople, auquel prétendait Charles de Valois. Sans doute, il y a dans ces projets quelque chose de hardi, de chimérique même ; mais cela cadre assez bien avec les idées de l'entourage du roi. L'image que l'on s'est faite d'un Philippe froid, calculateur, pratique, réaliste, est moderne ; l'homme qui croyait pouvoir faire de son frère d'abord, puis de son fils, un roi d'Allemagne, pouvait bien croire au succès d'une expédition en Orient.

Même, si l'on pensait dans les conseils royaux qu'une expédition en Orient était peu désirable ou impossible, il n'était pas mauvais d'en parler beaucoup et de s'en montrer le partisan. Les projets de croisade pouvaient procurer au roi toutes sortes d'avantages ; ils servaient de préambule, d'introduction à des affaires toutes temporelles. C'est la croisade qui permit d'amorcer l'affaire du Temple et à Dubois et à Nogaret d'en réclamer la liquidation ; c'est l'intérêt de la Terre Sainte que l'on invoque, quand on réclame des mesures contre les Flamands et l'appui du pape pour la candidature de Philippe le Long au trône d'Allemagne. D'autre part, le projet de croisade était un moyen très sûr pour le roi d'obtenir de l'argent. Une croisade coûtait beaucoup ; il fallait réunir de grandes ressources, et par conséquent s'y prendre longtemps à l'avance. Cela permit à Philippe et à Charles de Valois d'obtenir des subsides du clergé ; on a déjà vu, et on verra tout à l'heure encore, avec quel succès le roi de France a usé de ce procédé. Il est possible que Clément n'ait pas saisi alors la cause essentielle du dévouement que Philippe témoignait au projet d'expédition ; mais, en France et à l'étranger, on n'a pas été trompé par ce zèle que l'on a attribué à des embarras financiers.

Il n'est pas aisé non plus de connaître ce que Clément a réellement pensé de la croisade. Si l'on s'en tenait à ses registres, au ton dramatique des bulles qui ont trait à la Terre Sainte, on croirait volontiers que le pape a été un partisan déterminé de l'expédition ; on l'a surtout jugé d'après ces déclarations officielles et l'on a généralement conclu qu'il avait été trompé par Philippe. Wenck a bien montré que cela était fort douteux. Sans doute, Clément n'avait pas le sens très aigu ; il a souvent été trompé, mais surtout dans des affaires de famille, et par ses parents et amis. Mais il n'était pas simple ; quand on a lu ce qui reste de sa correspondance avec Philippe, on a l'impression qu'il n'avait pas confiance dans le gouvernement du roi, pour qui, peut-être, il n'avait pas d'estime ; la liberté avec laquelle il le jugeait en novembre 1310 confirme pleinement cette impression. Mais c'était l'intérêt du pape, dit Wenck, même s'il n'avait pas confiance, de paraître croire à la sincérité de ses promesses, car l'exemple du premier des princes de la chrétienté pouvait déterminer les autres à se croiser. Cette opinion serait acceptable s'il était prouvé que Clément lui-même eût envisagé sérieusement, avec la volonté d'aboutir, le projet de croisade. Faire une croisade, c'était engager de grosses dépenses ; presque tous les auteurs de mémoires sont d'accord là-dessus et conseillent au pape de commencer par constituer un trésor. Clément, on le verra, a rassemblé ce trésor ; mais il ne paraît pas qu'il ait eu l'intention de le consacrer à l'expédition. Il en donna la plus grande partie à ses parents, à des hôpitaux, à des églises ; il en laissa fort peu à son successeur ; le reste, soit un tiers de sa fortune, fut affecté par lui à la croisade d'une façon assez inquiétante. Bertrand de Lomagne, son neveu, a donné plus tard sur ce legs des détails qui ne sont pas très sûrs. En revenant du concile de Vienne, Clément avait demandé à Bertrand s'il avait l'intention de se croiser, et, sur une réponse affirmative, il lui avait promis de lui fournir les subsides nécessaires ; le pape était revenu plusieurs fois sur cette question, en affirmant la supériorité d'un grand armement sur de simples renforts. Et c'est pour cela qu'il lui avait légué trois cent mille florins, afin d'entretenir en Terre Sainte, pendant deux ans et demi, cinq cents chevaliers, dont la solde mensuelle ne devait pas dépasser vingt florins. Le récit de Bertrand n'est pas très sûr, parce que le vicomte de Lomage, qui défendait son legs contre Jean XXII, avait un intérêt évident à le présenter comme le résultat de la seule initiative du pape. Les dispositions du pape étaient d'ailleurs surprenantes ; tout l'argent qu'il donnait à l'expédition n'était pas réalisé ; une partie en avait été prêtée à Philippe et à Édouard II, et le recouvrement n'en était pas complètement assuré. Pourquoi, d'autre part, Clément donnait-il cet argent à son neveu, avec obligation d'employer des chevaliers de sa famille, des Gascons ou des gens du Comtat-Venaissin, plutôt que de le remettre à son successeur ? Comment croire que Clément, qui donnait cet argent pour le cas de mort, l'eût employé de son vivant ? Et comment croire que ce neveu ferait la croisade quand il serait seul? Comment croire enfin que les Gascons de la famille iraient en Terre Sainte, alors qu'ils n'allaient pas en Italie, même pour toucher les revenus de leurs offices? Si Clément, malgré ces apparences défavorables, fut vraiment partisan d'une expédition, il faut reconnaître qu'il l'a conçue sous une forme mesquine, en chef de famille, non en chef des chrétiens.

Voyons maintenant par quels actes se traduisirent les déclarations du pape et du roi jusqu'au concile de Vienne. On s'occupa de la croisade dès 1305, dans l'entrevue de Lyon ; mais, à cette époque, on songeait moins à la délivrance de la Terre Sainte qu'à une opération préliminaire, de caractère plus temporel : la conquête de l'empire de Constantinople pour le frère de Philippe, Charles de Valois qui, le 28 janvier 1301, avait épousé Catherine de Courtenai, héritière des droits de son père sur Constantinople. Charles, qui avait failli perdre la vie dans l'accident qui suivit le couronnement du pape, n'eut pas à se plaindre de Clément qui prit en main sa cause. Il le recommanda aux Génois et aux Vénitiens ; il lui accorda en France les legs, les rachats de vœux et divers autres profits destinés à la croisade en Terre Sainte, une décime de deux ans en France, de trois ans en Sicile, avec obligation de donner une partie de cette dernière à Frédéric, roi de Trinacrie, dans le cas où ce dernier contribuerait à l'expédition. Comme si cela ne suffisait pas, Charles avait encore demandé une décime en Provence.

On s'occupa ensuite des préparatifs de l'expédition. Hugues, duc de Bourgogne, approuva le mariage projeté entre la fille de Charles et Hugues, fils de Robert II, duc de Bourgogne, qui tenait de son père les droits qu'avait Beaudoin II sur le royaume de Thessalonique ; Charles II, roi de Sicile, renouvela l'alliance conclue entre son père et l'empereur Beaudoin ; si les Génois ne furent pas favorables à Charles, les Vénitiens s'allièrent à lui le 19 décembre 1306. Ils promirent douze galères à frais communs et en sus, aux frais du comte, autant de navires qu'il faudrait ; en échange, Philippe remit aux Vénitiens le denier pour livre qu'il exigeait des commerçants étrangers en France. Il était entendu que l'expédition partirait de Brindisi à la fin de mars 1307. On chercha des alliés en Orient. Clément promit des secours aux Arméniens s'ils voulaient faire une diversion, et, en fait, il intervint en faveur de leur roi auprès d'Arthur de Bretagne et des Génois. De son côté, Charles entretint d'actives relations avec l'Arménie.

On ne partit pas en 1307, comme on l'avait décidé, et on continua à négocier. Charles vint à Poitiers avec son frère et fut présent aux entrevues des deux princes ; il y revint encore, après que Philippe fut parti ; et, cette fois encore, il obtint de nouvelles grâces. Le 10 mars, Clément recommanda son entreprise. Charles II, roi de Sicile, avait obtenu une remise du tiers sur sa dette de trois cent soixante mille onces d'or ; Clément réserva le reste pour la conquête de Constantinople. Il décida que la décime qu'il avait accordée à Charles en France serait levée avant celle du roi. Il excommunia Andronic Paléologue, délia ses sujets du serment de fidélité. Ces décisions nombreuses ne furent pas suivies de beaucoup d'actes; Charles envoya plusieurs missions en Italie et en Orient, négocia avec ses partisans grecs ; mais on ne partit pas. En 1308, Charles montra un peu plus d'activité. Il conclut avec Urosch, roi de Serbie, une alliance offensive et défensive, lui céda par avance quatre petits comtés que la Serbie venait de prendre à Andronic, et projeta de marier son fils à la fille d'Urosch, pourvu qu'elle devînt catholique. Et de nouveau, à Poitiers, il trouva favorable à ses projets Clément, qui négocia pour lui avec les Vénitiens. Lui-même s'entretint avec des envoyés grecs et offrit au roi d'Aragon la restitution du Val d'Aran par Philippe le Bel, moyennant l'appui de la Compagnie catalane.

Alors se produisit une tentative d'expédition ; elle ne fut pas entreprise par Charles, mais par un un de ses hommes, Thibaut de Chepoi. Thibaut était allé à Venise dès 1307 ; il y avait accumulé des provisions et des vaisseaux ; il alla ensuite à Brindisi, y attendit les navires de Venise pendant plus d'un an; il partit en 1308, avec des galères et un lin. Il comptait, pour les opérations de terre, sur l'appui de la Compagnie catalane, ramassis de soldats mercenaires qui, successivement, avaient combattu pour et contre les Grecs, et que commandaient un certain Roccafort et Fernand, infant de Majorque, fils de Frédéric. Thibaut, avant de combattre, devait s'assurer de la Compagnie et se débarrasser de ses deux chefs qui n'étaient pas sûrs. Sur les côtes de Négrepont, il attaqua Fernand, le prit et l'envoya au duc d'Athènes qui, sur l'ordre de Charles de Valois, le remit à Charles II de Naples ; les officiers reconnurent alors Charles de Valois empereur de Constantinople. Puis, Thibaut se fit livrer Roccafort par d'autres officiers jaloux et le remit à Charles II qui, plus tard, le laissa mourir de faim en prison. C'est alors que les Catalans se révoltèrent ; ils massacrèrent les officiers qui avaient livré Roccafort et refusèrent toute alliance avec Charles de Valois. Thibaut comprit qu'il lui était impossible d'aller plus loin ; il renvoya une partie de sa flotte à Venise, et, le 29 avril 1310, il se retrouvait auprès de Charles. Celui-ci ne dut pas se montrer très attristé de cet échec, car, déjà en 1308, son zèle s'était refroidi. En effet, sa femme était morte en 1307, et, en juillet 1308, il avait épousé Mahaut, fille du comte de Saint-Pol ; il allait bientôt négocier le mariage de sa fille aînée, héritière des droits sur Constantinople, avec Philippe, prince de Tarente, quatrième fils de Charles II, qui se chargeait de les faire valoir. Il était distrait des affaires d'Orient par sa candidature au trône d'Allemagne, et, au mois d'octobre, c'est Clément qui devait lui rappeler ses premiers projets et s'étonner du faible enthousiasme qu'il montrait pour l'expédition. Avait-il vraiment l'intention de conquérir Constantinople ? Croyait-il vraiment au succès ? Il est permis d'en douter quand on voit la mollesse dont il témoigne à partir de ce moment. Tout compte fait, l'entreprise n'avait pas été mauvaise ; les frais s'élevaient à près de cent seize mille livres ; mais Charles avait reçu quelque argent de son frère, une décime en Sicile, deux en France qui, à elles seules, valaient cinq cent mille livres. Il avait donc trouvé le moyen, sans quitter la France, de gagner au moins quatre cent mille livres ; il avait ainsi montré à son frère comment une entreprise hasardeuse en son principe pouvait devenir une source de profits.

Pendant que Charles de Valois s'occupait de Constantinople, Clément s'était occupé de la croisade générale. Il montra surtout de l'activité en 1308, c'est-à-dire au moment même où Charles de Valois rentrait sous la tente. Les discussions qui eurent lieu alors furent retentissantes. Le pape avait fait venir à Poitiers le fils de Philippe, Louis, roi de Navarre, avec l'espoir qu'il prendrait la croix ; c'était le temps où les ambassadeurs mongols arrivaient demander des secours, où Philippe et Édouard, réconciliés, semblaient prêts à partir ; ajoutons aussi que le sort des Templiers avait ouvert les yeux aux Hospitaliers qui, à partir de cette époque, témoignent d'une activité inaccoutumée, dans laquelle entrait autant de crainte de Philippe que de zèle pour la Terre Sainte. On ne prit pas de décision ferme, mais on inscrivit au programme du concile la question de la croisade ; on le fit surtout parce que Foulques de Villaret avait donné au pape et aux cardinaux l'assurance qu'avant cinq ans on serait à Jérusalem. Dans cet espoir, on prépara l'opinion et l'on tâcha de recueillir des fonds. Le 11 août, le pape donne aux prélats le droit de commuer en subsides d'argent, en faveur de l'ordre de Saint-Jean, pendant cinq ans, les vœux d'abstinence et de pèlerinage, à l'exception de celui de croisade en Terre Sainte ; le prix du rachat des abstinences sera fixé par celui qui accordera l'indulgence ; pour les pèlerinages, le prix sera égal aux dépenses qu'aurait entraînées le pèlerinage lui-même. — Il permet aux clercs qui accompagneront les Hospitaliers à la croisade de continuer à percevoir les fruits de leurs bénéfices ; les sous-diacres qui partiront et qui, dans les cinq ans, obtiendront la cure d'une église paroissiale ne seront pas tenus de se faire ordonner prêtres, mais simplement de recevoir dans l'année le diaconat. — Il accorde la rémission des péchés à ceux qui partiront, à moins qu'ils ne se montrent insoumis à l'égard du maître de l'Hôpital ou du légat du pape ; il les prend sous sa protection ; si des croisés se sont engagés à payer une usure à des créanciers, on forcera ceux-ci à abandonner leurs prétentions et à se dessaisir de ce qu'ils auraient déjà reçu. — Il ordonne de prêcher la croisade et de recueillir partout des subsides pour l'expédition ; à ceux qui ne pourront partir, mais qui donneront de l'argent, on accordera une rémission des péchés totale ou partielle, selon ce qu'ils auront donné ; on fera de même pour tous ceux qui donneront, selon la proportion suivante : vingt-quatre ans d'indulgences à ceux qui, chaque vendredi, donneront vingt-quatre deniers, douze ans pour ceux qui donneront douze deniers, et ainsi des autres ; ceux qui donneront l'équivalent en une seule fois recevront immédiatement une indulgence plénière ; les ecclésiastiques qui ont encouru l'excommunication en seront relevés s'ils donnent ce qu'ils dépenseraient pour venir en cour de Rome se faire absoudre. Pour recevoir cet argent, il y aura dans chaque église un tronc solide pourvu de trois clefs : l'une sera aux mains de l'évêque, une autre dans celles du prieur de l'Hôpital, la troisième dans celles d'un habitant digne de confiance ; quand ces troncs seront ouverts, on prélèvera une légère rémunération pour l'Hôpital et le reste sera envoyé au pape. Vers la même époque, Clément déclarait aux envoyés du roi d'Arménie qu'il enverrait un secours de soldats et de galères et trois cent mille florins d'or, tandis que Philippe, de son côté, en fournirait cent mille ; sans doute voulait-il dire que ces secours parviendraient par l'intermédiaire du maître de l'Hôpital.

Le second effort — littéraire — du pape est du mois de septembre. Le 20, Clément exhorte Philippe à donner aux Hospitaliers l'argent qu'il leur a offert pour la croisade, à permettre que ce qui est nécessaire à l'expédition puisse sortir de France, à empêcher les mauvais chrétiens de commercer avec les Sarrasins. — Il demande aux Génois de ne pas soumettre à des droits les approvisionnements destinés à la croisade, de laisser armer des navires, de ne pas laisser passer des vivres ou des armes chez les Sarrasins. — Il demande **aux chevaliers teutoniques de fournir des cava-**

liers, des fantassins et des galères pour la croisade.

En 1309, les décisions s'espacent. Le 5 avril, il ordonne à l'évêque de Viviers d'empêcher que l'on arrête sur le Rhône les envois de bois destinés à la construction des galères des Hospitaliers. — Il ordonne d'exiger tous les legs destinés à la croisade. — Il prescrit aux dignitaires des prêcheurs, des mineurs, des ermites de Saint-Augustin, de Sainte-Marie du Mont-Carmel, d'exhorter les fidèles par la prédication et la confession à donner de l'argent pour la croisade. — Il commande aux séculiers d'exhorter les prêtres à prier pour les chrétiens d'Outre-Mer en célébrant les offices divins. — Il accorde cent ans d'indulgences à ceux qui, en dépit de leurs désirs, n'avaient pu passer en Terre Sainte par suite du manque de navires. — Vers le même temps, il s'occupait aussi de la croisade dans la péninsule ibérique.

Cette première expédition, comme disait Clément, était due à l'initiative de Philippe, qui brûlait du désir de défendre la Terre Sainte ; le pape la considérait comme provisoire, en attendant le passage général. On n'aboutit à rien ; Clément fit appel le 9 juin et le 27 octobre au roi de France qu'il pria de protéger la Terre Sainte ; il créa l'évêque de Rodez légat de l'expédition. Ce dernier, avec le maître de l'Hôpital et une foule assez nombreuse, se rendit à Brindisi, où l'hiver défavorable le retint avec sa suite. Philippe, qui avait donné l'idée de l'expédition, s'en considérait comme le chef et voulait la diriger. Il se plaignait à Clément, en 1310, d'une façon fort aigre, que le maître de l'Hôpital n'eût pas fait dans l'entreprise la part assez large aux Hospitaliers français, et qu'on ne l'eût pas tenu au courant des préparatifs de façon suivie et déférente. Le 27 janvier 1311, Foulques de Villaret s'excusa avec soumission auprès du roi; il lui annonça qu'il avait fait construire des galères : sept en Catalogne, trois à Narbonne, seize à Marseille, douze à Gênes, quatre à Pise, six à Venise ; en Espagne et ailleurs, il avait fait acheter des chevaux ; de Sicile, de Pouille, de Provence, de Catalogne, il avait fait venir des provisions, des hommes de pied, des chevaliers. Mais cela, comme il le disait à Philippe, avait coûté très cher; aussi, priait-il le roi, « lumière ardente qui guide, gouverne, illumine la foule orthodoxe », d'accorder sa protection à l'entreprise. Les Hospitaliers, en effet, s'étaient chargés de lourdes dépenses ; on dut les décharger de la décime qu'ils n'avaient pu payer dans le royaume de Sicile. Foulques de Villaret contracta un gros emprunt, et fut obligé pour l'éteindre de lever sur les biens de l'ordre une taille annuelle de cinquante mille florins pendant cinq ans ; cela semble indiquer que les collectes ordonnées par Clément n'avaient presque rien produit, ou bien que le pape n'avait pas affecté à l'expédition tout l'argent qu'il avait reçu. Il était donc absolument nécessaire d'avoir pour soi Philippe dans le concile qui allait s'occuper du problème.

Sur la manière dont la question de la croisade fut étudiée au concile, nous sommes incomplètement renseignés; on en parla dès le mois de novembre, mais on ne s'en occupa sérieusement qu'à partir du début de décembre, en attendant l'arrivée du roi de France. Ce que dirent les prélats — sauf Guillaume le Maire et les Aragonais — ne nous est pas connu; mais c'est là une lacune que nous ne devons pas regretter beaucoup, car la plupart des prélats n'avaient rien de précis à dire sur une question aussi technique et, comme le fit l'évêque d'Angers, ils n'en pouvaient parler que d'une façon très générale.

La croisade se présentait sous deux formes : la croisade en Espagne et la croisade en Terre Sainte. Les Espagnols, surtout les Aragonais, se plaçaient ici, comme dans la question du Temple, à un point de vue exclusivement national. Ils voulaient que le concile s'occupât surtout d'eux, et ils en donnaient des raisons pressantes. Mais Clément leur dit, dès le mois d'octobre, qu'il lui paraissait difficile d'introduire l'expédition contre Grenade dans les discussions du concile; celui-ci, en effet, n'était convoqué que pour fournir des subsides à la Terre Sainte; or, ces contributions étaient fournies surtout par l'Angleterre et la France, dont certaines provinces étaient capables de payer une décime égale à celle de toute l'Espagne, et les prélats de ces deux royaumes ne voulaient qu'une expédition en Orient.

La question de la croisade, envisagée si favorablement — au dire de Clément — par les prélats de France et d'Angleterre, ne rencontrait pas toujours dans l'entourage du pape autant de faveur.

Comme le disait en secret le cardinal de Béziers, on l'avait inscrite au programme du concile, parce que le maître de l'Hôpital avait promis en 1308 de livrer dans les cinq ans les clefs de Jérusalem. Maintenant, on s'apercevait qu'on avait été trompé, et Bérenger Frédol ne pensait pas qu'on fît beaucoup au concile pour le passage général. D'autres cardinaux, par contre, étaient moins pessimistes : le vice-chancelier, en novembre, tenait le passage pour difficile, sinon même impossible, par mer; mais il croyait qu'il serait réalisable par la route de terre. Après la conquête de Grenade, disait-il, on pouvait passer en Berbérie; d'autre part, on pouvait conquérir la Grèce, traverser l'Arménie, pour arriver aux Sarrasins, d'autant mieux que la Compagnie catalane se trouvait déjà en Romanie. Le cardinal le plus influent alors, Arnaud de Pellegrue, tenait les deux routes indiquées par le vice-chancelier pour praticables; il s'informa auprès des envoyés du roi d'Aragon afin de savoir combien il faudrait de galères pour garder le détroit de Gibraltar; ils lui répondirent qu'il en fallait vingt, et qu'elles coûteraient trente mille sols pendant quatre mois. Il n'estima pas cette dépense exagérée, et s'inquiéta de savoir d'où l'on tirerait ce dont on avait besoin. Il différait donc de sentiment avec Bérenger Frédol.

Après que l'examen de l'affaire du Temple eût été interrompu, Clément s'occupa de la croisade, et d'abord de se procurer de l'argent. En janvier, il fit appeler les prélats, d'abord ceux d'Allemagne et d'Angleterre, puis ceux du royaume d'Arles, de la Provence, de l'Espagne, de l'Italie, enfin ceux de France. Il leur demanda séparément leur avis. Ceux d'Allemagne et d'Angleterre conseillèrent l'expédition et accordèrent une décime de six ans ; ceux d'Arles les imitèrent. Les Italiens accordèrent aussi la décime ; ils demandèrent que l'expédition passât par la Romanie et aussi qu'on allât à Grenade. Les prélats d'Espagne, à nouveau, plaidèrent pour leur maison ; mais Clément leur exprima ses hésitations et voulut, avant de leur répondre, consulter les cardinaux. Les prélats de France ne répondirent pas aussitôt ; ils dirent plus tard qu'ils ne pouvaient accorder une décime sans prendre l'avis du roi, qui, sans cela, pourrait exiger d'eux davantage encore. Tout dépendait donc du roi de France.

Il vint, et se mit d'accord avec Clément sur l'affaire du Temple ; alors, les Français consentirent la décime. Le jour même où l'on publia la suppression de l'ordre, on fit connaître ce que l'on avait décidé pour la croisade. Après lecture de la bulle *Vox in excelso*, dans la seconde session, le pape dit qu'après tant de douleurs, il avait à annoncer une grande joie : Philippe acceptait de faire la croisade avec tous ses fils et ses frères ; s'il ne pouvait partir, il se ferait suppléer par son fils aîné, le roi de Navarre ; s'il venait à mourir, un autre roi de France prendrait sa place. Il ne prenait pas la croix de suite, mais il se croiserait dans son royaume, afin de donner un exemple à ses barons ; la cérémonie aurait lieu dans un an à compter du prochain mois de mars, et le départ dans six ans.

Puis on donna lecture de la charte scellée qui contenait les engagements du roi, mais ne mentionnait pas ceux de ses frères ni de ses fils. Après quoi, le pape ajouta que les pères du concile avaient accordé une décime de six ans. Dans la troisième session, il fit connaître qu'il s'était déjà occupé de la croisade en envoyant des lettres pour ordonner la levée de cette contribution. Ajoutons que le concile enjoignit aux princes chrétiens de défendre à leurs sujets infidèles d'invoquer le nom de Mahomet et d'aller en pèlerinage, et qu'il décida, conformément à la demande de Raimond Lulle, de créer à Rome, Paris, Oxford, Salamanque, des chaires d'hébreu, d'arabe, de syriaque ; chaque langue serait enseignée par deux maîtres payés à Rome par le pape, à Paris par le roi, ailleurs par les prélats, les chapitres, les monastères.

La réforme de l'Eglise était la troisième question que l'on avait soumise au concile ; elle était, comme la croisade, à l'ordre du jour depuis plusieurs siècles. La réforme pouvait se diviser en deux points : la réforme proprement dite de l'Eglise qui est d'ordre très général, et la réforme des libertés de l'Eglise qui se rattache étroitement aux rapports de Clément avec Philippe.

Pour préparer la besogne des pères de Vienne, Clément avait ordonné aux ecclésiastique de rédiger leurs plaintes et de lui faire connaître tout ce qui pouvait aider au travail de l'assemblée. La préparation de ces plaintes se fit de diverses façons; les prélats de certaines provinces élaborèrent des réclamations en commun ; certains ecclésiastiques les rédigèrent isolément. Le tout fut transmis à la cour pontificale et soumis à un premier examen, avant l'ouverture du concile. On classa les griefs des ecclésiastiques sous un certain nombre de rubriques, avec indication de leur origine ; on classa aussi, à part, les remèdes que les prélats proposaient. Comme il nous est parvenu environ la moitié des réclamations et tous les remèdes proposés dans les rubriques d'un chapitre, — ce qui permet de retrouver les plaintes des rubriques perdues — nous pouvons, en nous aidant de mémoires de quelques prélats, nous faire une idée assez exacte de ce que le clergé français reprochait au roi.

Les griefs relatifs aux libertés de l'Eglise concernaient les dommages causés aux églises et aux ecclésiastiques par les princes temporels, par les exempts aux prélats, par les personnes privées à l'Eglise et par les prélats aux exempts. La première de ces quatre catégories était divisée en six sections, dont trois nous sont parvenues ; elle a pour nous la plus haute importance, puisqu'elle traitait implicitement des rapports de Philippe le Bel avec l'Eglise au temps de Clément V.

Les clercs reprochent d'abord aux seigneurs temporels d'usurper des droits de supériorité sur les terres de l'Eglise. Ainsi, les juges séculiers reçoivent les appels qui, de droit, devraient revenir aux juges ecclésiastiques ; ils citent l'évêque, et, quand celui-ci fait défaut, révoquent sa sentence, même si elle est juste (Chartres). Ils ne permettent pas l'appel devant le juge ecclésiastique (Auch, Bordeaux, Lyon). Ils forcent les prélats à avouer d'eux-mêmes les temporalités ecclésiastiques, ainsi que les biens spirituels ; ils y arrivent à Auch, en saisissant leurs biens et en ne leur permettant pas de se défendre ; comme l'abbé du monastère de Saint-Pierre au diocèse de Tarbes refusait de se soumettre, le sénéchal de Bigorre lui a envoyé quarante sergents garnisaires qui ont tout dévasté. Ces mêmes juges laïcs forcent les églises exemptes à répondre de leurs temporalités devant eux (Chartres) ; en cas de résistance, ils saisissent leurs biens.

D'autre part, les seigneurs temporels usurpent la juridiction de l'Eglise, soit à raison des personnes, soit à raison de la nature des causes. Ainsi, ils forcent les ecclésiastiques à répondre devant eux en matière immobilière (Chartres). D'autres forcent les ecclésiastiques à répondre devant eux à raison d'actions personnelles, surtout quand il y a clameur de haro (Rouen) ; les baillis obligent à plaider devant eux les ecclésiastiques accusés faussement d'avoir commis des violences qui entraînent une accusation *de tort et de forsa* ; si ces ecclésiastiques résistent, on envoie leurs adversaires en possession des biens sur lesquels des violences ont été commises (Bordeaux). Quelques-uns de ces juges forcent les ecclésiastiques à répondre devant eux, non-seulement d'actions réelles et personnelles, mais même d'actions criminelles. Ils les arrêtent quand ils refusent de comparaître et occupent leurs biens jusqu'à ce qu'ils se rachètent

(Auch). Il y en a qui usurpent la juridiction ecclésiastique en saisissant les clercs sans avoir obtenu l'autorisation des évêques; ils les mettent à la torture (Rouen); l'abbé du monastère de Saint-Pierre au diocèse de Tarbes a été arrêté par le sénéchal de Bigorre et conduit à pied jusqu'à Tarbes; le sénéchal l'a remis ensuite en liberté, mais après une longue détention, et il détient encore ses biens temporels et même ses dîmes. Les juges temporels ne permettent pas que les laïcs soient, à raison de crimes ecclésiastiques, pris et détenus par les juges ecclésiastiques (Sens). Si les juges laïcs finissent quelquefois par rendre les clercs à la cour des prélats, ils les livrent en public, liés et torturés, sans dire un mot de ce dont ils les accusent; quelques-uns arrêtent les clercs, les torturent, les transfèrent de prison en prison, sans que les sommations de l'ordinaire puissent les arrêter (Rouen). Quelques-uns les punissent même, les condamnent et exécutent les sentences; quelquefois même, ils les font décapiter (Tournai). Bien que leur qualité de clercs ait été prouvée en cour épiscopale, quelques juges ne les relâchent pas, et, par des appels variés, ils cherchent des échappatoires et les font macérer par une longue captivité; ils en appellent d'abord au métropolitain, puis à Rome (Toulouse). Quelques-uns forcent, par le même moyen, les clercs à se libérer envers leurs créanciers (Sens, Tournai, Auch), d'autres enlèvent aux clercs les armes qu'ils portent sur l'ordre de leurs prélats ou en vertu de leur office (Auch); et, quand on les excommunie pour ce fait, ils répondent : « Nous n'avons cure de votre excommunication ».

Les seigneurs temporels se rendent coupables d'usurpations dans les causes relatives aux dîmes. Ils forcent les clercs qui les revendiquent des laïcs à répondre et à plaider en cour séculière. Si deux ecclésiastiques sont en litige à propos de dîmes spirituelles, et s'il y a violence de la part de l'un et clameur de haro, le juge laïc met la main sur les dîmes et s'efforce de connaître du procès (Rouen). A Rouen, encore, le juge laïc usurpe les causes relatives au patronat, bien que ces causes soient spirituelles. Les laïcs usurpent aussi les procès relatifs aux testaments ; ainsi, ils prennent et détiennent les biens ecclésiastiques jusqu'à l'arrivée de l'héritier et de l'exécuteur testamentaire légitime du défunt ; ils s'efforcent de s'immiscer dans les procès qui ont leur source dans les testaments et leur exécution (Sens). Ils revendiquent le droit de connaître des testaments, des dernières volontés, des affaires dotales, des renonciations des femmes, enfin des causes où il est question de foi et de serment (Térouanne). Ils veulent connaître des contrats passés sous le sceau séculier par des personnes qui sont justiciables des églises (Lyon). Ils usurpent aussi en manière de droit de garde ; quand un ordinaire prive un ecclésiastique de ses bénéfices et veut, en conséquence, mettre la main dessus, le seigneur temporel, gardien dudit clerc, le défend et le maintient en possession ; quelquefois même, il saisit les biens de l'ordinaire ; si on lui fait un procès, il a recours à son seigneur dont il dit tenir en fief son droit de garde (Lyon). Quelques juges occupent violemment les biens des églises et y tiennent des assises. Ainsi, l'abbé du monastère de Saint-Pierre, au diocèse de Tarbes, raconte que le sénéchal de Bigorre a envahi son monastère à main armée, a mis dehors les moines, a fait emporter tous les objets mobiliers, sacrés ou non, a installé des chevaux dans les étables; avec des hommes armés, il a tenu une assise dans le monastère, a détruit les anciennes fourches patibulaires qu'il a remplacées par d'autres, auxquelles il a fait pendre un homme; il a déposé les officiers qui exerçaient la juridiction temporelle dudit monastère et les a remplacés par les siens.

Les seigneurs temporels entravent aussi l'exercice de la juridiction ecclésiastique. Ainsi, ils interdisent aux juges ecclésiastiques de faire saisir des clercs coupables chez les seigneurs temporels (Tournai, Auch, Chartres, Sens). Eux seuls les arrêtent chez eux et les remettent aux juges ecclésiastiques quand il leur plaît (Reims); dans le diocèse de Térouanne même, ils refusent, après réquisition de l'évêque, de les arrêter, et même ils extorquent de l'argent des clercs coupables, qu'ils n'arrêtent pas. Ils défendent aux laïcs de paraître en cour épiscopale dans des cas qui ressortissent à la juridiction ecclésiastique ; à Sens, Chartres, Reims, ils défendent aux laïcs de citer un laïc en cour épiscopale; à Auch, ils ne permettent pas de comparaître, à moins qu'il ne s'agisse d'un mariage ou d'une cause spirituelle. Ils défendent aux notaires d'instrumenter en cour épiscopale; à Sens, les juges laïcs défendent aux notaires épiscopaux de faire des inventaires des biens des défunts et des mineurs qui sont dans leur juridiction temporelle. Ceux qui portent des lettres ecclésiastiques sont l'objet de mauvais traitements (Reims); à Tournai, on les accuse de crimes imaginaires; à Cambrai, on les bat, on les met en prison, on lacère leurs mandements. On oblige ceux qui plaident en cour pontificale à abandonner leur procès (Tournai) en employant la saisie des biens (Chartres). Les juges temporels ne permettent pas aux juges ecclésiastiques de confier la garde des biens vacants à des économes; ils nomment qui ils veulent à cette fonction, et souvent ils gardent les fruits perçus (Rouen). Ils exigent la cassation des procès qui sont faits à ceux qui insultent les ecclésiastiques. Si un prélat fait un procès aux baillis royaux et à d'autres pour avoir envahi des biens ecclésiastiques, son temporel est saisi, et, sur l'ordre du roi, il est expulsé de ses manoirs jusqu'à ce que le procès soit cassé (Tours); dans ce cas, disent les gens du roi, il faut plaider devant une cour séculière; si le prélat a recours à l'excommunication, on saisit ses biens pour l'obliger à la révoquer (Auch). Le juge ecclésiastique, qui, dans une cause de for ecclésiastique, procède sans en informer le juge séculier, est obligé, par la saisie de ses biens, de révoquer sa sentence (Chartres); l'official de l'évêque qui a procédé contre les officiers du roi est banni; à Auch, on délivre ceux qui sont enfermés dans les prisons ecclésiastiques; si quelqu'un a recours pour ce fait à l'excommunication, on saisit ses biens ; toujours par le même procédé, on empêche le juge ecclésiastique de connaître des causes relatives aux décimes, quand celles-ci sont avouées du roi ou déclarées féodales (Chartres); on défend les laïcs qui détiennent des dîmes au péril de leur âme et qui les vendent (Tours). Les seigneurs temporels interdisent aux juges ecclésiastiques de punir les usuriers qui habitent sur leurs terres ; ils les protègent même, tout en leur extorquant de l'argent (Cambrai). Ils ne permettent pas aux juges ecclésiastiques de connaître de l'hérésie et du parjure ; ainsi, dans le diocèse de Térouanne, le prévôt a fait saisir, malgré l'évêque, un homme suspect d'hérésie, parce que c'était, disait-il, un bourgeois du roi. Les seigneurs temporels refusent l'aide du bras séculier (Auch); ils refusent de forcer à se faire absoudre, en saisissant leurs biens, des personnes qui sont excommuniées depuis deux ans et plus (Sens); aussi, il en résulte que l'excommunication est une peine méprisée (Reims). Par la saisie des biens, ils empêchent de faire citer les personnes, surtout les Juifs. En ce qui concerne l'application des peines, les juges temporels préfèrent leurs jugements aux jugements ecclésiastiques, alors même que ceux-ci sont les premiers en date ; à Rouen, ils ne veulent pas ajouter foi aux lettres des juges d'église. Ils ne permettent pas aux ecclésiastiques de rendre justice aux veuves opprimées (Tournai); ils occupent les biens des clercs condamnés (Chartres); à Rouen, les biens de ceux qui décèdent *intestat* sont, de tradition, mis à la disposition des prélats qui les emploient à des usages pieux ; mais on ne leur permet pas d'en disposer. Sans l'assentiment des prélats, les seigneurs temporels concluent des paréages dans des lieux ecclésiastiques ; quand on crée des bastides ou de nouvelles colonies, ils refusent d'assigner des terrains pour construire des églises paroissiales, non plus que pour les cimetières et la maison du curé, auquel ils refusent de donner un cens annuel (Auch).

Les griefs que l'on avait consignés dans les trois autres sections ne nous sont pas parvenus ; toutefois, on peut les reconstituer en gros en utilisant les remèdes proposés qui, pensait-on, pouvaient les redresser.

Dans la quatrième section, on se plaignait des attentats contre les églises et les personnes ecclésiastiques, des ligues formées contre certaines églises qui, peut-être, ne rendaient pas exactement la justice aux laïcs et dont les clercs commettaient des excès, des personnes qui occupaient des biens ecclésiastiques, et emportaient certains biens et revenus des prélats malgré eux, tous attentats qui restaient impunis.

Dans la cinquième section, on se plaignait que les immunités et les libertés de l'Eglise fussent violées par les officiers temporels, en particulier que des dîmes fussent tombées dans les mains des laïcs.

Dans la sixième section, on se plaignait de divers dommages, que des décimes fussent exigées d'églises qui n'en payaient pas autrefois, que l'on saisît quelquefois les vases sacrés et les ornements ecclésiastiques pour obtenir le paiement des décimes, que ces décimes fussent quelquefois levées par des laïcs, que les gardiens des régales pendant la vacance d'un siège commissent des excès, que des feudataires des églises avouassent leurs fiefs du roi (Tours), que les seigneurs temporels, en intervenant dans les élections ecclésiastiques, les fissent tourner au profit de leurs parents; à Tours, on se plaint encore que les juges séculiers n'ajoutent pas foi aux lettres des juges ordinaires ecclésiastiques et refusent de laisser exécuter dans leur circonscription les jugements des cours d'églises; les sentences, dit-on, inquiètent si peu les laïcs que ceux-ci maltraitent les prêtres qui se refusent à célébrer les offices en leur présence.

Ces réclamations, présentées systématiquement et d'ensemble, sont illustrées et précisées par les doléances de la province de Sens et par le livre de Guillaume le Maire, évêque d'Angers, qui renferme des réclamations de 1294 et de 1299. Comme les secondes ne font que reproduire les premières, — bien qu'en 1295, Philippe le Bel eût ordonné le redressement des griefs de l'évêque — et comme la province de Tours figure en bonne place dans la liste des griefs présentés à Vienne, il est permis de croire qu'au temps du concile, l'évêque n'avait pas encore reçu satisfaction.

Les griefs spirituels sont les suivants : les ecclésiastiques de la province de Tours ont toujours pu poursuivre ceux qui les troublaient dans la possession des biens d'église, soit devant le juge séculier, soit devant le juge d'église; aujourd'hui, s'ils choisissent le second, on les force à se désister de leur poursuite par la saisie ou la prison ; ce traitement est infligé aussi à l'évêque et à l'official ; et l'évêque cite beaucoup d'exemples. Les juges séculiers défendent à leurs justiciables de citer aucun laïc devant le juge d'église ; sinon, il faut s'attendre à une amende, à la prison, à des dommages. Quand un laïc ou un ecclésiastique a fait excommunier un laïc dans une cause personnelle, il est obligé — car on l'arrête et on le saisit — de faire absoudre à ses frais son adversaire. Les juges séculiers prétendent être compétents dans toute action où il est question d'une chose. Ils forcent les clercs à payer pour des contrats ou des reconnaissances passés devant eux et qui ne sont pas obligatoires. Quand il existe deux arrêts : le premier en date donné par une cour d'église, le second par une cour séculière, les juges séculiers ne tiennent compte que du second. Les officiers séculiers arrêtent les messagers ecclésiastiques et quelquefois leur font manger leurs lettres. Les lettres des ordinaires ne font plus foi devant eux, comme c'était autrefois l'usage. Ils admettent des excommuniés à intenter des actions et à porter témoignage. Ils ne contraignent plus les hérétiques à se faire réconcilier. Ils admettent que les dîmes inféodées sont un objet de transaction comme un autre ; quand elles font retour à l'église, ils exigent un droit de mutation, sous prétexte qu'il y a un nouvel acquêt.

Au point de vue temporel, le prélat n'élève pas moins de plaintes. Les séculiers considèrent comme nouveaux tous les acquêts, anciens ou récents ; si l'on proteste, ils exigent qu'on prouve leur ancienneté, chose impossible. Les régaleurs, pendant la vacance des églises, abîment ce dont ils ont la garde. On attente aux libertés de l'Eglise en obligeant les évêques, contrairement à la coutume, à répondre devant le roi de France ou ses représentants ; comme ils font défaut, on saisit leur temporel. Des seigneurs temporels exigent de nouveaux droits de péage sur les fruits des bénéfices ecclésiastiques. Les gens du roi usurpent la connaissance des délits commis dans un lieu soumis à la juridiction ecclésiastique, si quelqu'un prétend que ce lieu est au roi. Des laïcs, en s'applégiant, revendiquent et se font adjuger des biens d'église, sans que les ecclésiastiques puissent se défendre, puisque les canons leur défendent de s'applégier. Les amendes infligées aux ecclésiastiques sont toujours plus élevées que celles que l'on inflige aux laïcs. Les impositions mises sur les églises sont intolérables ; là-dessus, l'évêque parle longuement ; quand on lève la décime, on fait des frais énormes pour de petites sommes ; quand on opère des saisies, on ne se contente pas du temporel, mais on saisit aussi ce qui est spirituel.

Tout ce qui précède est confirmé par des centaines de lettres accordées par le roi en réponse aux plaintes des prélats ; les plus remarquables et les plus abondantes sont celles qu'obtint Guillaume Durant le jeune, évêque de Mende. Cela aussi est confirmé — bien que dans une moindre mesure — par des documents émanés du gouvernement. Ainsi, un arrêt du Parlement, en date de 1287, ordonne de saisir et d'expulser du domaine royal les clercs notoirement coupables que l'Eglise a absous. Si les officiers royaux étaient inquiétés par les officiaux, ils devraient avoir recours à la saisie du temporel. En ce qui concerne les actions réelles, la connaissance de la cause, comme il est dit dans un écrit publié contre Boniface, appartient au seigneur temporel; si les ecclésiastiques veulent troubler l'exercice de la justice du roi, le recours à la saisie est légitime. Ainsi, dans l'ensemble, les griefs exposés par les prélats français à Vienne correspondent à ce que nous savons des ordres et de l'esprit du gouvernement. Que les ecclésiastiques, pourtant, aient enflé leurs griefs, c'est chose sûre; ils n'ont pas imaginé de toutes pièces leurs plaintes; mais ils ont passé sous silence les actes qui avaient provoqué les empiètements des gens du roi et généralisé des plaintes qui n'étaient qu'exceptionnelles.

Si les prélats se plaignaient des princes temporels, les gens du roi se plaignaient des prélats. Leurs réclamations, qui n'ont pas été coordonnées avec soin, comme on le fit à Vienne, nous sont connues par un mémoire de Dubois qui date de 1300, et par deux enquêtes administratives, faites l'une en 1300 ou environ en Languedoc, l'autre vers 1308, dans la province de Tours.

Dubois, avocat des causes ecclésiastiques au baillage de Coutances, chrétien fervent, constatait les grands progrès qu'avait faits la juridiction ecclésiastique depuis saint Louis. Les actions personnelles, dit-il, sont presque toujours enlevées aux juges royaux; ainsi, un laïc cité devant un juge royal peut exciper d'incompétence quand le demandeur est un clerc, parce que ce clerc, s'il était défendeur, refuserait de se soumettre ; dans ce cas, le juge doit renvoyer l'affaire à l'official. Si le défendeur ne soulève pas cette exception d'incompétence, les officiaux arrêtent la procédure en excommuniant juges et parties, et même en infligeant des amendes pour trouble apporté à leur juridiction. Les juges ecclésiastiques citent devant eux des laïcs, même lorsque ceux-ci sont actionnés par d'autres laïcs. Si les laïcs demandent à être renvoyés devant le juge royal, l'official prétend que la foi est intéressée à l'affaire. En général, l'avocat du roi ne peut rien, parce qu'on le délaisse pour recourir aux autres avocats ; ceux-ci, au lieu de décliner la compétence des officiaux, se réunissent pour attaquer l'avocat du roi en disant : « Voilà cet homme qui est toujours disposé à combattre, comme un apostat, la juridiction et la liberté ecclésiastiques ».

Une enquête, faite en Languedoc, fournit des griefs plus nombreux et moins personnels : en matière personnelle, réelle et mixte, des laïcs traînent d'autres laïcs devant des juges ecclésiastiques, même quand il s'agit d'obligations qui n'ont pas été accompagnées de serment, même si le défendeur décline la compétence du juge d'église. Les officiaux obligent les notaires royaux à délivrer aux parties copie des instruments qu'eux-mêmes, officiaux, ont seuls reçus. Ils forcent les sergents royaux à exécuter les sentences rendues par les cours ecclésiastiques en matière séculière. Ils forcent les prévôts à contraindre, par la saisie des biens et la prison, les laïcs excommuniés depuis un an à se réconcilier avec l'Eglise. Ils contraignent, par l'excommunication, les laïcs à payer leurs dettes et à acquitter les legs pieux ou autres, ainsi que les cens, bien que la plainte ait été portée devant le juge séculier, et les créanciers laïcs à rendre les instruments constatant le paiement des dettes. Ils ne veulent pas avertir trois fois les clercs mariés, ou adonnés à une profession manuelle, de conformer leur vie aux canons, mais ils les protègent malgré les réquisitions multipliées des magistrats séculiers. Ils donnent la tonsure à des hommes illettrés ou mariés, à des enfants sans intelligence, même à des criminels, afin de les soustraire aux châtiments qu'ils ont mérités. Dans des synodes, les prélats font des statuts au préjudice du pouvoir temporel, sans son consentement, et les font exécuter. Les prélats empêchent les ecclésiastiques de prendre part aux contributions publiques, à raison des biens pour lesquels les anciens possesseurs avaient coutume de payer l'impôt. Ils ne punissent pas suffisamment les clercs qui commettent des crimes, bien qu'ils en soient convaincus ; ils font en sorte de supprimer les témoignages, et ils nuisent ainsi aux seigneurs auxquels les biens des condamnés reviennent par droit de confiscation. Les délégués du pape s'efforcent de connaître des causes temporelles, ils traînent hors de leurs diocèses les laïcs qui leur résistent, les excommunient, les lassent par toutes sortes de vexations, jusqu'à ce qu'ils cèdent.

Des accusations analogues partent de la province de Tours qui, par la voix de Guillaume le Maire ou à Vienne, avait élevé tant de plaintes. Déjà, en 1305, le bailli de cette ville déclarait que la juridiction du roi était presque abolie dans cette province, qu'on ne pouvait trouver qu'avec peine un prévôt qui fît exécuter un mandement du roi, parce que, dans ce cas, les serviteurs du roi étaient vexés, excommuniés, molestés. En octobre 1305, le roi avait voulu faire lever une double décime sur le clergé de Touraine ; mais celui-ci avait fait une telle résistance, en s'appuyant sur la constitution de Boniface, que les commissaires du roi avaient fait saisir le temporel de l'archevêque. Le 16 avril 1308, Philippe avait envoyé au bailli une liste de griefs relevés à la charge du clergé du bailliage : en premier lieu, les suffragants de la province de Tours refusent de payer la dîme, ce qui fait qu'on doit les considérer comme rebelles ; en second lieu, le roi a envoyé des hommes d'armes pour forcer le clergé à acquitter la double décime ; l'archevêque de Tours les a dénoncés partout, et leur a fait tellement de tort qu'ils ont dû faire appel au nom du roi par devant le pape ; en troisième lieu, les sergents du roi ont fait vendre le blé du chapitre pour acquitter la dîme ; les marchands acheteurs ont été excommuniés et sommés de rendre le blé ; en quatrième lieu, le clergé de Touraine s'est attribué sans fondement le droit de haute et basse justice sur des propriétés. Les délégués du chapitre, convoqués par le bailli, fournirent sur ces plaintes les explications suivantes : ils s'engagèrent à faire payer la dîme aux gens du roi, mais refusèrent de rendre des comptes ; l'archevêque déclara ne rien savoir du procès qui était fait en son nom aux gens du roi ; le chapitre désavoua l'attitude de son official à l'égard des marchands de blé et ordonna d'absoudre ceux qui, pour ce fait, avaient été condamnés.

Une liste, qui n'est pas datée, mais qu'on peut rapporter à cette époque, relève vingt-cinq griefs à la charge du clergé de Touraine : Les trésoriers de l'église cathédrale de Tours veulent juger un meurtrier pour un crime commis en un lieu où le roi a haute et basse justice ; le chapitre refuse de se rendre à l'appel d'un de ses jugements devant le tribunal du bailli ; le bailli, voulant défendre au tribunal de l'évêque de juger une cause qu'il avait déjà commencé de connaître, a été excommunié ; des lettres du roi ont été jetées dans la boue et foulées aux pieds par des clercs, sans que l'on ait obtenu satisfaction pour cette insulte ; des clercs de l'archevêque se sont jetés sur un sergent du roi qui voulait prendre un Juif sous sa garde, l'on renversé, accablé de coups, sans que l'on ait, pour ce fait, obtenu satisfaction ; l'administrateur de l'Hôtel-Dieu de Loches, dont la temporalité appartient au roi, a saisi un vieillard et l'a fait mettre à l'échelle, aux dépens de la justice du roi ; ailleurs, on a fait pendre le meurtrier d'un prêtre tué en un lieu appartenant à la justice du roi ; l'archevêque a retiré des mains d'un sergent du roi des faux-monnayeurs, au mépris de la justice du roi ; le même archevêque force les sergents du roi à rendre des instruments de chasse saisis dans des endroits prohibés, sous peine d'une forte amende ; un clerc de l'archevêque a empêché les sergents du roi de poursuivre un homme condamné par la justice royale ; l'official a fait emprisonner un Juif du roi pour avoir voulu vendre un livre ; les gens de l'archevêque ont saisi et emprisonné un bourgeois du roi ; l'official de l'archevêque réclame au collecteur du péage de Loches de rembourser le péage d'un marchand justiciable de l'archevêque ; l'archevêque a fait déplacer plusieurs monuments du cimetière des Juifs qui relève de la justice royale ; un sergent du roi a été excommunié pour avoir, suivant l'ordre du bailli, saisi les biens d'un certain Pépin ; le même sergent est excommunié pour avoir enfoncé les portes d'un usurpateur des droits du roi et cela conformément à l'ordre du roi ; l'official chasse un sergent de sa maison, parce qu'il détient des biens de l'archevêque, par ordre du bailli ; l'archevêque excommunie le bailli et ses gens qui n'ont pas voulu envoyer des Juifs du roi donner satisfaction au tribunal de l'official ; les sergents de l'archevêque ont pris des Juifs du roi et ont voulu les forcer à garder des terres de l'archevêque ; comme ils s'y refusaient, on les a emprisonnés ; l'archevêque excommunie les gens du roi qui jugent des clercs dépourvus du costume clérical ; l'archevêque s'est fait donner deux cents livres par la veuve d'un sergent du roi qui avait été excommunié en exécutant un ordre du roi ; l'archevêque a forcé un sergent du roi à lui rembourser une somme de vingt livres qu'il avait dépensée pour la garde des biens de l'archevêque ; un prêtre a refusé de payer les droits de mutation d'une maison qu'il venait d'acheter ; des bourgeois de Tours, accusés d'avoir exercé des sévices, sont innocentés par le tribunal du roi, mais l'archevêque entrave l'exécution du jugement.

Dubois, qui avait constaté le mal, avait cherché le remède. Il reconnaissait que l'avocat du roi près l'officialité ne suffisait pas à sa tâche, parce qu'il était mal vu par les autres avocats. Il conseillait de demander au pape une enquête sur les droits de l'Eglise ; celle-ci, pour bénéficier de la prescription et conserver sa situation présente, ne pourrait prouver une possession de plus de cent ans ou du moins immémoriale ; d'ailleurs, on pourra, dans l'enquête, diriger les interrogatoires de telle sorte que cette preuve, en supposant qu'elle existe, soit impossible à produire. Le roi devra créer dans chaque cité deux notaires royaux laïcs ; ils assisteront et guideront les laïcs, désireux de décliner la compétence des officiaux qui ne veulent sceller aucun acte qui leur soit contraire. Près de chaque officialité, on instituera un procureur qui, aidé du notaire et de l'avocat du roi, proposera les exceptions d'incompétence. On établira aussi des enquêteurs qui, parcourant chacun deux ou trois bailliages, constateront les abus et les rapporteront au Parlement, tribunal trop élevé pour qu'on en conteste la juridiction. Des sergents royaux feront payer aux officiaux les amendes prononcées contre eux pour empiètement sur la juridiction du roi. On aura recours, comme moyen de contrainte, à la saisie du temporel, procédé tout à fait légitime et qui n'expose qu'à un danger : l'excommunication. Dubois proteste contre l'emploi très fréquent de cette peine spirituelle qui conduit à leur perte beaucoup d'âmes ; mais, puisque cette peine existe, que faut-il faire ? L'avocat de Coutances ne donne pas à cette question de réponse catégorique ; il dit seulement : Si la puissance temporelle devait s'arrêter devant l'excommunication, elle aurait un supérieur sur la terre, ce qui n'est pas. Le roi d'Angleterre, qui n'est pas aussi indépendant du pape que le roi de France, emprisonne fréquemment ses prélats. Le roi de France ne sera maître chez lui que lorsqu'il aura établi une pénalité sévère contre toute atteinte portée à sa juridiction. Cette pénalité doit être la confiscation des biens de ceux qui troubleraient les juges royaux dans la connaissance desdites usurpations ; on menacera de la pendaison ceux qui s'immisceront dans l'administration des biens confisqués. Ainsi, Dubois n'ose pas mépriser l'excommunication, mais il espère en supprimer l'usage par les mesures énergiques qu'il recommande. Il obtint en partie satisfaction ; en mars 1302, Philippe avait ordonné de faire une enquête sur les droits de l'Eglise en remontant jusqu'à saint Louis, et il s'était réservé le droit de créer de nouveaux tabellions ; il ordonna en 1300 et 1302 de pratiquer la saisie recommandée par notre légiste.

Mais toutes les mesures recommandées par Dubois ne valaient pas les habitudes invétérées des gens du roi ; ceux-ci prenaient, dans le conflit d'alors, le plus souvent l'offensive, et les clercs avient grand'peine à maintenir leur position, comme en témoigne le plan de campagne qu'ils proposèrent à Vienne. En ce qui concerne l'usurpation de la supériorité sur les terres de l'Eglise, ils recommandaient l'excommunication, mais ils n'étaient pas d'accord sur son application. Beaucoup de princes, en effet, avaient été exemptés de cette peine ; que fallait-il faire ? Les uns voulaient qu'on respectât leur privilège, afin de ne pas encourir leur haine ou celle de leur famille ; si l'on voulait à tout prix user de l'excommunication, il valait encore mieux excommunier ceux qui interjetaient l'appel, que les princes qui le recevaient ; d'autres, au contraire, voulaient qu'on passât outre à l'exemption, sans s'embarrasser d'une procédure ; ils alléguaient qu'on perd du temps à s'attaquer aux agents des princes qui sont des personnages obscurs qu'il est difficile de citer parce qu'on ignore leur nom ; il valait mieux, dans ce cas, en revenir à l'ancien usage de l'église de Lyon qui fermait les portes des édifices sacrés et suspendait l'exercice du culte dans le diocèse.

En ce qui concerne l'usurpation de la juridiction ecclésiastique, les prélats conseillent de préciser les dispositions de certaines constitutions existantes, car, pour les autres cas, les griefs produits sont prévus et les coupables excommuniés *ipso facto*.

En ce qui concerne les empêchements à la juridiction, on recommande d'énumérer avec soin ceux qui sont prohibés.

En ce qui concerne les attentats contre les églises et les ecclésiastiques, on conseille d'écrire aux princes pour leur représenter le péril de leur âme, la valeur des récompenses divines ; on privera de leurs fiefs et de leurs offices, et on déclarera leurs fils inhabiles à en recevoir, ceux qui font des statuts contre l'Eglise.

En ce qui concerne les immunités ecclésiastiques, on révisera la constitution du concile de Bourges de septembre 1276.

En ce qui concerne les griefs divers, divers aussi sont les remèdes proposés : publication des privilèges de l'Eglise, constitutions nouvelles.

L'église de Bourges avait proposé un plan d'ensemble. Comme les coutumes varient avec les pays, elle propose de codifier d'abord tout ce qui appartient au for ecclésiastique ; cela fait, on connaîtra clairement quels sont les contrevenants qui tombent sous le coup de la bulle *Quoniam* de Boniface VIII, qui est au Sexte et dont les peines seront aggravées. Quiconque aura été excommunié pendant un an ne pourra plus recevoir un bénéfice ou les ordres sacrés sans l'autorisation du pape ; si l'excommunié s'obstine pendant deux ans dans son impénitence, cette peine sera étendue à ses parents du second degré et ainsi pour chaque année supplémentaire ; dès la fin de la seconde année on procédera contre lui comme suspect d'hérésie. Les seigneurs devront forcer les excommuniés à se faire absoudre ; s'ils ne le font pas, on les frappera de la même façon ; toutefois, il doit être entendu qu'on ne doit pas prononcer l'excommunication à la légère et à la hâte et pour des affaires peu importantes. Enfin, il faudra que les rois soient requis d'accorder dans chaque diocèse des hommes pieux et fidèles, assermentés, qui veilleront à ce que les privilèges ecclésiastiques soient rigoureusement respectés. On trouve, dans les anciens conciles, que les empereurs d'autrefois accordaient ainsi des défenseurs aux églises; c'est le devoir des princes de procurer par la terreur ce que les prêtres sont impuissants à obtenir par la crainte religieuse.

Si nous cherchons à savoir ce qui sortit des longues délibérations du concile, nous éprouverons une forte déception. Le septième livre du *Corpus juris canonici*, les Clémentines, constitué surtout avec les décisions du concile, contient beaucoup de dispositions relatives à la réforme générale de l'Église, mais n'en contient presque pas sur la réforme des libertés. Tout ce que l'on trouve à mentionner se réduit à quelques canons.

Les pouvoirs des inquisiteurs sont restreints, comme on le verra plus loin.

Ceux qui frappent, capturent, bannissent un évêque et leurs complices, conseillers, fauteurs et défenseurs, sont punis, ainsi que leurs descendants, de peines variées.

Ceux qui contribuent à obliger les ecclésiastiques à renoncer à leurs bénéfices, ou qui, ayant été cités, ne comparaissent pas en cour d'église, sont punis de l'excommunication, en vertu des anciens canons; s'ils sont ecclésiastiques, ils encourent une peine supplémentaire qui varie avec leur dignité.

On facilite aux prélats expulsés de leurs diocèses la poursuite des coupables.

On décide qu'on publiera les noms de ceux qui seraient excommuniés pour avoir exigé des péages des clercs.

On décide que les Juifs et les Sarrasins pourront être convaincus par des témoins chrétiens, nonobstant les privilèges contraires que leur avaient accordés les rois et les princes avides.

Antérieurement au concile, on avait décidé que les seigneurs temporels, qui obligent des ecclésiastiques à célébrer les offices en lieu interdit, qui font venir le peuple à ces cérémonies et qui retiennent dans les églises les personnes excommuniées, étaient excommuniés et ne pouvaient être absous que par le pape.

Dans la rédaction de ces canons, on s'était arrêté en somme à choisir l'excommunication comme dernière sanction des atteintes portées aux libertés de l'Eglise. Mais c'était là une peine spirituelle qui n'effrayait plus guère, parce qu'on l'avait prodiguée à l'excès ; des milliers de gens sont excommuniés, rapporte Guillaume le Maire, et ne se soucient pas de leur état. Cette peine ne pouvait devenir efficace que si un prince temporel prêtait son aide à l'Eglise en obligeant, par la saisie des biens, l'excommunié à se faire absoudre ; mais c'était, comme on a vu, un soin que ceux-ci ne prenaient plus guère. L'affermissement de l'Eglise dépendait d'un roi qui, comme Philippe, n'était pas favorable à sa juridiction ; la situation était donc sans issue.

Les faits le montrent surabondamment en France, car, après le concile général, des conciles provinciaux continuèrent à se plaindre des empiètements de la puissance laïque. En octobre 1313, au prieuré de Notre-Dame du Pré, près de Rouen, Gilles Aicelin, dans un synode, renouvela avec quelques modifications des statuts de ses prédécesseurs : les clercs qui, dans des causes personnelles pour lesquelles il y a clameur de haro, s'adresseront à un tribunal laïc seront excommuniés (can. 4) ; un juge civil ne doit pas obliger un clerc à comparaître devant lui, particulièrement dans le cas de clameur de haro (can. 5) ; les personnes ecclésiastiques ne doivent pas, dans les causes spirituelles, consentir à se défendre devant les juges civils, même quand il y a clameur de haro (can. 6); les juges civils qui, en pareil cas, rendent une sentence, encourent *ipso facto* l'excommunication, de même que celui qui a suscité une clameur de haro contre un ecclésiastique (can. 7); les brefs envoyés par des juges civils à des ecclésiastiques, pour restreindre leur juridiction, ne doivent pas être reçus.

Les attaques continuèrent après la mort de Clément et de Philippe, comme le montrent trois canons attribués au concile de la province de Sens tenu en mai 1314, trois canons du concile de la province de Tours, en mai 1315, cinq canons du concile de la province d'Auch tenu en la même année.

Ces récidives, dans une certaine mesure, s'expliquent par ce fait que les canons précités du concile de Vienne n'avaient pas été immédiatement mis en vigueur dans la dernière session de l'assemblée. Clément, qui voulait les réunir à d'autres constitutions pour en faire un septième livre de décrétales, fit rester à Vienne un certain nombre de prélats qui devaient l'aider à mettre la dernière main à celles dont la forme n'était pas parfaite. Ce travail de révision fut terminé en 1314 et, le 21 mars de cette année, à Monteux, on les publia dans un consistoire public. On n'eut pas le temps d'en envoyer des copies aux universités, afin de les rendre exécutoires, car le pape mourut bientôt. L'envoi ne fut opéré que par son successeur Jean XXII, en 1317, après qu'elles eurent été soumises à une seconde révision.

Dans la session du 6 mai, Clément avait prononcé la dissolution du concile. Il parla d'abord sur le thème : « Super muros tuos, Jerusalem, posui custodes... ». Il dit que la croisade était déjà en voie d'exécution. Il fit donner lecture aux pères de beaucoup de constitutions relatives à la personne et aux biens des Templiers, à la foi, à la suspension des privilèges des Hospitaliers... ; il fit lire un édit de citation relatif à l'affaire de Boniface, dont il fit dresser un instrument public. Il demanda aux prélats de prier pour l'Eglise, et spécialement pour le pape. Puis, sur son ordre, on commença le *Te Deum*; il accorda une indulgence de trente jours à ceux qui se confesseraient dans les huit jours. En conclusion, il dit : « Sit nomen... »; le cardinal Napoléon Orsini prononça : « Recedamus in pace »; « in nomine J.-C., amen », ajouta Clément, et le concile prit fin.

Le concile de Vienne est l'un des moins connus de l'histoire de l'Eglise parce que ses actes ont disparu ; mais, s'il n'y avait pas un grand intérêt à savoir ce que furent les rapports du roi et du pape à cette époque, on n'aurait pas lieu de regretter beaucoup leur disparition. Le concile avait, officiellement, un triple programme ; il devait traiter de la question des Templiers, de la croisade, de la réforme de l'Eglise. Toutefois, il est évident que c'est la première de ces questions qui était essentielle ; si le pape avait porté un intérêt aussi considérable aux deux autres, il eût convoqué l'assemblée avant la seconde entrevue de Poitiers. C'est le conflit de 1308 qui a décidé de la convocation de l'assemblée ; c'est le retard des enquêtes relatives à l'ordre du Temple qui a provoqué la prorogation à l'année 1311 ; c'est la préparation du dossier de cette affaire qui a exigé le plus de travail, à cause des immenses enquêtes qu'il a fallu faire ; c'est elle qui a soulevé le plus de discussions au concile, et c'est elle qui en a prolongé la durée ; dès qu'elle fut résolue, le concile agit avec une rapidité extrême ; on tint coup sur coup deux sessions publiques, et les pères furent congédiés avant que tout ce qui concernait la réforme fût réglé.

Pourtant des écrivains comme M. Heber et Fr. Ehrle, ont prétendu que le concile s'était occupé avec autant de soin des deux autres questions, et ils en donnent comme preuve l'abondance des documents relatifs à la réforme et le sérieux avec lequel on les étudia. Il est sûr que ces documents furent nombreux ; mais cela prouve seulement que les prélats tenaient beaucoup à une réforme, non que Clément la désirât autant. Si l'on examine les résultats généraux du concile, on est bientôt confirmé dans cette opinion. L'affaire des Templiers y fut seule menée à bonne fin ; la croisade y fut décidée en principe, mais ensuite on s'en occupa fort peu, parce qu'on ne la désirait pas du côté des princes en général, et parce qu'on l'envisageait sans grand enthousiasme du côté de la papauté ; la question de la réforme fut amorcée ; mais si l'on compare ce que les pères demandaient à propos des libertés de l'Eglise et ce qu'on leur accorda, on sera obligé de conclure que presque tout restait à faire. Et cela, d'ailleurs, est bien explicable ; une partie de la réforme, pour être menée à bien, exigeait une vigoureuse offensive contre les princes laïcs, afin que l'on pût regagner le terrain perdu. Or, Clément, qui venait de se réconcilier avec Philippe, ne pouvait entamer cette lutte. D'autre part, on se plaignait aussi des abus de la cour pontificale et des cardinaux ; mais l'entourage de Clément, qui vivait de ces abus, et Clément lui-même ne voulaient pas mettre le fer dans leur propre plaie. Or, le pape eut seul l'initiative et la souveraine direction dans le concile ; son abstention ou son opposition arrêta la tentative des pères de l'assemblée.

En somme, le concile ne sauva pas l'Eglise ; il aboutit plutôt à une aggravation de ses charges. Elle fut obligée de payer à Philippe une décime de dix ans et au pape une décime d'un an ; elle fut obligée, peu après la clôture, à fournir, pour l'entretien de la maison des cardinaux, la valeur des revenus d'une prébende par église cathédrale. Cette aggravation des charges, consentie par une assemblée qui devait les diminuer, fut mal accueillie ; un archevêque, celui d'Amalfi, défendit même de payer la décime. C'est la crainte d'être obligés de consentir ces décisions si pesantes qui fit que les pères du concile — au grand mécontentement du pape — furent si peu nombreux ; et c'est le résultat financier des discussions de Vienne qui faisait dire à des Français que le concile n'avait été qu'une invention fiscale.

VII

LE PAPE ET LE ROI

DE 1312 A 1314

Dès que le concile fut dissous, Clément écrivit à Philippe pour le prier d'aider les Hospitaliers à entrer en possession des biens du Temple. Cette liquidation du grand procès, qui paraissait très simple, dura pourtant très longtemps. Sans parler des obstacles soulevés par des particuliers qui s'étaient emparés de beaucoup de biens de l'ordre détruit, et qu'il fut malaisé de contraindre à une restitution, il faut mentionner les difficultés qu'opposa le roi de France au pape. Philippe, en principe, comme autrefois, était partisan de l'attribution des biens à la défense de la Terre Sainte; le 24 août 1312, — assez tard, comme on voit — il écrivit à Clément qu'il approuvait l'attribution faite par le concile, réserve faite de ses droits et de ceux des barons et prélats antérieurs au 13 octobre 1307, à condition que l'ordre de l'Hôpital fut, comme l'avait décidé Clément, réformé dans son chef et dans ses membres. Clément paraît avoir eu d'abord confiance en Philippe, car il lui demandait, le 11 décembre de la même année, d'aider les

Hospitaliers à recouvrer les biens dont s'étaient emparés des particuliers ; le 15 juillet de l'année suivante, en exhortant le roi de Sicile à faire remise des biens du Temple en Provence, il lui reprochait ses résistances qui contrastaient avec l'exactitude que Philippe avait mise à livrer intégralement à l'Hôpital les biens qui lui revenaient.

Mais, à ce moment, Clément exagérait le zèle du roi, afin de pouvoir amener les autres princes à des restitutions. Philippe, en effet, ne se pressait pas de tenir parole, et il continuait à tirer profit des biens du Temple. Depuis l'arrestation de 1307, il participait à leur administration par l'intermédiaire de gens qu'il avait désignés à la nomination de l'autorité ecclésiastique ; sans doute, ces administrateurs devaient rendre des comptes, mais, le 18 décembre 1312, Clément avait autorisé Philippe à désigner des commissaires qui, avec les délégués pontificaux, recevraient les comptes des administrateurs et pourraient délivrer quittance. Fortifié ainsi par la faiblesse du pape, Philippe faisait des dificultés pour restituer les biens du Temple ; Clément, en effet, le 8 juin 1313, lui transmettait les explications d'Albert de Chateaunoir qui avait rencontré en France quelque difficulté pour y gérer les biens de son ordre. Pourtant, le 21 mars 1313, un peu avant la mort de Nogaret, un accord était intervenu entre l'Hôpital et le roi, conformément à des bases établies à Vienne en 1312 ; les Hospitaliers s'obligeaient à payer au roi, en trois ans et en deux termes (Toussaint et Ascension), deux cent mille livres tournois, déduction faite des biens de l'ordre que le roi avait reçus depuis octobre 1307, pour éteindre les réclamations que Philippe pouvait faire valoir à raison des dépôts d'argent qu'il avait opérés autrefois dans la maison du Temple. Cette transaction ne fut pas définitive, car les Hospitaliers furent assaillis par les gens du roi de réclamations telles, qu'elles auraient pu dépasser le montant de la fortune du Temple en France. Aussi, proposèrent-ils, le 14 février 1316, à Louis le Hutin, en échange de l'abandon de ces réclamations, de le tenir quitte de ce qu'il devait au Temple le 13 octobre 1307 — y compris le douaire de sa sœur — et des deux tiers des sommes que les curateurs devaient remettre aux Hospitaliers, comprenant les revenus des biens du Temple, des créances, des arrérages, des biens meubles. Ces propositions furent acceptées avec quelques modifications, comme le constatent un arrêt du Parlement du 11 octobre 1317 et une transaction du 6 mars 1318, par laquelle les Hospitaliers s'engageaient à payer au roi cinquante mille livres tournois en trois ans et donnaient quittance définitive.

On a dit souvent que Philippe avait beaucoup gagné dans le procès du Temple et que les Hospitaliers avaient été plutôt appauvris qu'enrichis par le don qu'on leur fit. Il y a dans cette affirmation une assez forte exagération. Que les gens du roi aient espéré beaucoup de l'opération qu'ils firent, cela est incontestable ; qu'elle ait produit beaucoup, cela l'est moins. Philippe y a gagné l'amortissement de ses dettes envers le Temple, une grande partie des biens mobiliers, et, pendant cinq ou six ans, des revenus et arrérages du Temple ; mais il n'apparaît pas que les conséquences de ces acquêts se soient fait fortement sentir et que les embarras financiers aient diminué à partir de 1307. En effet, la mauvaise monnaie fait place à une monnaie moins faible le 1er mai 1305, et celle-ci à une bonne monnaie le 8 septembre 1306, par conséquent avant l'arrestation. La mauvaise monnaie est annoncée en janvier 1310 et mise en circulation à Pâques de 1311, c'est-à-dire en un temps où le roi continue toujours à percevoir les revenus de l'ordre ; enfin, en septembre 1313, la bonne monnaie reparaît. On le voit donc, il n'y a pas correspondance des variations monétaires avec les phases de l'affaire, mais bien plutôt avec le caractère des relations des deux princes ; quand Clément n'a pas de motifs de mécontentement, il accorde une décime et la monnaie s'améliore ; quand les relations sont mauvaises, comme en 1310, on se résout à la mauvaise monnaie ; la réconciliation de 1311, qui comporte l'octroi de décimes en 1312, détermine une amélioration nouvelle.

Ainsi donc, l'opération n'a pas rapporté tout ce que l'on espérait. Cela peut tenir à diverses causes : on a pu surestimer la valeur des biens de l'ordre ; ces biens ont été partiellement pillés et ont servi à satisfaire à diverses revendications, à commencer par celles de Charles de Valois ; ils ont pu être mal administrés par les agents du roi. D'autre part, il ne faut pas oublier que les Hospitaliers gardèrent les immeubles de l'ordre, c'est-à-dire la plus grande partie de ses richesses. En somme, l'opération avait duré onze ans, coûté beaucoup d'efforts et nui à la bonne expédition de plusieurs affaires plus importantes. Tout compte fait, elle aboutissait, comme beaucoup d'entreprises de Philippe le Bel, à un demi-succès. Mais cet échec relatif tient peut-être à la disparition rapide du roi et de Nogaret. Qui sait le sort qui était réservé à l'ordre de l'Hôpital si sa réforme et les revendications qu'on lui opposait eussent pu être prises en main plus longtemps par le garde du grand sceau de Philippe ?

En même temps que des biens, on devait s'occuper des personnes. Les tribunaux ecclésiastiques continuèrent à procéder contre les Templiers, mais avec douceur ; Philippe n'intervint pas dans ces procès, parce qu'il se désintéressait du sort des simples prisonniers, et parce qu'en France il en restait bien peu qui n'eussent pas été réconciliés. Une seule question lui importait maintenant : le jugement des dignitaires de l'ordre que Clément s'était réservé. Ceux-là, parce que leur jugement était réservé au pape, avaient mal défendu leur ordre devant la commission qui siégeait à Paris, dans l'espoir de pouvoir le faire un jour librement devant lui. Ce jour ne vint jamais. Clément parut d'abord les oublier, et ce ne fut que le 22 décembre 1313 qu'il délégua ses pouvoirs aux cardinaux Nicolas de Fréauville, Arnaud d'Auch et Arnaud Nouvel, en les chargeant de prononcer définitivement sur le sort des dignitaires prisonniers, en utilisant les enquêtes déjà faites. Ils rendirent leur sentence le 19 mars 1314. Ce jour-là, en face de l'église Notre-Dame, sur un échafaud, devant la foule, on fit comparaître Molai, Pairaud, Charnai, Gonneville ; d'accord avec l'archevêque de Sens et d'autres prélats, les cardinaux les condamnaient à un emprisonnement perpétuel. Ce jugement fut lu et analysé par Arnaud Nouvel dans un discours où il louait le zèle religieux du pape et la bienveillance du roi.

Pairaud, qui, dans le cours du procès, avait donné tant de preuves de faiblesse, et Geoffroi de Gonneville écoutèrent le discours en silence ; mais Molai et Charnai eurent une révolte. Protestant contre le cardinal Arnaud et contre l'archevêque, ils reconnurent avoir commis un crime, non celui qu'ils avaient avoué, mais le crime de trahison, parce qu'ils avaient livré leur ordre pour sauver leur vie. Ils déclarèrent l'ordre saint, leurs premières confessions et accusations fausses. Les juges, surpris, remirent leurs prisonniers au prévôt de Paris et se retirèrent, comptant délibérer sur cet incident le jour suivant. Mais Philippe avait été averti ; avant que les cardinaux eussent pris une décision, son conseil, en l'absence des ecclésiastiques, avait décidé que les deux dignitaires, par leur rétractation, étaient devenus relaps et qu'en conséquence ils devaient subir la peine des condamnés de mai 1310. On fit dresser près du jardin du palais, dans une petite île, un bûcher ; au soir, les deux condamnés y montèrent ; on les y attacha, les yeux tournés, sur leur demande, vers Notre-Dame ; ils eurent le temps d'affirmer une dernière fois leur innocence et d'en appeler au jugement de Dieu ; ils subirent ensuite le supplice du feu avec un courage qui frappa les assistants de stupeur.

La réconciliation de 1311, on l'a vu, avait déterminé Clément V à se rapprocher de Philippe, sans toutefois se prononcer catégoriquement contre Henri. Le concile de Vienne fit pencher la balance en faveur du roi de France; et cela apparut tout de suite dans l'affaire de Lyon.

L'archevêque de cette ville, vaincu en 1310, incapable de résister plus longtemps, avait attendu son sort jusqu'au printemps de 1311; tout d'abord, il avait eu l'appui moral de Clément qui l'avait fait venir à sa cour et n'avait pas craint de stigmatiser la conduite du roi. Mais, en janvier 1311, Clément avait reçu de Nogaret un mémoire qui exposait les droits de Philippe sur la ville de Lyon; après l'abandon du procès de Boniface, ces arguments firent impression sur le pape. L'archevêque fut obligé de traiter avec Philippe quand celui-ci passa à Lyon; avant de subir les dures conditions qu'on lui imposait (abandon au roi de toute sa juridiction sur la ville, moyennant une indemnité en terre), Pierre de Savoie avait consulté Clément; mais celui-ci, approuvé seulement par trois cardinaux, répondit qu'il ne voulait pas prendre parti dans la querelle et qu'il laissait à l'archevêque le soin de prendre une décision; ce dernier, abandonné, accepta les conditions du roi.

Par ailleurs, la situation se modifia complètement. Robert de Naples, qui avait cherché à conclure une alliance avec Henri, se détourna du roi d'Allemagne et se rapprocha de Philippe qu'il menaçait auparavant de ses projets. La rupture ne se produisit pas tout de suite ; elle fut le résultat de négociations manquées et de déceptions.

Robert croyait avoir à se plaindre d'Henri. Il lui avait demandé de pouvoir prêter par procureur l'hommage qu'il lui devait pour les comtés de Forcalquier et de Provence ; or, le roi des Romains, à la fin de 1311, avait décidé d'exiger un hommage personnel. A ce moment, eut lieu le concile ; la présence du roi de France et de ses gens d'abord à Lyon, puis à Vienne, fixa la résolution de Robert qui prit parti contre Henri. Ses ambassadeurs, Philippe, prince de Tarente, son frère, et Richard de Gambertesa vinrent à Lyon et présentèrent à Philippe les griefs de leur souverain : Henri n'avait pas toléré la présence d'une bannière de Robert dans son armée devant Brescia ; il avait déchiré les conventions de Robert avec la ville d'Asti, fait mettre hors de Plaisance une statue de Charles Ier, brûlé les conventions de Gênes avec Charles II ; il s'était allié avec Frédéric de Sicile ; il avait créé sénateur romain Louis de Savoie, ennemi de Robert. A leur requête, le roi de France prit leur cause en main ; il présenta leurs plaintes en consistoire aux cardinaux, dont l'un osa prendre la défense d'Henri, en reparla au pape le mardi de Pâques 28 mars, puis le lendemain, alors qu'il était retenu à la chambre par une indisposition, il fit plaider la cause de Robert en consistoire par Plaisians. Celui-ci demanda aide et conseil pour Robert, pria le pape de ne pas obliger Jean, frère de Robert, à quitter Rome et se plaignit de l'alliance qu'Henri voulait conclure avec Frédéric de Sicile. Il termina en disant que le roi de France, en se prononçant contre le roi des Romains, ne violait pas le traité d'alliance qu'il avait conclu avec lui, car c'était l'habitude de Philippe de défendre les princes de son sang.

Clément répondit que jusqu'ici Henri avait agi en vertu de l'autorité de l'Eglise, mais qu'il était prêt à protéger Robert. Il avait déjà fait préparer des bulles par lesquelles il ordonnait à Jean d'abandonner Rome et de remettre le Capitole au sénateur de la ville ; il ne les expédierait pas, et il inviterait Frédéric de Sicile à ne pas s'allier à Henri. Toutefois, il voulut se justifier auprès du roi des Romains à qui il écrivit le 1er avril. Il lui rappelait qu'il s'était chargé de deux de ses affaires : l'une, relative à la paix avec le roi de France, avait été menée à bonne fin ; l'autre, le mariage de sa fille avec le fils de Robert, avait échoué. Toutefois, ce n'était pas la faute de Robert ; les ambassadeurs de ce dernier, en effet, avaient déclaré à ceux d'Henri que leur maître ferait ce qu'il plairait au pape ; Clément, de son côté, avait fait connaître à Henri par plusieurs ambassadeurs, et enfin par Arnaud, évêque de Sabine, les concessions qu'il devait faire. Pourtant, quand Richard de Gambertesa, sénéchal de Provence, se rendit auprès de lui pour conclure l'affaire, les conseillers d'Henri lui demandèrent des choses dont il n'avait pas encore été question ; au retour du sénéchal, Robert envoya des ambassadeurs à Henri qui ne voulut pas les écouter. Clément rappelait à Henri ce qu'il avait fait pour lui et exprimait le désir que la paix fût maintenue ; il concluait en disant qu'il avait prié le roi de Sicile d'envoyer des ambassadeurs auprès de l'évêque de Sabine qui était chargé de cette affaire, et il lui recommandait de ne pas écouter les mauvais conseils. Robert, de son côté, le 12 mai 1312, faisait encore les propositions suivantes : la fille d'Henri épouserait le fils de Robert qui deviendrait à vie vicaire de l'empereur en Toscane ; en Lombardie, un vicaire favorable à Robert serait nommé ; Henri, au moment du couronnement, ne séjournerait que quatre jours à Rome ; enfin, Henri serait l'ami du roi de France et de sa famille. Evidemment, le roi des Romains rejeta ces propositions.

Là-dessus eut lieu le couronnement ; Henri qui, le 6 janvier 1311, avait à Milan reçu la couronne de fer, arriva à Rome le 6 mai 1311. Une partie de la ville était aux mains des Guelfes et de Jean, frère de Robert ; aussi, est-ce à Saint-Jean de Latran, et non à Saint-Pierre, qu'il fut, le 29 juin 1312, sacré par l'évêque d'Ostie et couronné par celui de Sabine. Le sentiment très vif qu'il avait de sa nouvelle dignité, ainsi que le désir de se venger du frère de Robert modifièrent son attitude qui devint arrogante, comme en témoigne une lettre adressée au roi de Sicile, dans laquelle il prétend que tous les princes sont soumis à l'empereur. Fut-il aussi arrogant avec le roi de France ? On l'a cru, et on a publié deux documents qui semblent indiquer entre eux une rupture. L'un est une lettre d'Henri à Philippe, écrite au lendemain du couronnement : « Suivant les traces de vos prédécesseurs, dit-il, vous possédez injustement à l'Est et au Midi des terres de l'Empire. Nous voulons que Votre Grandeur le sache, le pouvoir de l'Empire n'est pas si endormi que la main de notre puissance ne l'éveille pour délivrer ces provinces » ; à cette menace, Philippe aurait répondu : « Jadis, l'ineffable hauteur de l'Empire évitait de s'enorgueillir et de menacer sans juste cause. Le roi de France, grâce à la protection de la majesté divine, a su ressaisir les antiques limites de la Gaule ; il ne redoute pas les menaces ; à l'occasion, l'empereur pourra, s'il lui plaît, faire l'épreuve des forces du royaume de France. » Ces deux documents ont sûrement été forgés après coup. Les réclamations que l'on place dans la bouche d'Henri sont surprenantes par leur imprécision et par leur forme. L'empereur parle de territoires situés à l'Est et au Midi, alors que les territoires contestés, Lyon, Viviers, Verdun, étaient connus avec précision ; il parle d'usurpations dans le Midi, ce qui, à la rigueur, est acceptable si on se place en Allemagne ; mais il parle aussi d'usurpations à l'Est, ce qui n'est possible que si, par la pensée, on se place en France, supposition singulière de la part de la chancellerie d'Henri ; aussi singulière est l'affirmation de Philippe qui prétend avoir ressaisi les limites de l'ancienne Gaule. Ces deux lettres ne peuvent donc être utilisées ; elles résument brutalement et très sommairement l'attitude des deux souverains, ou, plutôt, celle qu'une certaine opinion publique leur prêtait en France. Ce sont des lettres qu'il faut rapprocher du prétendu ultimatum d'Adolphe à Philippe IV et de la réponse du roi qu'autrefois l'on avait attribuée à Louis le Gros, de la fausse bulle *Scire te volumus* et de la prétendue réponse de Philippe.

Toutefois, il est sûr qu'en 1312 la situation s'aggrava. Au mois d'août, Robert fit présenter au pape une protestation contre le couronnement illégitime d'Henri, qui, disait-il, depuis son élection en voulait au roi de France. Clément avait essayé de s'interposer ; il avait, en juillet, imposé aux deux adversaires une trêve en leur rappelant le serment de fidélité qu'ils avaient prêté à l'Eglise. Mais le conflit se produisit malgré tout. Henri, le 26 avril 1313, priva de ses biens Robert qu'il avait déjà menacé le 12 février ; il se plaignit au pape que Philippe eût écrit à quelques nobles de Rome en faveur de Robert ; il protesta contre la trêve que lui avait imposée abusivement Clément.

Mais il se heurta à une véritable coalition. Philippe, le 12 mai, pria le pape d'arrêter les entreprises d'Henri contre Robert, sans quoi la paix serait troublée et la croisade empêchée. Les jurisconsultes de la curie préparèrent une réfutation approfondie des prétentions de l'empereur. Ils affirmèrent que le serment prêté par Henri au pape était celui d'un vassal, que le pape avait le droit d'imposer une trêve à l'empereur, que Robert n'était pas le vassal d'Henri en Sicile et que la condamnation prononcée contre lui le 26 avril était nulle. Clément fit siennes une partie de ces prétentions, dont la substance a passé dans quelques canons des Clémentines. Le 12 juin, il excommunia ceux qui avaient l'intention de faire la conquête de la Sicile, et plus tard, le 14 mars 1314, il publia la cassation des sentences prononcées par Henri. Le conflit de Robert et d'Henri se transformait donc en un conflit de la papauté et de l'Empire ; il pouvait déterminer une intervention violente de Philippe le Bel, quand l'empereur mourut subitement le 24 juin, devant Florence.

On a longtemps nié que Philippe se soit encore occupé de l'Empire après la mort d'Henri, opinion surprenante, *a priori,* car il n'y avait aucun motif pour que Philippe ne tentât pas en 1313 ce qu'il avait tenté en 1308 ; le conflit qui s'était produit entre lui et Henri, l'attitude du roi des Romains qui avait combattu les empiètements de la France vers l'Est, rendaient l'élection d'un prince français plus désirable qu'en 1308 ; d'ailleurs, une candidature française était d'autant plus naturelle que les relations étaient redevenues bonnes avec Clément, dont on pouvait escompter la bienveillance.

On sait aujourd'hui, grâce à une découverte de J. Schwalm, que Philippe, à la mort d'Henri, a essayé de placer un membre de sa famille sur le trône d'Allemagne. L'affaire fut probablement décidée en novembre ou décembre 1313, on ne sait exactement dans quelles circonstances. Y eut-il vraiment, selon l'affirmation du roi de France, une proposition ferme des archevêques de Cologne et de Trèves, qui se seraient déclarés disposés à être agréables à Philippe dans la future élection ? Les électeurs ont-ils d'eux-mêmes offert leur concours, ou bien ont-ils simplement répondu, comme en 1308, par de bonnes paroles aux sollicitations qu'on leur avait adressées d'abord? A la réception de leurs lettres, il y eut un conseil; on fut d'accord pour poser la candidature d'un prince de la maison royale, mais il y eut divergence sur le choix d'un candidat. Les uns voulaient que le roi présentât le candidat malheureux de 1308, Charles de Valois; d'autres se prononçaient pour Louis, comte d'Evreux, qui avait beaucoup de parents en Allemagne; d'autres enfin pour Philippe, fils cadet du roi, qui possédait déjà le comté de Bourgogne. Finalement, on ne prit alors aucune décision.

A rès le conseil, Philippe fut choisi on ne sait par qui ni dans quelles circonstances. Ce que l'on voit, c'est que le roi, seul, en secret, donna à son notaire, Pierre Barrière, l'ordre de soutenir la candidature de son fils auprès de Clément; peut-être faut-il voir là un acte personnel du roi, une décision émanant de son initiative, — chose rare en son règne — qui pourrait fournir quelque lumière sur son caractère; Philippe aurait ainsi abandonné les questions de finance à Marigni et se serait réservé cette affaire; peut-être même faut-il voir ici une désapprobation de Marigni, qui doutait du succès et savait ce que coûtait une campagne électorale. La recommandation que prépara le roi en faveur de son fils ressemble un peu à celle qu'il avait adressée autrefois aux électeurs en faveur de son frère. Pour le bonheur de la Terre Sainte et pour celui de l'Eglise, il importe que l'élu futur **soit affectionné à Dieu, à l'Eglise et à la paix entre** les chrétiens ; aussi, le roi présente-t-il son fils Philippe, comte de Poitou et de Bourgogne, qui est précisément l'homme qu'il faut. Il a beaucoup de terres dans l'Empire, beaucoup d'impériaux dans sa parenté par alliance ou naturelle ; il sera fidèle, juste, il craindra Dieu. Que le pape considère ces qualités et qu'il prenne garde ; il est difficile de trouver en Allemagne quelqu'un à qui on puisse se fier comme l'a prouvé l'histoire du dernier empereur. Beaucoup comptaient sur la bonté d'Henri ; en fait, il a agi d'une façon indigne à l'égard des feudataires de l'Eglise (Robert de Sicile), et sa conduite a été telle qu'on pouvait se demander s'il n'empêcherait pas totalement la croisade projetée. Tout irait bien si Philippe était élu ; le roi de France pourrait quitter son royaume l'esprit tranquille, et, d'accord avec le roi d'Angleterre et l'empereur, passer dans la Terre Sainte qui serait bientôt reconquise. Ainsi, que le pape réfléchisse ; sans doute, le roi de France obéit à la voix du sang en recommandant son fils ; mais il obéit davantage à son zèle pour le bien de tous, parce qu'il aime encore plus son âme que son fils.

Clément reçut avec bienveillance Pierre Barrière qu'il créa par provision, le 22 décembre 1313, évêque de Senlis. A l'égard de la demande du roi, il se montra réservé ; il écrivit aux électeurs, du moins aux archevêques de Cologne et de Trèves, pour leur demander des renseignements sur l'élection future ; c'est ce qu'il avait déjà fait en 1308 auprès du comte palatin du Rhin. A l'archevêque de Cologne, qui reçut sa lettre le 12 janvier, Clément disait de quelle importance était pour l'Eglise la personnalité du futur roi des Romains, surtout quand on envisageait l'hostilité passée d'Henri ; aussi, en vue d'éviter de semblables malheurs, Clément priait-il l'archevêque de procéder à un examen des candidats au point de vue de la droiture de leur vie, de la sincérité de leur foi ; il lui demandait aussi des renseignements sur l'esprit des électeurs. Dans sa réponse, l'archevêque parle de la complexité de l'affaire, et, sans insister autrement, lui nomme plusieurs candidats, Guillaume de Hollande, le comte de Hainaut, le roi de Bohême, le duc de Bavière, le comte de Nevers ; il promet que celui qu'il élira témoignera d'une incontestable fidélité au pape et à l'Eglise ; il se dit mal renseigné sur les intentions des électeurs et incapable, par suite, de faire au pape les communications désirées. L'archevêque de Trèves, Beaudoin, est encore plus sec ; il choisira un homme pieux, dévoué à l'Eglise, mais il ajoute ironiquement que la Providence ne lui a pas fait savoir encore celui qu'elle a destiné à son choix.

De la correspondance qui précède, il ressort que Clément n'a pas formellement recommandé aux électeurs le candidat du roi de France, ainsi que celui-ci l'en priait. Mais, par le jugement défavorable qu'il a porté sur Henri, l'ancien concurrent de Charles de Valois, par l'exposé qu'il a fait des qualités nécessaires au futur élu, il semble indiquer que le candidat de Philippe était aussi le sien ; c'est sans doute ce qu'ont compris les archevêques, et c'est ce qu'ils ont redouté. Beaudoin de

Trèves, par la brièveté de sa réponse, indique nettement à Clément qu'il n'est pas disposé à admettre l'ingérence de quelqu'un dans son vote ; Henri de Virnebourg, en y mettant plus de discrétion, comme le note Wenck, agit en somme de même. Le silence que gardent sur le nom de Philippe, fils du roi, ces deux prélats, dont l'un, au dire de Philippe, avait promis son concours, montre assez que leurs offres de service — si vraiment ils en firent — n'étaient qu'une simple politesse et qu'en 1313, comme en 1308, le sentiment national allemand était hostile à un candidat français, fût-il bien vu par le pape. Peu après, Clément prit une mesure hostile à la mémoire d'Henri ; le 14 mars 1314, il permit à Robert de Sicile d'exercer le vicariat de l'Empire en Italie ; mais il mourut bientôt, et la campagne de Philippe se trouva interrompue.

Sur un autre terrain, Philippe obtenait un appui plus efficace de Clément. A partir de 1311, la question de Flandre avait perdu de son importance dans les négociations du pape et du roi. Aux conversations et aux entrevues diplomatiques avec les communes, qui n'ont pas réussi, vont succéder les démonstrations militaires qui ne réussiront pas davantage. La réconciliation est faite entre Philippe et Clément ; celui-ci n'est plus si favorable aux Flamands ; Louis de Nevers, par deux fois en 1313, fait appel à sa cour contre Philippe ; il prend mal son temps, car Clément a mis son pouvoir spirituel au service de la France. Le 20 juin 1313, au moment, dit-il, où les communes de Flandre se disposent, avec l'aide de Louis de Nevers, à faire la guerre au roi, il charge le cardinal Nicolas de Fréauville de rétablir la paix, d'annuler les conjurations des Flamands et de faire en sorte que Philippe les reçoive à composition. Le 27 août suivant, il s'occupe des rebelles qui, une fois excommuniés, ne peuvent être réconciliés que par le pape, sauf à l'article de la mort; il voudrait donner au cardinal Nicolas le pouvoir de les absoudre ; mais il envoie cette autorisation à Philippe qui la remettra au cardinal s'il accepte, ou la renverra en cour pontificale s'il refuse. Au mois de mai de la même année, enfin, Clément, empêché jusque-là par les affaires du concile, avait fait droit à une réclamation présentée publiquement par Philippe en 1308 : le 5 mai 1313, il canonisait le prédécesseur de Boniface ; mais il le fit sous le nom de Pierre Murrone, afin de ne pas faire de son acte une condamnation de Boniface VIII.

L'élection au trône d'Allemagne, d'après les dires de Philippe, était liée à la question de la croisade, dont elle était la condition. On avait pris à Vienne une décision ; il fallait, maintenant, l'exécuter. Les actes ne répondirent pas aux promesses. Philippe avait reçu une décime de six ans du concile ; il obtint davantage du pape qui lui donna sa propre décime et en sus une nouvelle décime de quatre ans, non pas seulement pour l'expédition en Terre Sainte, mais aussi pour les besoins de la couronne; cela valait bien quelques démonstrations en faveur de la croisade. Philippe défendit l'exportation des matériaux de construction et des armes en

Terre Sainte ; il encouragea au départ son entourage, et d'abord Charles de Valois, à qui il donna dans ce but dix mille livres à toucher par quart à l'Ascension et à la Toussaint de 1312 et de 1313. Lui-même se disait disposé à partir, mais pas tout de suite. A Vienne, il s'était engagé à prendre la croix dans le délai d'un an ; il demanda au pape un sursis, parce qu'il voulait faire coïncider cette cérémonie avec la chevalerie de ses fils. En décembre 1312, Clément lui accorda jusqu'à l'octave de la prochaine Pentecôte, et, le 10 février 1313, il chargea le cardinal Nicolas de Fréauville de lui porter la croix.

Philippe tint sa promesse à la Pentecôte et donna de grandes fêtes. Autour de lui étaient ses fils, ses frères, ses neveux, son gendre, le roi d'Angleterre, et une foule de seigneurs français et anglais ; les comtes de Flandre et de Nevers s'abstinrent de venir, prétendant que les préparatifs de la croisade n'étaient pas assez avancés. Edouard II prêta hommage à Philippe ; Louis de Navarre, fils aîné du roi, et les deux fils de Charles de Valois furent faits chevaliers. Le dimanche de la Pentecôte fut consacré à la chevalerie de Louis le Hutin et de deux cents jeunes nobles, qui reçurent des chevaux et des armes, tandis que l'on donnait aux invités notables des souvenirs. Le mercredi, il y eut des représentations théâtrales dans l'île de la Cité ; et ce jour-là, Philippe, son frère Charles, beaucoup de seigneurs reçurent des croix du cardinal légat ; le jeudi 7 juin, Charles de Valois donna une fête et un dîner.

De son côté, Clément s'occupa un peu de la Terre Sainte. Au mois de juin, sur des avis lui annonçant qu'il serait peut-être possible de convertir le Soudan d'Egypte et d'obtenir de lui la rétrocession de la Terre Sainte, il avait consulté Philippe pour savoir s'il convenait d'envoyer une ambassade au Soudan ; on ne connaît pas la réponse de Philippe ; il n'est pas douteux que les avis transmis au pape fussent fantaisistes ; toutefois, on crut alors le Soudan assez bien disposé à l'égard des chrétiens, en sorte que, le 22 août 1313, Clément permit à Jacques, fils du roi d'Aragon, d'envoyer des ambassadeurs au Soudan de Babylone pour obtenir la liberté de plusieurs personnes. D'autre part, pour réunir toutes les forces du monde chrétien, Clément avait, le 14 septembre 1313, condamné les joûtes et les tournois dans l'intérêt de la croisade, et, en octobre, le cardinal de Fréauville les défendait sous peine d'interdit pour les coupables et leurs complices. Cette fois, le pape était allé trop loin ; les princes de la maison de France voulaient bien se croiser, mais ils ne voulaient pas se priver d'un divertissement qui leur était cher. Et, à ce moment, Pierre Dubois reparaît pour combattre la bulle dont les fils du roi, le comte de Poitiers, d'autres nobles, Philippe lui-même — qui pourtant comme roi avait interdit les tournois — désiraient le retrait. Dubois représentait à Clément la qualité et le nombre des mécontents, le scandale qui se produirait s'ils passaient outre à sa défense, l'échec de la croisade qui serait menée par des princes excommuniés pour leur désobéissance ; il priait le

pape de revenir sur sa décision, en considération de
la révérence qui est due au roi, de réserver les
joûtes aux seuls croisés comme récompense, et de
ne pas craindre de se contredire ainsi, car les contradictions sont permises aux papes. Le pape, déterminé par ce mémoire et sans doute par une requête officielle de Philippe, céda ; il permit les
tournois pendant trois jours avant le commencement du carême, sans préjudice pour l'avenir.

Vers le temps où il défendait les tournois, après
la prise de croix du roi, Clément avait posé à Philippe une question embarrassante. Il lui demandait
un secours en galères, afin de garder la Terre
Sainte et de faire le plus de mal possible aux ennemis de la foi. A la réception de cette requête, on
tint un conseil, celui-là même qui s'occupa de
l'élection du roi d'Allemagne. Chose surprenante,
presque tous les membres de l'assemblée, le roi
lui-même, furent d'accord pour accéder à la demande de Clément. Mais ensuite Enguerran de
Marigni intervint et retourna le roi ; ce faisant, il
obéissait à son intérêt et aux nécessités financières,
puisqu'à lui seul, comme il disait, incombait la
charge de pourvoir aux dépenses. Alors, en secret,
en présence de Philippe seul, il donna à Pierre
Barrière des instructions contraires à l'avis du
conseil : la reconquête de la Terre Sainte tenait
fort à cœur au roi ; mais, pour le moment, il n'était
pas possible de donner satisfaction au pape ; Philippe avait, en effet, dépensé beaucoup pour la
guerre en Gascogne, — événement déjà lointain —
pour la guerre de Flandre, pour la chevalerie de

ses fils, pour la réception d'Edouard II, pour la réunion de l'armée qui allait partir en Flandre ; dans cette même année, les dépenses extraordinaires montaient à cent mille livres. A cela, il fallait ajouter la charge qui résulterait de la fourniture d'hommes d'armes qu'il avait promise au prince de Tarente pour la conquête de Constantinople, les dépenses qu'il faisait pour l'entretien de la maison de ses fils, enfin les dettes qu'il avait et qu'il voulait acquitter avant le départ, afin que ses services fussent agréables à Dieu ; s'il commençait dès maintenant à fournir des contributions à la croisade, il ne pourrait plus s'arrêter, car il mettrait un point d'honneur à mener à bonne fin ce qu'il avait commencé. Or, ces contributions, il ne pourrait les fournir qu'en mettant la main sur les produits de la décime, ce qu'il ne voulait pas faire ; car si le roi dépensait d'abord ces ressources, plusieurs qui comptaient surtout sur elles pour leurs frais de croisade se dispenseraient de partir quand ils les sauraient épuisées. D'ailleurs, la décime que le pape a concédée fournit une petite ressource pour une si grande affaire ; il serait bon que le pape accordât de nouvelles subventions qui, ajoutées à ce que le roi possède, suffiraient à l'exécution du projet. Pour rassurer tout le monde, d'ailleurs, Philippe accepte que ces ressources ne soient dépensées que sur des instructions du pape ; sa volonté est pure ; il fera tout ce qu'il pourra pour plaire à Clément.

Ainsi Philippe ne répondait pas à la demande singulière et assez obscure du pape. Pourquoi Clément réclamait-il du roi un secours qui ne pouvait, à cause de sa médiocrité, être efficace ? Voulait-il faire supporter par Philippe une aide qu'on lui demandait ? Voulait-il seulement libérer sa conscience ou ennuyer le roi ? Le conseil avait estimé qu'on pouvait accorder le secours demandé, sans doute parce que l'affaire lui paraissait de faible conséquence et qu'il ne connaissait pas l'état vrai des finances. Mais Marigni était instruit des difficultés de la situation, et il savait qu'une expédition en Orient pouvait entraîner plus loin qu'on ne voulait. Il est toutefois surprenant que Marigni n'ait rien dit de tout cela au conseil ; voulait-il éviter les discussions, ne pas dévoiler l'état du trésor, ou montrer qu'à lui seul il était capable, en modifiant l'opinion du roi, de balancer l'autorité du conseil ? Philippe répondait donc par un refus au pape, et, avec une audace qui confond, il osait même lui demander de l'argent ; et, ce qu'il y a de plus surprenant, c'est que Clément lui en donna. Le pape cédait-il à Enguerran qui, auprès de lui, avait protesté de ses bons sentiments et qui avait en cour pontificale autant de crédit que Nogaret y avait rencontré de malveillance ? On ne sait, mais il eut confiance, et il prêta cent soixante mille florins dans le courant de l'année ; ainsi, jusqu'à la mort de Clément, la question de la croisade fut aux mains du roi un moyen d'avoir de l'argent. En cela, d'ailleurs, Philippe ne faisait qu'imiter Edouard II, qui s'était croisé et qui, manquant d'argent, avait sollicité un prêt pour l'expédition de certaines affaires et pour la croisade. Clément, le 1er mai 1313, avait ordonné de lui compter soixante-quatorze mille florins déposés au château de Duras; avec d'autres sommes prêtées par le pape, Edouard se trouvait en avril 1314 débiteur de Clément pour une somme de cent soixante mille florins; pas plus que Philippe, d'ailleurs, il ne songeait sérieusement à une expédition. Vers le temps où le prêt fut consenti à Philippe, la question de la croisade perdait de son importance. Clément, malade, s'affaiblissait physiquement et moralement; il était maintenant dirigé complètement par son neveu Bertrand de Got, dont l'influence ancienne se transformait en une prise de possession. La croisade, confiée au vicomte de Lomagne et au roi de France, était en bonnes mains.

Il est difficile de dire quelles étaient les chances de succès d'une croisade; mais il faut noter que l'estime que des hommes tels que Molai et Nogaret témoignaient pour les forces des Sarrasins trouvait alors de l'écho. Une prétendue lettre du Soudan au pape, écrite en Allemagne entre 1291 et 1314, montre que son auteur ne manquait pas d'arguments pour déconseiller une expédition. Le Soudan, dans ce document, se moque du pape qui fait tuer ses fils en Orient sans attendre qu'ils meurent de mort naturelle. Nous ne craignons pas, dit-il, tes menaces; toi qui envoies les autres et qui seul ne pars pas, penses-tu que nous manquions de carquois et de flèches? Est-ce que Jérusalem, Acre, Tripoli ne sont pas soumises? Trois cent cinquante villes, qui appartenaient autrefois aux chrétiens, sont maintenant à nous. Prie Dieu qu'il te rende le bon sens. Si pourtant vous voulez venir, venez, le nombre des martyrs sera accru.

En supposant que Philippe et que Clément, méconnaissant l'état de l'Orient, voulussent la croisade, ils n'auraient pas trouvé beaucoup de partisans dans le monde chrétien ; peut-être même y eussent-ils rencontré des obstacles. On peut très bien croire au succès d'une expédition de pillage analogue à celle qui fut dirigée en 1204 contre Constantinople ; mais il est difficile de croire à la possibilité d'une vraie croisade, parce que l'esprit du temps y était contraire. Les Sarrasins n'apparaissaient plus aux hommes de gouvernement comme des ennemis qu'il fallait combattre sans merci et sans arrêt. Les trêves étaient permises ; Frédéric II en avait conclu, et les moines chevaliers avaient fait de même ; Jacques de Molai, devant la commission d'enquête de Paris, le reconnaissait. Tout jeune, il avait blâmé une trêve faite par le maître de l'ordre ; devenu maître, il en reconnaissait la nécessité. On s'était aperçu qu'il y avait peut-être autre chose à faire que combattre les Sarrasins ; on pouvait songer à les convertir, comme le recommandait Raimond Lulle ; on pouvait songer à les exploiter, comme faisaient les Italiens. Les villes d'Italie allaient — ce qui était nécessaire — chercher des épices à Alexandrie ; mais elles y portaient des matériaux de construction et des armes ; en s'enrichissant, elles enrichissaient et fortifiaient le Soudan. Les Sarrasins les traitaient avec considération ; ainsi, en 1304, le doge de Venise avait reçu des lettres de sauvegarde pour les Vénitiens qui voudraient se rendre en Syrie pour y demeurer ou pour visiter le Saint Sépulcre ; en revanche, il faisait assurer les Sarrasins de sa bonne volonté et de son amitié. On excommuniait souvent les commerçants de ces villes italiennes, mais leur trafic n'en était pas interrompu. Or, une croisade, depuis que l'empire de Constantinople reconquis par les Grecs était devenu hostile aux Latins, n'était possible qu'avec l'aide de ces villes. Il était aussi impossible d'exercer contre elles des représailles, comme le suggéraient Nogaret et Dubois, que d'essayer de s'en passer. Gênes ne donnerait aucun secours, puisqu'il existait chez elle un office de piraterie qui indemnisait les navigateurs, quels qu'ils fussent, quand ils avaient été lésés par des Génois. Or, ces villes, ainsi qu'en témoignent divers incidents, étaient capables de se venger, comme firent ces Génois qui, pour punir les Hospitaliers qui leur avaient saisi une galère de contrebande, vinrent à Rhodes et exercèrent sur l'ordre des représailles. Même dans le cas de contrebande, d'ailleurs, le pape n'était pas toujours très ferme, et son pardon facile n'était pas fait pour décourager les marchands. Ainsi, les préoccupations mercantiles l'emportaient définitivement sur la force de l'esprit de prosélytisme.

La solution de la question de la croisade ne fut donc pas donnée au temps de Clément V ; si le pape eût vécu davantage, le sort de la Terre Sainte n'en aurait pas été modifié. Ce qui resta en suspens par la mort du pape, ce fut la question d'Empire.

Nous avons déjà vu que, jusqu'en 1308, Clément avait été gravement souffrant ; à partir de cette date, sa santé s'améliora, incomplètement d'ailleurs, puisqu'il se trouva plus d'une fois indisposé en 1310 ; à partir de 1312, son état redevint très mauvais. Il avait présidé le concile ; les travaux de l'assemblée l'avaient fatigué, et, peut-être, les condamnations qu'il avait prononcées contre les Templiers et les Spirituels l'avaient-elles troublé. Au début de l'été, au prieuré du Grozeau, il sentit ses forces diminuer, et, le 9 juin, il fit rédiger une donation de ses biens. En novembre, il se rendit à Avignon, au couvent des dominicains, et y passa l'hiver. En 1313, il passa l'été au Grozeau, mais sans y trouver beaucoup de soulagement à son état. En automne, il ne revint pas à Avignon, mais il alla à Chateauneuf, possession de l'évêché d'Avignon, sur la rive gauche du Rhône, puis il se rendit à Monteux, près de Carpentras, dans un château que son neveu Bertrand de Got, vicomte de Lomagne, avait récemment acheté. Il y passa l'hiver ; mais, comme sa maladie faisait des progrès, il résolut de revenir dans son pays natal, en Gascogne, pour y trouver du soulagement ou pour y mourir. Le 21 mars 1314, il publia les Clémentines, puis il se mit en route. Le 24, il était à Chateauneuf, où son état semble s'être aggravé ; le 7 avril, il se trouvait sur la rive droite du Rhône à Roquemaure ; il s'installa d'abord dans le château royal, puis dans la maison d'un chevalier, Guillaume Ricard, qui, pour un malade, devait être plus commode. C'est là qu'il fit expédier en forme les donations qu'il avait faites depuis 1312 et qu'il disposa des sommes nouvelles qu'il pouvait posséder. Ce travail, commencé à Chateauneuf, fut terminé à Roquemaure par le cardinal Bernard de Jarre le 9 avril, en présence du vicomte de Lomagne, de Raimond Guillaume de Budos, d'Arnaud Bernard de Preissac et des deux cardinaux Arnaud de Pellegrue et Raimond de Fargues.

Nous n'avons pas beaucoup de renseignements sur la fin de Clément; son cas fut embarrassant, et ses médecins ne purent qu'imaginer des remèdes bizarres, s'il est vrai, comme l'entendit dire son neveu, que l'on songea à mettre dans sa boisson et dans ses aliments des émeraudes pilées. Il mourut dans la nuit du 19 au samedi 20 avril, vers le matin.

En prenant ses dispositions dernières, Clément avait d'abord choisi comme lieu de sépulture l'église cathédrale de Bordeaux, et, dans cette intention, il lui avait laissé vingt mille florins pour l'entretien de trois chapelles. Puis il se ravisa et décida que son tombeau serait placé dans l'église Sainte-Marie d'Uzeste, en cette Gascogne qu'il a tant aimée. A cet effet, il laissa à cette église une somme de huit mille florins à prendre sur ce qu'il avait donné à l'église de Bordeaux.

Son corps fut déposé dans un cercueil de peu de prix, porté à la cathédrale de Carpentras, où de solennelles obsèques lui furent faites; on le laissa dans l'église jusqu'au mois de juin, pendant que ses exécuteurs testamentaires commençaient à exécuter ses dernières volontés. Vers la fin de juillet, son corps et ce qui restait de son trésor furent transportés en Gascogne par les soins de son neveu. Chaque fois que l'on arrivait dans une ville, le soir, on portait le cercueil dans la principale église et on le recouvrait de draps d'or et d'argent. Quand, au matin, on repartait, on laissait à l'église ces draps à titre de présent. Le 27 août, le cercueil fut inhumé à Uzeste, en l'église collégiale de Sainte-Marie, dans un caveau provisoire.

VIII

CONCLUSION

Parvenus ainsi au terme du pontificat de Clément V, il nous reste à jeter un coup d'œil sur la personnalité du pape défunt, à montrer ce que sa politique doit à sa personnalité et à rapporter en peu de mots ce que l'on a dit de lui et d'elle.

La personnalité physique de Clément V ne nous est pas connue. La tête de la statue qui décorait son tombeau — et qui, peut-être, n'était pas un portrait — a été mutilée; celle d'une statue du portail septentrional de la cathédrale de Bordeaux, que l'on a prise pour la sienne, n'a aucun caractère d'authenticité; il faut en dire autant du portrait que Ciaconius et A. Duchesne ont inséré dans leurs œuvres et qui se retrouve dans le *Bullarium romanum*. On sait seulement que Bertrand était de complexion sanguine.

On a incriminé ses mœurs; Villani rapporte qu'on lui attribuait pour maîtresse la belle comtesse de Périgord, fille du comte de Foix, sa parente; selon quelques auteurs modernes, il aurait fait construire pour elle le château de Langoiran et aurait été enseveli à son côté dans l'église d'Uzeste. La tradition méridionale a fait de lui un poète galant, lui a attribué des vers d'amour ; elle l'a représenté comme un joyeux vivant. Un défenseur de la mémoire de Clément a montré que toutes ces affirmations étaient sans valeur ; à l'exception du passage de Villani, écrivain systématiquement hostile, et qui d'ailleurs présente l'accusation comme un bruit, aucun texte contemporain n'établit la liberté des mœurs de Clément. Les plaintes dont il fut l'objet pendant son pontificat ne font jamais allusion à ses mœurs ; pourtant, ses adversaires anonymes ne l'ont jamais ménagé et ne lui ont pas épargné les accusations brutales. Toutefois, si l'on n'a pas le droit d'utiliser le texte de Villani, on n'est pas autorisé non plus à s'emparer d'une épithète de Jean XXII pour affirmer la sainteté de la vie de Clément.

Clément, au moment de son élection, était déjà un homme malade. Il avait échappé à la mort en 1305, en revenant de la cérémonie du couronnement ; il ne paraît pas s'être ressenti de la chute qu'il fit alors. Dès le début de 1306, nous le voyons atteint d'un catarrhe, affection insignifiante, puisque le 11 février il annonce à Édouard Ier qu'il se trouve maintenant en bonne santé. Mais, au mois d'août, il retombe malade, si gravement que, selon son expression, il s'est trouvé au bord de la tombe ; pendant tout le mois de septembre, il vit seul, ne reçoit plus les cardinaux, à l'exception de ses quatre parents ; la vie est suspendue à la curie. Vers le mois d'octobre, son état s'améliore ; en novembre, ses médecins le disent guéri, mais lui se sent toujours très faible. Il quitte Pessac en décembre et va passer quelque temps à Villandraut, son pays natal, pour hâter sa convalescence. Mais ses forces ne se rétablissent que lentement, et c'est pour cela qu'il propose au roi de France une entrevue à Toulouse, comme dernière concession à Poitiers, et non pas à Tours. En voyageant de Bordeaux à Poitiers, il se trouve indisposé encore ; il s'arrête environ quatre jours au monastère de Baignes et s'y fait saigner ; au mois d'août encore, il est préoccupé par sa santé. En quittant Poitiers, dont il avait trouvé le séjour salutaire, il se rend à Avignon lentement, après un voyage coupé d'arrêts qu'exigeait sa faiblesse. Le séjour à Avignon coïncide avec une période de bonne santé ; à peine trouve-t-on à signaler en 1310 quelques indispositions passagères dont il fut peut-être bien aise de se servir pour retarder les débats du procès de Boniface. En 1311, il se rend à Vienne ; immédiatement après la clôture du concile, il retombe malade ; son état s'aggrave malgré tous ses changements de résidence ; il se décide enfin à retourner en Gascogne, trop tard, et meurt en route.

Cet homme malade s'occupait beaucoup de médecine. Il parlait volontiers de ses maladies, du traitement qu'il suivait ; ses lettres à Edouard Ier et à Philippe sont remplies de détails médicaux ; il dit comment il se soigne, à quelle date il prendra médecine, quand il se fera saigner. Il aimait les médecins et s'en entourait volontiers. Quand il rentre à Bordeaux, après avoir appris son élection, nous voyons dans son entourage le célèbre médecin Arnaud de Villeneuve, pour qui il avait beaucoup d'estime ; le 15 mars 1312, alors qu'il était déjà mortellement malade, il ordonne de rechercher un livre de pratique médicale qu'Arnaud lui avait promis avant de mourir. A n'importe quel moment de sa vie, on voit auprès de lui des médecins qu'il récompense largement : Guillaume de Maret, Guillaume de Breix, Jean d'Alais, Pierre de Guarda. C'était un moyen assez sûr de faire son chemin dans la carrière ecclésiastique que de s'occuper de médecine ; de Pierre d'Aspelt, qui avait contribué à sa guérison, il fit un archevêque de Mayence, pensant qu'un si bon médecin du corps serait un excellent guérisseur d'âmes. L'estime qu'il avait pour les médecins a profité à leur science ; sur les conseils d'Arnaud de Villeneuve, Jean d'Alais et Guillaume de Breix, il réorganisa les études à l'Université de Montpellier, attribuant en particulier aux docteurs, et non à l'évêque de Maguelonne, la désignation du chancelier.

La faiblesse physique de Clément se doublait d'une grande faiblesse de caractère, qu'elle a peut-être déterminée, qu'elle a sûrement accrue. Quand il était malade, il était sans volonté et se laissait aller à toutes les concessions, souvent désastreuses pour l'Eglise, comme cela lui arriva en 1306 et 1307. Ces faiblesses, Clément les avouait plus tard, et il prenait publiquement l'engagement de les éviter à l'avenir, et, pour le passé, d'annuler celles qui étaient illégitimes. Mais cette faiblesse s'alliait à une affabilité qui plaisait ; les ambassadeurs qui avaient à négocier avec lui se louaient de sa bienveillance et de sa simplicité. Il avait une bonhomie réelle qui reposait de la manière superbe de Boniface VIII et que la raideur de son successeur Jean XXII fit regretter. Il n'était pas sévère ; il n'a pas caché l'antipathie qu'il avait pour l'inquisition ; il a protégé des hommes comme Arnaud de Villeneuve et Bernard Délicieux ; il n'aimait pas citer les prélats en cour de Rome.

Un autre trait du caractère de Clément, c'est l'amour qu'il avait pour son pays natal. Il aimait ce pays au doux climat, aux monotones collines, et ce sentiment toute sa famille l'éprouvait avec lui ; son oncle, l'évêque d'Agen, qu'il avait transféré dans l'évêché-pairie de Langres, ne put supporter le dur séjour de cette ville et demanda à revenir à Agen. Il y a dans les bulles de Clément un accent personnel quand il est question de cette région du Sud-Ouest ; il parle souvent de Villandraut, de l'excellence du climat de son pays natal, de Bordeaux, de son église qui a vu ses débuts dans la carrière ecclésiastique et qu'il a toujours protégée avec une bienveillance particulière. Pendant un pontificat de neuf ans, il n'a pas séjourné moins de quinze mois dans cette région ; peut-être avait-il même l'intention d'en faire son séjour définitif, quand son conflit avec Philippe le détermina à passer sur la rive gauche du Rhône. Il revint à ce projet en 1314, décidé à abandonner définitivement Avignon au grand déplaisir de Napoléon Orsini ; c'est en Gascogne qu'il avait fixé son tombeau, d'abord à Bordeaux par son testament de 1312, puis à Uzeste, près Villandraut, par un codicile de 1314.

De cet amour pour son pays, Clément a donné de nombreuses preuves : il a construit en Gascogne plusieurs châteaux ; il a comblé de faveurs l'église de Bordeaux ; il l'a soustraite à la suprématie de celle de Bourges ; il a décidé qu'elle ne serait pas tenue de payer les dettes qu'elle avait contractées envers les églises et les personnes ecclésiastiques avant qu'Arnaud de Canteloup n'en fût l'archevêque. Il lui a fait de grands legs, de même qu'à divers établissements du Midi. A des jeunes filles des villes qu'il avait habitées, du Comtat-Venaissin, de Poitiers, de Lyon, de Vienne, mais surtout des villes du Sud-Ouest, Bordeaux, Saint-Bertrand de Comminges, Bazas, Agen, il donnait des dots pour qu'elles pussent se marier ou entrer en religion ; aux pauvres de ces mêmes villes, il laissait 66.680 florins ; à des hôpitaux et des couvents des mêmes endroits, il donnait diverses sommes ; en tout, pour les villes et les régions citées, 200.000 florins ; dans une donation complémentaire du 9 avril 1314, il pourvoyait encore aux besoins de l'église de Bordeaux et de celle d'Uzeste.

Clément n'était pas un lettré ; il avait une bibliothèque qui nous est particulièrement connue par le procès que souleva sa succession. On voit qu'elle contenait des livres de piété et de droit ; à l'exception d'un livre de chroniques relatives à son pontificat, il n'est pas fait mention d'œuvres littéraires. Des témoins qui ont vu le pape dans les derniers temps de sa vie nous le montrent lisant des livres de piété, et surtout l'œuvre qui a gardé son nom, pour laquelle il a montré un véritable goût: les Clémentines. Evidemment, le pape n'était pas un amateur de lettres ; en fait, on ne voit pas qu'il ait protégé un seul écrivain. Il n'était pas non plus un artiste ; si la papauté française d'Avignon a aidé au développement des arts, ce n'est pas de son temps, mais seulement à partir de Jean XXII. Clément ne fut pas un grand bâtisseur ; il fit travailler à Saint-Bertrand de Comminges, à Saint-André de Bordeaux ; il s'occupa de la reconstruction de Saint-Jean de Latran, détruite par un incendie en 1308 ; il avait même l'intention d'aller à Rome afin d'en replacer de ses mains l'autel de bois ; il fit travailler au chœur et aux chapelles de Sainte-Marie d'Uzeste ; il construisit quelques châteaux en Gascogne, en particulier celui de sa famille à Villandraut. Son séjour dans le Comtat-Venaissin a laissé peu de traces ; à Avignon, il habitait d'ordinaire le couvent des dominicains, situé à l'ouest de la ville, près du Rhône ; le cloître en était beau, l'église vaste ; il ne fit faire dans cette demeure que des travaux insignifiants. Pendant l'été, au temps des vacances, il séjournait au nord du Mont-Ventoux, près Malaucène ; il avait été séduit par la beauté de cet endroit, très frais, au milieu d'un paysage dénudé, et fait agrandir le prieuré du Grozeau ; les travaux qu'il y fit alors exécuter ne furent que sommaires. Vasari a dit qu'il avait appelé Giotto à Avignon ; mais cette affirmation n'a jamais été démontrée. Les registres de dépenses de Clément pour les années 1307, 1308, 1309 montrent que le pape menait une vie fort simple. Les dépenses de **cuisine sont très médiocres et celles qui ont un ca-**

ractère artistique sont très rares. En 1307, il emploie un certain Tadiolo qui travaille dans ses appartements et aussi à Nouaillé et à l'église Saint-Pierre de Poitiers, où il fabrique un siège et un autel. Dans les années suivantes, les dépenses artistiques sont encore plus rares ; quand on a besoin d'objets de luxe en cour pontificale, on les achète à des Italiens : ainsi, en 1309, un bâton d'argent, l'ameublement de la salle du consistoire, une tunique dalmatique, des pierres précieuses. Le seul artiste que l'on mentionne alors auprès de Clément est un orfèvre de Sienne, maître Tauro, qui transforme l'argent monnayé en plateaux, tasses, statuettes.

Si Clément ne fut pas vraiment un protecteur des arts, on voit qu'il avait du goût pour les objets précieux. Il aimait aussi beaucoup l'argent ; on le trouvait avide ; Geoffroi de Paris condamne sa cupidité ; un pamphlétaire anonyme lui dit en 1305 : « Tu n'as amie fors la pécune ». On a l'impression que cet homme, qui avait presque souffert de la pauvreté au début de sa carrière, s'est efforcé d'amasser dès qu'il est devenu pape. Il a voyagé beaucoup, et cela lui a permis — en exerçant son droit de gîte — de diminuer les frais d'entretien de sa cour ; mais cela lui a fait commettre des injustices et lui a valu des inimitiés ; il a réduit à la misère Gilles Colonna, archevêque de Bourges, soulevé contre lui une partie du clergé de France en allant de Lyon à Bordeaux et en revenant de Vienne, après le concile, déterminé une émeute à Valence. Il a accordé assez aisément des décimes aux princes, mais cela lui a permis — sans soulever trop d'opposition — de taxer les églises pour son compte. Il était difficile de faire ses affaires en cour pontificale quand on n'avait pas d'argent ; les prélats, les bénéficiaires à qui il permettait de faire des emprunts, les envoyés du roi d'Aragon en ont su quelque chose. Tant de recettes ont fini par constituer un trésor considérable qui fut déposé surtout dans les châteaux que Bertrand, vicomte de Lomagne, possédait en Provence et en Gascogne. Clément s'occupait soigneusement de son trésor ; toutes les quatre ou six semaines, il en faisait faire une révision. Après qu'il eût prêté 320.000 florins aux rois de France et d'Angleterre, il lui restait encore 1.040.000 florins ; une bonne partie de ce trésor était composée de pierres précieuses et de pièces d'orfèvrerie qui provenaient de la transformation d'espèces monnayées. La garde de ces richesses prenait une partie de son temps et occupait quelquefois ses pensées. Un jour, pendant sa dernière maladie, au moment d'une révision, des pierres et des diamants disparurent ; le pape les redemanda plusieurs fois, sans succès ; et cela le rendit fort triste, dit le témoin de la scène.

La faiblesse qui est la marque du tempérament de Clément est aussi celle de son gouvernement. Ce n'est pas que le pape fût faible avec tout le monde, et vraiment débonnaire ; il était capable de haine quand il se croyait personnellement insulté et quand il n'avait rien à craindre ; il le montra, **comme on a vu, à l'évêque de Poitiers et à l'arche-**

vêque de Bourges. Lui qui n'alla jamais en Italie, qui n'aimait pas les Italiens, défendit avec énergie les possessions de l'Eglise dans la péninsule ; quand les Vénitiens attaquèrent Ferrare, il dirigea contre eux une croisade et ordonna de réduire les prisonniers à l'esclavage ; les nombreuses bulles qu'il consacra à cette affaire montrent assez qu'elle l'occupa beaucoup et leur ton prouve qu'elle lui tenait à cœur. Il avait par moments des accents, des prétentions qui rappellent ceux de Boniface. En déléguant des cardinaux au couronnement d'Henri VII, il affirmait hautement la puissance de l'Eglise sur les hommes et la situation inférieure des empereurs et des rois ; il se montra aussi autoritaire à l'égard du roi d'Angleterre qui faisait quelques difficultés pour permettre l'emploi de la torture dans le procès du Temple, et plus tard à l'égard de l'empereur Henri VII dont il cassa les sentences portées contre Robert, roi de Sicile. Au fond, ces actes ne sont que des exceptions ; on ne les constate que dans les relations qu'eut Clément avec les rois étrangers, non avec Philippe ; ils ne caractérisent pas l'ensemble de son gouvernement.

Clément n'avait pas une notion complète de ce qu'avait été avant lui la papauté. Ce Gascon ne connaissait pas vraiment l'Italie ; ce protégé de Boniface n'avait pas vécu dans le pays de Rome où « flottaient encore des souvenirs des temps héroïques» ; son entourage, les cardinaux nouveaux n'étaient pas tels qu'ils pussent conserver à ses côtés les anciennes traditions de gouvernement. Lui était un petit noble entré dans l'Eglise parce que sa famille avait des influences ecclésiastiques dans le Sud-Ouest. Sans doute, il n'avait jamais rêvé qu'un jour il serait à la tête de l'Eglise ; il avait cherché seulement à vivre de son évêché, plus tard de son archevêché ; c'est tout à fait accidentellement qu'il était devenu pape. Jamais il ne put se faire une conception très élevée et entièrement idéale de la papauté, bien que le ton de quelques-unes de ses bulles puisse parfois donner l'impression du contraire. Il considéra toujours la conduite de l'Eglise comme une affaire, son élection comme une heureuse fortune, dont il fallait profiter ; sous ce rapport, on ancien protecteur pouvait lui servir de modèle ; car Boniface, qui avait défendu avec tant de hauteur l'autorité de la papauté, avait en même temps assuré largement l'avenir de sa famille.

Clément appartenait à une nombreuse famille : il eut dix frères et sœurs et seize neveux et nièces. Il donna beaucoup à ses parents, et généralement au détriment de l'Eglise. Il leur distribua d'abord des dignités ecclésiastiques. Cinq des cardinaux qu'il créa furent pris dans sa famille : Raimond de Got, Raimond de Fargues, ses neveux, Arnaud de Pellegrue, Arnaud de Canteloup, Bernard de Jarre ; dans sa famille il choisit aussi quatre évêques : Bernard de Fargues, qu'il installa à Agen en remplacement de son oncle qu'il avait envoyé à Langres ; quand celui-ci revint à son premier poste, Clément transféra Bernard à Rouen, dans la plus riche des provinces de France, à la surprise générale ; mais Bernard ne réussit pas en Normandie et il fut transféré à Narbonne par permutation avec Gilles Aicelin. Quand son oncle, l'évêque d'Agen, mourut en 1313, Clément le remplaça par un de ses autres neveux, Amanieu de Fargues ; à Albi, il envoya Béraud de Fargues en 1314 ; à Toulouse, en 1305, il avait nommé Gaillard de Preissac ; à Bordeaux, la même année, lui avait succédé Arnaud de Canteloup, qu'il créa cardinal en décembre.

Les laïcs de sa famille furent aussi bien pourvus que les ecclésiastiques ; il leur distribua le gouvernement des domaines de l'Eglise. A son frère aîné, Arnaud Garsias, il donna le duché de Spolète, qui à sa mort passa à Bertrand de Salignac qui obtint aussi le gouvernement de la Campagne romaine et peut-être, pendant quelque temps, celui du Comtat-Venaissin ; à Bertrand, fils d'Arnaud Garsias, il donna la marche d'Ancône ; à Arnaud Bernard de Preissac, Massa Trebaria, Citta del Castello, et plus tard Urbin ; à Raimond Guillaume de Budos, Bénévent, et plus tard le Comtat-Venaissin ; à Guillaume de Bruniquel, Ferrare ; à Amanieu d'Albret, le patrimoine de Toscane, Rieti, Narni, Todi, les Maremmes. Toutes ces fonctions n'étaient pas absorbantes ; ces gouverneurs étaient rarement dans leurs gouvernements ; ils se faisaient suppléer par des vicaires pris parmi leurs familiers, restaient auprès du pape, y touchaient les revenus de leurs charges et trouvaient le moyen, en intercédant pour les quémandeurs, d'augmenter leurs bénéfices. Peut-être valait-il mieux qu'ils fussent absents de leur poste, car leur administration ne paraît pas avoir été heureuse ; on voit par exemple, le 1er juillet 1311, Clément ordonner une enquête parce que plusieurs gouverneurs de la marche d'Ancône, entre autres Bertrand de Got, ont reçu des sommes d'argent et les retiennent sans les verser à la caisse pontificale ; cette décision éclaire et justifie l'accusation que Napoléon Orsini lançait contre ces gouverneurs, quand il les accusait d'avoir spolié l'Eglise en brigands qu'ils étaient.

Clément, avant de mourir, donna à ses parents d'autres témoignages de son amitié. Il avait, comme on a vu, amassé un trésor de plus de 1.300.000 florins, et il était devenu le créancier de Philippe le Bel et d'Edouard II. Par ses dispositions dernières, il ne laissa à son successeur que 70.000 florins ; à des couvents, des hôpitaux, — surtout dans le Midi — il avait laissé environ 200.000 florins ; tout le reste devait revenir à sa famille. Ses familiers, ses parents, leurs enfants légitimes ou naturels reçurent 314.800 florins ; il partagea prudemment les 320.000 florins qu'il avait prêtés à Edouard et à Philippe — et dont le recouvrement n'était pas assuré — entre la croisade et les œuvres pieuses ; enfin, il donna à son neveu préféré, Bertrand, vicomte de Lomagne, 300.000 florins, avec obligation de faire en personne, ou par représentant, une croisade de deux ans et demi, avec 500 chevaliers. Ainsi, presque tout l'argent qu'il avait levé avec sévérité dans le monde chrétien, qu'il avait gardé avec une inquiétude jalouse, allait passer à son immense et besogneuse famille.

Ses parents, aux revenus qu'ils tiraient de leurs

charges, ajoutaient les profits qu'ils se ménageaient en servant d'intermédiaires entre les solliciteurs et la cour pontificale. Beaucoup d'affaires passaient par leurs mains; ils pouvaient beaucoup; leur influence était si bien établie que, même après la mort de Clément, le 29 juin 1314, Edouard II priait deux de ses neveux, Bertrand de Got et Raimond Guillaume de Budos, de faire élire un pape. Ces Gascons, qui pouvaient tant pour les autres, pouvaient beaucoup pour eux-mêmes; ils se ruèrent à la curée, dès le début du règne, avec une vigueur dont un détail donnera une idée. Le registre de la première année du règne de Clément comporte 1.512 numéros; là-dessus, 73 au moins désignent des concessions faites à ses parents ou à leur requête. La nation besoigneuse des Gascons avait depuis longtemps cherché à exploiter le reste de la France; elle a travaillé à cette tâche souvent avec succès jusqu'à nos jours; mais jamais elle n'eût l'occasion de gagner autant, et jamais elle n'en profita davantage qu'au temps de Clément V.

Cet entourage de gens avides a donné au gouvernement de Clément un caractère de laisser-aller que l'on a rarement constaté depuis la réforme de Grégoire VII; les contemporains l'ont remarqué eux-mêmes; tout est en désordre, rien ne se fait comme autrefois, disent les envoyés du roi d'Aragon. Il y avait autour du pape une sorte de conspiration qui ne lui permettait pas de savoir; elle était l'œuvre de ses parents et surtout de son neveu Bertrand de Got. Un frère et un neveu de Clément furent armés chevaliers par Philippe, qui donna à

Arnaud Garsias de Got, frère aîné du pape, la vicomté de Lomagne et d'Auvillars; Bertrand, son fils, reçut du même roi, qui pourtant n'était pas prodigue, la seigneurie de Duras; d'Edouard II, il reçut le château et la ville de Blanquefort; de Robert, roi de Naples, les châteaux et seigneuries de Perbois, Meyrargues, Pena Savordona. Raimond Guillaume, fils de Mathilde de Got, sœur de Clément, reçut d'Edouard la seigneurie de Budos. Parmi ces intermédiaires qui traitaient les affaires des princes en cour pontificale, il faut citer Bertrand de Salignac, comte de la Campagne et de Maritime, autre neveu de Clément, à qui Edouard en 1312 fait payer 130 livres sterling pour les dépenses qu'il a faites à son service pendant soixante jours, et Arnaud Bernard de Preissac, seigneur d'Uzeste, employé aussi par le même roi, qui l'appelle « très cher ami ». Tous les dons que l'on faisait à ces officieux étaient des récompenses ou des indemnités anticipées; Bertrand de Lomagne en recevait plus que les autres, parce qu'il avait plus de crédit. Clément connaissait son rôle, il savait qu'il ne travaillait pas pour rien, mais il n'en était pas choqué; dans une bulle du 15 mars 1311, il délie son neveu de l'excommunication qu'il a encourue, en recevant d'Edouard le château et la ville de Blanquefort; mais on chercherait vainement dans ce document une expression de blâme, car le pape lui-même avait remercié Edouard pour sa libéralité.

Les cardinaux faisaient comme le vicomte de Lomagne. Un certain nombre, surtout les Italiens, étaient excusables, car la vie leur était devenue difficile depuis que la papauté résidait en France; mais les Français et surtout les Gascons étaient les plus âpres au gain. Le 4 mars 1309, le roi Edouard II ordonne de payer à des cardinaux la pension annuelle qu'il leur accorde; on voit que Thomas Jorz reçoit cent marcs sterling par an, Arnaud de Pellegrue et Pierre Colonna, chacun 40, Bertrand de Bordes, camérier, seulement 30; à ces noms, il faudrait peut-être ajouter celui de Raimond de Got, qui rendit aussi des services à ce roi. De son côté, Philippe payait une pension à Napoléon Orsini; en 1306, il en accordait une de mille livres tournois à Etienne de Suisi. Mais, d'ordinaire, il faisait des libéralités espacées, pour payer ou pour se ménager des services précis : le 4 octobre 1308, après les accords de Poitiers, il donne à Pierre de La Chapelle seize mille livres tournois; assez fréquemment, il accordait aux cardinaux et aux parents de Clément l'autorisation d'acheter ou de transporter des rentes en France. On s'explique ainsi que le pape n'ait pas toujours été bien renseigné; il y avait, dans son conseil, des hommes qui portaient autant d'intérêt aux affaires de Philippe qu'à celles de l'Eglise. Jamais sans doute le dévouement qu'ils témoignaient à Philippe ne les a mis en conflit ouvert avec le pape, comme cela s'était produit au temps de Boniface; mais il n'y avait pas accord entre l'action de Clément et celle des membres du sacré collège. Le pape prenait des décisions seul, quelquefois en cachette; les cardinaux entamaient de leur côté des négociations avec le roi; ainsi Pierre de la Chapelle, Landulphe Brancaccio, Bérenger Frédol, Etienne de Suisi, Pierre Colonna lui rendent compte de l'interrogatoire qu'ils ont fait subir à Chinon aux dignitaires de l'ordre du Temple, Raimond de Got recommande à l'archevêque de Cologne la candidature de Charles de Valois, Nicolas de Fréauville, Arnaud de Faugères, Arnaud Nouvel laissent condamner à mort Jacques de Molai et Charnai par le roi de France, alors que la décision dernière leur appartenait. En sens inverse, on voit les cardinaux bonifaciens fabriquer de fausses bulles, et le pape qui n'ose pas procéder contre eux laisse tomber l'affaire.

Ce pape, qui n'avait pas dans sa main sa propre cour, ne tenait pas non plus l'Eglise, surtout l'église de France. Les symptômes de désobéissance qui s'y montraient du temps de Boniface sont visibles encore au temps de Clément V. Quand on lit les plaintes de Boniface, les diatribes de Guillaume le Maire, et surtout les doléances rédigées par les prélats pour le concile de Vienne, on a l'impression que le gouvernement de Philippe, dans ses tendances générales, a été hostile à l'Eglise. Mais cette impression n'est pas exacte ; Philippe a été favorable au clergé, mais il a voulu un clergé dévoué et obéissant. Le rôle des clercs, dans son gouvernement, est considérable ; il y a même eu un moment (vers 1290) où l'esprit de la jurisprudence du Parlement n'était pas favorable aux laïcs. Pendant le règne de Clément, les négociateurs ecclésiastiques sont plus nombreux que les autres ; en face de Nogaret, Plaisians, Marigni, nous voyons l'évêque de Bayeux, Guillaume Bonnet, l'évêque d'Auxerre, Pierre de Belleperche, l'abbé de Saint-Médard de Soissons, les chanoines Pierre Barrière, Geoffroi du Plessis, Pierre de Latilli. Mais ces ecclésiastiques sont des laïcs déguisés, pourvus d'évêchés, d'abbayes, de bénéfices par le roi qu'ils servent maintenant comme ils l'ont servi autrefois. Ainsi s'expliquent les nombreuses recommandations faites par le roi auprès du pape. Il demande à Clément l'évêché de Bayeux pour Guillaume Bonnet, celui d'Auxerre pour Pierre de Grès, puis pour Pierre de Belleperche, celui d'Orléans pour Pierre de Laon, celui de Sens pour Philippe de Marigni, celui de Cambrai pour Guillaume de Trie, celui de Cahors pour Hugues Géraud. Pour le satisfaire, le pape était obligé de recourir aux réserves, quelquefois sans plaisir, comme cela se produisit en 1309 pour le siège de Sens. Philippe feignait de ne pas entendre ses protestations, et avec une assurance tranquille, lui recommandait un nouveau protégé. Il plaçait même ses protégés dans la région du Rhin, à Bâle, à Cologne, à Trèves ; à plus forte raison, les installait-il dans les petits bénéfices. Il y avait donc en France, dans le haut clergé, un groupe très favorable au roi, docile, obséquieux, lié par des chaînes dorées.

Ce recrutement de la haute Église a eu des conséquences importantes. Cela donnait aux ecclésiastiques employés par Philippe une liberté d'allures remarquable. L'évêque de Bayeux, l'abbé de Saint-Médard répondent avec une assurance singulière au pape, à Avignon, en 1310. L'évêque de Paris entrave les travaux de la commission d'enquête qui siège à Paris de 1309 à 1311 ; Philippe de Marigni, en mai 1310, le prend de haut avec elle et passe outre avec désinvolture à ses observations timides. Ce recrutement rendait la position du roi très forte ; Philippe parlait avec énergie à Clément, lui présentait avec brutalité les griefs du clergé français. Le pape, sur ce terrain, pouvait difficilement lutter. Ce n'est pas notre intention de tracer ici un portrait de Philippe ; cette entreprise a été tentée plusieurs fois, par Boutaric, Wenck, en dernier lieu par Finke, mais sans grand succès, parce que les documents mis en œuvre sont insuffisants. Pourtant, un trait de la personnalité du roi est hors de discussion : c'est sa piété. Philippe est apparu à ses contemporains comme un autre saint Louis ; en lui se retrouvent la même sévérité de vie, le même respect de la religion, la même application aux exercices religieux, la même déférence extérieure pour la personne du pape, la même fin dévote. Sans doute, les actes de son gouvernement sont très hardis et, par leurs conséquences, tout modernes ; mais ce serait se tromper beaucoup que d'attribuer aux hommes d'alors les préoccupations et les idées des hommes d'aujourd'hui. Il ne faut pas croire que la lutte qu'il entreprit contre la papauté, analogue par certains traits à celles que l'on a vues aux temps modernes, procède des mêmes préoccupations. D'ailleurs, plusieurs actes de sa vie atténuent l'éclat de cette lutte : il s'est croisé, il a laissé de l'argent pour la croisade, il a donné beaucoup aux églises et aux monastères, il a poursuivi les Juifs et les prétendues hérésies des Templiers. Un souverain qui, dans sa vie publique, se montrait si bon défenseur de l'Eglise, était invulnérable et très dangereux. Il est remarquable que le pape, dans toutes les critiques qu'il a adressées au roi, n'a jamais incriminé le zèle de Philippe. Le roi était un évêque du dehors, un second vicaire de Dieu, désigné, comme le dit très bien Pierre Dubois, pour suppléer à la faiblesse du pape. En face d'un tel homme, un pape aussi « humain » que l'était Clément se trouvait dans un état d'infériorité évidente. Aussi, couverts par le zèle et la réputation de leur roi, les conseillers de Philippe mirent la main sur le pape et l'Eglise dans l'Etat.

Les écrivains du début du xive siècle ont été peu favorables à Clément ; ils ont jugé sévèrement son gouvernement et ses relations avec le roi de France. On peut, dans leur condamnation presque unanime, distinguer trois courants : le courant italien, le courant français, le courant franciscain.

Les Italiens ont universellement blâmé le transfert de la papauté en France. Plusieurs l'ont fait parce que la tradition paraissait placer à Rome le siège de l'Eglise. Telle était l'opinion de Dante, théoricien des pouvoirs impérial et papal ; pour lui le séjour de Clément au-delà des Alpes était une désertion, et constituait le commencement d'une captivité de Babylone volontaire. Mais beaucoup d'Italiens, évidemment plus positifs, ne méconnaissaient pas les inconvénients qu'avait pour l'Italie le séjour de la papauté à Rome ; ils savaient que la tradition n'avait pas toujours été scrupuleusement respectée à la fin du xiii⁰ siècle : les séjours de Célestin à Naples, de Boniface à Anagni, celui de Benoît XI à Pérouse, qu'il songea peut-être à abandonner pour la Lombardie, montrent que la prolongation du séjour des papes à Rome était en question. Au fond, le vrai motif de la plupart des Italiens opposants était autre ; ce qu'ils regrettaient, c'était la perte pour l'Italie et pour Rome de tous les avantages matériels qu'assurait au monde ecclésiastique la présence de la papauté : la diminution du nombre des cardinaux italiens et, par suite, de celui de leurs protégés et familiers de la même nationalité ; la diminution du nombre des bénéfices conférés aux gens de la péninsule ; l'arrivée des Gascons, faisant suite aux anciens voyages fructueux des Italiens en France. Ce sentiment transparaît dans la lettre que le cardinal Napoléon Orsini adresse à Philippe le Bel au temps du conclave de Carpentras ; l'auteur reproche à Clément d'avoir méprisé les cardinaux italiens et d'avoir voulu transférer la papauté en un coin de la Gascogne ; mais il se garde bien de parler d'une captivité de Babylone, car il n'y croit guère, et, au moment où il porte au roi ses griefs contre les cardinaux gascons, il se montre plus français que Clément ne le fut jamais.

Le second courant est français et tout opposé au précédent. Les Français ne se sont d'abord pas plaints de la venue des papes en France. Mais s'ils ne voulaient pas que la papauté fût entièrement italienne, ils ne la voulaient pas non plus trop gasconne. Ce qui leur déplaisait d'abord, c'était l'exploitation de l'Eglise, exercée — ils le croyaient du moins — pour le seul profit du pape et de sa famille ; ce point de vue ressort très clairement de la prétendue requête du peuple de France ; Pierre Dubois, catholique zélé, exprimait en 1308 l'opinion de la masse pensante, comme l'indiquent le témoignage concordant de Guillaume le Maire et tant de plaintes contemporaines. Ce qui choquait surtout, c'était de voir un Raimond de Got posséder à lui seul plus de bénéfices que quarante ecclésiastiques, Bernard de Fargues obtenir l'archevêché de Rouen, le plus riche de France. Ces laïcs et ces clercs, mécontents, se trompaient pourtant ; ils ne savaient pas que les exactions de Clément, condamnées bruyamment par le roi, étaient pour ce dernier un exemple et le mettaient à l'aise pour exiger aussi des contributions de l'Eglise. Un autre reproche des Français est qu'ils jugeaient le pape hostile au roi. Pour eux, Philippe veut le bien de l'Eglise, alors que Clément fait des difficultés ; le premier veut la condamnation de l'hérésie de l'ordre, le second défend — peut-être à prix d'argent — les chevaliers accusés ; Philippe veut la croisade ; Clément par sa mauvaise volonté en retarde le départ.

Le troisième courant est plus faible ; il est déterminé par la minorité qui, se détachant de la masse des franciscains, voulut suivre la pure doctrine de saint François d'Assise. Ces gens — on le comprend — durent être choqués par un pontificat que le souci des choses temporelles et les préoccupations financières ont si fortement marqué. Mais ils avaient d'autres motifs pour se plaindre ; Clément, en effet, ne leur fut guère favorable ; il eut des conseillers dominicains comme Nicolas de Fréauville, Thomas Jorz, Guillaume Pierre de Godin ; il ne procéda pas contre les dominicains inquisiteurs avec l'énergie qu'aurait désirée Bernard Délicieux ; il condamna les Fraticelles et fut dur à l'égard de Gauthier, évêque de Poitiers. L'opinion franciscaine a laissé des traces dans un certain nombre de récits qu'elle a colorés : telles sont l'histoire de la visite du pape au tombeau de Gauthier, l'histoire de sa maladie dernière, dont on fait coïncider le début avec la condamnation de Pierre Olive. A ce courant, il faut ajouter celui qui fut créé par les défenseurs du Temple. Les amis de l'ordre ont considéré le procès comme une lâcheté, dont le pape, de même que le roi de France devaient rendre compte ; de là viennent tant de récits qui font citer Clément par des Templiers devant le tribunal de Dieu.

La sanction d'une semblable conduite était, dans les idées d'alors, une terrible peine spirituelle ; Clément n'y a pas échappé. Villani met son neveu, le cardinal Raimond, en enfer et fait prévoir au pape un sort analogue ; Dante, plus hardi, qui jugeait les actions des hommes plutôt par leurs conséquences sociales que par leur valeur intrinsèque, l'a mis dans la quatrième enceinte des réprouvés, parce qu'il était simoniaque et qu'il avait trahi Henri VII. En résumé, si des écrivains du début du

XIVe siècle ont pensé du bien de ce pape, leur opinion n'a pas laissé de traces ; un seul, en rappelant son nom, a usé d'une expression élogieuse : c'est Jean XXII qui affirmait la sainteté de sa mémoire. Mais Jean avait été créé cardinal par Clément, et la révision qu'il fit du testament de son prédécesseur montre assez qu'il n'approuvait pas tous ses actes.

Ces jugements si sévères ont subsisté jusqu'aux temps modernes ; on a mis sans doute à les exprimer moins d'âpreté ; mais, sous la modération de la forme, on a toujours prononcé les mêmes condamnations.

Les Gallicans, surtout ceux du XVIIe siècle, ont accepté le récit de Villani qui faisait du pape un esclave et de Philippe un prince tout puissant ; Clément leur apparaissait ainsi comme un homme qui, pendant tout son pontificat, faisait des efforts pour se soustraire à ses engagements et qui défendait l'hérésie d'un ordre religieux contre le zèle éclairé du roi. Ce qui fortifiait leur opinion, c'est qu'en définitive les événements avaient paru donner raison à Philippe qui avait obtenu la suppression du Temple et fait reconnaître son « juste zèle » dans la poursuite de Boniface. Ils en concluaient que les résistances premières de Clément procédaient d'une appréciation inexacte des événements ou d'une mauvaise volonté. Du côté du roi, ils mettaient le respect, la patience ; du côté du pape, l'orgueil, l'aveuglement, les atermoiements.

Le jugement des ultramontains, très différent, n'est pas beaucoup plus favorable. Tous pensent que la papauté devait rester à Rome. Tous ne condamnent pas l'homme ; mais le moins sévère, Ehrle, qui loue sa bonté, sa piété active, est obligé de s'arrêter devant son népotisme dont il fait une déviation de cette bonté même. A côté de ce jugement, il y a place pour beaucoup de blâmes atténués ; on n'ose guère condamner la suppression de l'ordre du Temple, parce qu'il y a pour ainsi dire chose jugée ; mais le champ reste libre quand il s'agit de la soumission que le pape témoigna au roi de France. C'est ce que Luigi Tosti a senti plus fortement que d'autres, quand, à propos des registres de Boniface cancellés sur l'ordre de Clément à la requête de Philippe, il écrit : « Devant ces pages maculées, je restai longtemps l'œil fixe..., et je pleurai bien plus encore sur la faiblesse du pontife que sur la perfidie du prince ».

Au xixe siècle, surtout dans sa seconde moitié, de nouveaux érudits, en apportant leur contribution à l'histoire de Clément et de Philippe, ont été amenés à s'exprimer un peu différemment. D'une part, Boutaric et Renan, étudiant cette époque sans préoccupation gallicane ni ultramontaine, ont mis en relief tout ce qu'il y avait de violence dans les procédés du roi et de ses conseillers, tout ce que le pape avait souffert, et comment il avait sauvé du naufrage de 1303-1304 tout ce que sa faiblesse lui avait permis de sauver; leur appréciation sévère de la politique de Philippe a réhabilité dans Clément non pas l'homme, mais le pape. D'autre part, des érudits du Sud-Ouest, de moindre valeur, travaillant **dans des conditions peu favorables**, ont tenté la réhabilitation de l'ancien archevêque de Bordeaux; méridionaux et catholiques, ils ont défendu en lui le Gascon, le compatriote, le pape. La publication de Rabanis a été le point de départ de ces travaux; pour Berchon, Clément V est devenu un homme indépendant; il a supprimé l'ordre du Temple parce qu'il le croyait coupable; il a défendu victorieusement la mémoire de Boniface; il a soutenu avec hauteur les droits de l'Eglise en face du roi. Il a eu de bonnes mœurs, il a été pieux, il a témoigné de son zèle pour la croisade, il a aimé les lettres; ce que l'on a blâmé dans son népotisme prouve qu'il avait un grand amour pour son pays.

Ce n'est pas notre intention de reprendre encore les relations du pape et du roi et d'essayer de dire s'il y a eu un vainqueur et un vaincu; la question, très complexe, ne peut s'expliquer qu'en entrant dans le détail des négociations qui précède. Il n'y a pas eu un combat entre les deux protagonistes; il y en a eu plusieurs, et les succès ont été partagés. Pour savoir qui l'a emporté, il faudrait connaître la pensée intime du pape et du roi, ce qu'ils voulaient vraiment, quelle fut leur impression dernière. Mais il est permis de se poser une question; on peut se demander si cette série de négociations de neuf ans s'est déroulée normalement et si l'attitude du roi, qui en gros paraît toujours la même, n'a pas été modifiée à la suite des changements de personnel qui se sont produits à ses côtés.

Préalablement, une remarque s'impose; ces négociations n'ont pas eu une haute tenue. Elles constituent une histoire dramatique; mais — exception faite pour Nogaret qui, par son énergie, était hors de pair — le drame a mis aux prises des hommes qui semblent bien n'avoir été qu'ordinaires. On ne doit pas faire de Philippe un champion du pouvoir civil, ni de Clément un champion du pouvoir spirituel. Le premier n'a rien d'un homme d'Etat moderne, Clément n'est pas un Innocent III. Ils ne représentent ni l'un ni l'autre des principes, mais seulement des tendances. Ce sont des hommes d'affaires; ils mentent, l'un et l'autre. Philippe met la main sur les Templiers, laisse croire qu'il a l'assentiment du pape et le fera même affirmer à ce dernier; Clément trompe Philippe en approuvant prématurément l'élection d'Henri de Luxembourg, puis il trompe Henri sur l'attitude des gens du roi de France; il fait des déclarations hautaines aux ambassadeurs de Philippe; en secret, il témoigne qu'il est prêt aux marchandages. Et les gens du roi et les gens du pape n'ont pas agi autrement.

Si l'on considère la nature des affaires d'alors, on a l'impression que Philippe en a surtout traité de spirituelles : hérésie du Temple, de Boniface, concile de Vienne, comme si elles l'eussent particulièrement intéressé. Pourtant il est douteux que cette impression traduise ses préoccupations maîtresses. Sans doute, Philippe était pieux, il avait souci de la religion; le temporel et le spirituel étaient si mal séparés alors qu'il pouvait aisément se produire un empiètement du premier sur le second. Mais cela n'explique pas tout. Ce qui donne à l'histoire de cette période un caractère si spécial, si ecclésiastique et si judiciaire, c'est l'apparition d'un homme : Nogaret. Ce légiste a pu être un administrateur de mérite ; mais sa caractéristique est qu'il s'est spécialisé dans les affaires d'Église. C'est le conflit du roi avec Boniface qui l'a fait émerger ; c'est lui qui en a fait un homme nécessaire et qui l'a maintenu en faveur ; c'est lui qui l'a fait vivre. De tels problèmes convenaient à sa foi, à son caractère, à son éloquence biblique. C'est ce que montre l'inventaire des papiers qui furent trouvés chez lui quand il mourut ; sur plus de trois cents documents, plus de la moitié traitent de questions religieuses ; et la même proportion existe chez ceux de Plaisians qui n'était que son double.

Or, Nogaret est intervenu dans le conflit du pape et du roi d'une façon violente par une accusation d'hérésie et par l'attentat d'Anagni, modifiant brusquement le conflit primitif, en détournant sur soi l'attention de Boniface et en faisant sienne la cause du roi. L'extrémité à laquelle il s'est d'abord porté a rendu son propre cas très grave. Combattant pour le roi et pour soi-même, il a donné à sa politique un double caractère, et il semble bien qu'elle ait été plus personnelle que royale. Il a prêté les mains dès le début au procès du Temple, opération qui ne pouvait profiter qu'au roi ; mais, par ailleurs, il a fait manquer l'affaire du trône d'Allemagne ; et l'épée de Damoclès, que dans le procès de Boniface il tenait sur la tête de Clément, a causé au roi autant de difficultés qu'elle lui a procuré d'avantages, car elle a rendu le pape peu conciliant dans l'expédition du procès du Temple.

Mais l'affaire de Boniface tenait fort à cœur à Nogaret, qui avait un intérêt très grand à la terminer à son avantage. En fait, il n'a pas complètement réussi, mais il n'a pas subi un grave dommage matériel dans le règlement d'avril 1311. Par contre, le pape s'est vengé sur Philippe; tant que l'on a parlé du procès, il a été malveillant : il a mal soutenu la candidature de Charles de Valois en 1308, retardé la fin du procès du Temple, quitté le royaume de France ; l'abandon du procès, au contraire, l'a rendu conciliant.

C'est donc l'intervention de Nogaret qui souvent a fait dégénérer en conflit les relations du pape et du roi. On peut croire qu'elles auraient été tout autres, si on jette un coup d'œil sur la politique générale du roi et si l'on songe au caractère de Clément. Philippe, pendant presque tout son règne, a éprouvé de grosses difficultés financières, il avait besoin d'argent ; Clément n'était pas un théoricien du pouvoir théocratique, il était malade, il avait besoin de repos. Tout s'arrangeait si l'on pouvait trouver un *modus vivendi* qui fournît aux dépenses du roi, laissât le passé dans l'oubli, et le pape en tranquillité. On l'a trouvé tout d'abord ; le roi parle à peine de Boniface, et Clément accorde tout ce qu'on demande : la restitution des Colonna, des cardinaux français, des décimes; on s'entend très bien. Mais Nogaret perd patience et manque de mesure ; il plaide sa cause, réveille le procès de Boniface et s'engage à fond dans le procès du Temple. Le pape se cabre, les bons rapports cessent, un malaise général s'ensuit, mais Nogaret ne subit pas grand dommage. Le conflit apaisé, on revient aux relations d'autrefois, et, à cette politique nouvelle, préside un homme nouveau : Marigni. Il faut trouver de l'argent pour en jeter dans le gouffre qui s'ouvre en Flandre; le nouveau conseiller est très bien avec le pape; il l'aime, il lui est tout dévoué; il possède à la curie des amis, un parent, son cousin le cardinal de Fréauville. Il obtient plus de décimes que le concile de Vienne n'en avait d'abord données; il se dispense de fournir un secours à la Terre Sainte; il obtient même un prêt considérable, et Clément quitte Avignon pour rentrer en France. Le terme de l'évolution de la politique nouvelle était une association amicale de Clément avec Philippe pour la direction et l'exploitation de l'Église.

EXCURSUS

LE PAPE, LE ROI ET L'INQUISITION

AVANT LE PROCÈS DES TEMPLIERS

Il n'est pas inutile, pour mieux éclaircir l'affaire des Templiers, de dire un mot de l'attitude qu'eurent le roi et le pape jusqu'en 1307 à l'égard de l'inquisition ; il n'est pas non plus inutile de prolonger ce résumé jusqu'en 1314, car les renseignements postérieurs à 1307 sont trop morcelés et trop dispersés pour trouver aisément place dans le corps du récit.

Philippe, au début de son règne, se montra assez favorable à l'inquisition ; ainsi, nous le voyons, le 2 août 1288, priver de sa charge un notaire d'Avignon qui était le petit-fils d'un hérétique et, en 1293, le 3 décembre, ordonner au sénéchal de Carcassonne d'obéir aux inquisiteurs dans les affaires relatives aux Juifs.

Au temps de l'affaire de Bernard Délicieux, l'attitude du roi se modifia. Emu par les plaintes des franciscains, Philippe, à Senlis, écarte de sa présence les inquisiteurs et son confesseur, le **dominicain Nicolas de Fréauville**, qui les avait introduits. Le roi paraît craindre alors que l'inquisition ne détache de lui le Midi ; aussi prend-il à son égard des mesures défavorables. Il condamne l'évêque d'Albi à deux mille livres d'amende; il invite les supérieurs du couvent des dominicains de Paris à renvoyer Foulques de Saint-Georges, inquisiteur de Toulouse ; il décide que les officiers royaux ne procéderont à aucune arrestation ordonnée par l'inquisiteur, sans l'assentiment de l'évêque ; s'il y a contestation entre ces deux personnages, une commission de quatre personnes, le prieur et le lecteur des prêcheurs, le gardien et le lecteur des mineurs, les départagera. Comme la révocation de Foulques de Saint-Georges lui était refusée, Philippe blâme l'évêque de Toulouse, qui lui en avait donné la nouvelle avec le conseil d'en rester là, et exprime en termes très vifs son mécontentement. Il ordonne aux sénéchaux de Toulouse, Carcassonne, Agen, de mettre la main sur les prisonniers de l'inquisition, d'interdire à Foulques toute poursuite nouvelle et de lui supprimer ses gages. Le 16 décembre, il écrit à frère Guillaume de Paris, son chapelain pour lui dire de travailler à obtenir la révocation de Foulques. Il obtient un premier succès : le 29 juin 1302, Foulques est remplacé. Philippe ordonne aux sénéchaux de Toulouse et de Carcassonne de reconnaître son successeur, de lui rendre son traitement, ainsi que l'administration de ses biens. Bernard Délicieux, encouragé, redouble ses attaques ; il accuse Nicolas de Fréauville d'avoir trahi le roi auprès des Flamands. Philippe est encore incertain ; le 13 janvier 1304 il confirme ses prescriptions du 8 décembre 1301 ; il cherche à se faire une opinion sur les évènements et visite le Midi.

A ce moment, commence une nouvelle période. L'enquête du roi a tourné à l'avantage de l'inquisition ; Philippe est froissé par une apostrophe familière que lui a adressée Elie Patrice à Béziers ; il sent que les manifestations du Midi ne sont pas seulement anti-inquisitoriales, mais qu'elles sont aussi anti-françaises, comme le disait Bernard Saisset, et comme le prouve le complot ourdi par quelques amis de Bernard Délicieux avec le fils du roi de Majorque. D'autre part, Philippe, très croyant, se prononce peut-être pour l'inquisition parce qu'il est persuadé que son action profite à la religion ; enfin — et ce n'est pas un motif secondaire — il est personnellement intéressé aux opérations de l'inquisition, puisqu'il obtient une partie, quelquefois même la totalité des biens des gens condamnés pour hérésie. A partir de 1304, Philippe revient à sa première attitude ; en 1305 et 1306, il dépouille de leurs charges des officiers convaincus d'hérésie ; il défend qu'on fasse des ligues et qu'on lève des tailles pour s'opposer à l'inquisition. Il conserve sa confiance à Nicolas de Fréauville dont il fera un cardinal en décembre 1305 ; par contre, il prend parti contre Bernard Délicieux dont il réclame auprès de Clément, dans l'été de 1305, l'arrestation. On sent que désormais Philippe compte sur l'inquisition dont le chef est son confesseur ; on ne doit pas être trop étonné de la confiance qu'il mettra en elle en 1307 et de la soumission qu'elle eut pour lui.

Tout autre a été l'attitude de Clément, très différente de celle de son prédécesseur Benoît XI, un prêcheur, favorable aux inquisiteurs, comme le remarquaient Bernard Délicieux et Nogaret en 1304. C'est Clément, en effet, qui prend en main la cause des méridionaux adversaires de l'inquisition, cause maintenant abandonnée par le roi.

Clément pria d'abord Philippe d'accorder leur grâce entière aux habitants de Carcassonne qui n'avaient pas encore été poursuivis. Le roi céda, mais après avoir aboli le consulat de la ville qui dut payer une forte amende. Le pape fit arrêter Bernard Délicieux; mais ce franciscain fut seulement surveillé et il put en 1308, avec l'autorisation de Pierre de la Chapelle, s'éloigner de la cour pontificale. Puis Clément prêta l'oreille aux réclamations des gens du Midi. Pendant l'interrègne, les chapitres de Sainte-Cécile et de Saint-Salvi d'Albi, l'abbé et le monastère de Gaillac avaient prié les cardinaux d'intervenir dans le conflit qui venait de séparer le pays et les inquisiteurs. Les consuls d'Albi et de Cordes s'étaient plaints que Bernard de Castanet, évêque d'Albi, et les inquisiteurs eussent poursuivi et condamné des innocents soumis maintenant à une détention très dure que l'état des prisons rendait mortelle. Clément intervint; le 13 mars 1306, il chargea les cardinaux Bérenger Frédol et Pierre de la Chapelle, ainsi qu'Arnaud Nouvel, abbé de Fontfroide, de visiter les prisons de Carcassonne et d'Albi, de vérifier les plaintes, de réformer les abus. L'information des commissaires commença aussitôt; elle fut très longue, comme s'ils avaient craint d'être obligés de prendre une décision. Le 15 avril 1306, de Carcassonne, ils donnent des lettres de sauvegarde et proposent aux fondés de pouvoir d'Albi, Cordes, Carcassonne, de présenter leurs plaintes à Bordeaux le lendemain de la Saint-Jean-Baptiste (25 juin). Par contre ils prennent soin des prisonniers; le 20 avril, ils visitent la prison de Carcassonne, y trouvent quarante détenus, les font transférer dans les cellules supérieures, décident de changer les gardiens, de faire remettre intégralement aux prisonniers les provisions qu'on leur enverra; l'évêque devra leur accorder une promenade dans la prison; chaque cachot aura deux clefs, une pour chaque gardien. Le 27 avril, ils remplacent les gardiens et employés de la prison, à l'exception du gardien principal, à qui ils adjoignent un clerc, et ils font prêter serment aux gardiens nouveaux. A Albi, le 4 mai — par suite d'un renvoi prononcé la veille — Pierre de la Chapelle donne lecture du procès, puis visite les prisons de la ville. Il fait séparer les prisonniers, donner du jour aux cachots et ordonne de construire de nouvelles cellules au soleil et nomme de nouveaux gardiens. Le 11 mai 1306, à Montech, les gens de Cordes viennent déclarer aux cardinaux qu'ils sont tous catholiques; ils réclament un bon traitement pour ceux qui sont détenus à Toulouse, des saufs-conduits pour les témoins, enfin la révision des confessions extorquées; les cardinaux accordent une satisfaction partielle à quatre habitants de Cordes et installent à titre définitif, un gardien pour les prisons d'Albi. Le 17 mai, à

Marmande, le procureur des gens de Cordes demande aux cardinaux et obtient d'eux pour lui et ses co-procureurs des lettres de sauvegarde. A cette date s'arrête le procès-verbal de la procédure, dressé sur l'ordre des cardinaux.

Avant de quitter Albi, Bérenger Frédol, à la requête du chapitre, suspendit l'évêque Bernard de Castanet qui protesta ; le 30 juillet 1307, Clément chargea les abbés de Fontfroide et de Saint-Papoul et Bérenger d'Olargues, chanoine de Saint-Just de Narbonne, de faire une enquête ; en même temps, quatre commissaires furent nommés pour administrer le temporel de l'église. On ne sait pas exactement ce que l'enquête releva à la charge de Bernard. D'une part, il y avait en cour pontificale un courant défavorable aux inquisiteurs, courant que l'évènement du 13 octobre 1307 ne fit que fortifier. Mais, d'autre part, depuis cette époque, Philippe est derrière l'inquisition dont il a réussi à faire un moyen de gouvernement. Aussi, à Poitiers, obligera-t-il Clément à rendre aux inquisiteurs les pouvoirs qu'il leur a retirés. Cette victoire rend confuse l'attitude de Clément, pris entre sa crainte de Philippe et sa haine pour l'inquisition. Le 13 juillet, les cardinaux, statuant sur l'appel du vidame d'Amiens, cassèrent la procédure suivie et annulèrent les effets de la sentence portée contre lui. Par contre, Clément reçut l'appel de Bernard de Castanet, annula, le 27 juillet, les poursuites dirigées contre lui et le transféra trois jours après au Puy. Ainsi, satisfaction était donnée à la fois aux amis et aux ennemis de l'inquisition. Toutefois le pape se montrait timide et faisait moins qu'il ne désirait ; le 12 août, il prenait soin de déclarer que, par la commission donnée aux deux cardinaux Bérenger et Pierre, il n'entendait déroger en rien aux droits et prérogatives des évêques admis à connaître des causes des hérétiques du diocèse.

On ne sait pas bien ce que devint l'affaire ; elle traîna beaucoup. Le 6 septembre 1309, Clément annonce aux inquisiteurs de Carcassonne qu'il a donné un sauf-conduit à un procureur des plaignants. En 1310, le pape remet l'affaire à Bertrand de Bordes, le nouvel évêque d'Albi ; le 8 février, il lui ordonne de faire conduire à Albi les prisonniers détenus depuis huit ans à Carcassonne, et de terminer leur procès. Pourtant, l'affaire ne fut pas expédiée alors, puisqu'en 1313, le 19 avril, il en confiait le soin au successeur de Bertrand, Géraud.

Clément donna pourtant aux adversaires de l'inquisition une satisfaction de principe au concile de Vienne ; il fit insérer dans les Clémentines des décisions restrictives des pouvoirs des inquisiteurs. L'évêque aura désormais des droits égaux à ceux de l'inquisiteur ; tous deux pourront séparément citer et incarcérer les coupables ; ils devront se réunir et s'entendre pour les renfermer dans la prison étroite, pour les soumettre à la torture et prononcer une sentence définitive contre eux ; en cas de vacance d'un siège épiscopal, le chapitre cathédral devra déléguer un de ses membres pour assister l'inquisiteur. Les prisons seront administrées par l'évêque et l'inquisiteur qui nommeront chacun un gardien pourvu d'une clef différente de celle de son collègue ; ces gardiens prêteront serment de s'acquitter fidèlement de leur fonction de n'avoir aucun rapport secret avec les prisonniers à qui, avec la permission de l'évêque et de l'inquisiteur ils transmettront la nourriture et les objets envoyés par leurs parents. Clément recommande aux inquisiteurs et à leurs subordonnés de remplir leurs obligations avec fidélité, sous peine, pour les premiers, d'une suspension de charge de trois ans, pour les autres d'excommunication majeure, dont le pape seul pourra les absoudre. Aucun inquisiteur, enfin, ne devra avoir moins de quarante ans. Ces prescriptions, sauf la dernière, ressemblaient fort à celles qu'avaient établies Philippe le Bel au début de l'affaire de Bernard Délicieux, les cardinaux Bérenger Frédol et Pierre de la Chapelle en 1306. L'opinion qu'en avait Bernard Gui donne à croire que les inquisiteurs les appliquèrent sans enthousiasme. D'ailleurs à la faiblesse de Clément V qui avait restreint timidement les droits des inquisiteurs fit place le zèle et la faveur de Jean XXII. L'inquisition reprit sa revanche ; Bernard de Castanet fut créé cardinal, Bernard Délicieux fut condamné à l'internement perpétuel.

INDEX DES NOMS PROPRES

Aaron, 110.
Acacius, 120.
Adolphe de Nassau, 153, 154, 159, 169, 325.
Afrique du Nord, 254.
Agen, 30, 48, 82, 94, 349, 354.
Agen (diocèse d'), 28.
Agen (évêque d'), 29, 48, 53, 348, 355.
Agen (sénéchal d'), 376.
Aimeri de Peyrac, abbé de Moissac, 80.
Aimeri de Villiers-le-Duc, 147.
Alain de Lamballe, 184, 187, 205, 226.
Alais, 137.
Albano (évêque d'), 242.
Albéric de Fauchiers, 171.
Albert d'Autriche, 94, 126, 153, 155, 159, 161, 165, 166, 172, 174.
Albert de Châteaunoir, 316.
Albi, 355, 378, 379, 380, 381.
Albi (consuls d'), 378.
Albi (évêque d'), 376.
Alexandrie, 118, 252, 339.
Allemagne, 154, 158, 160, 211, 216, 266, 277, 325, 329, 338, 371.
Allemagne (couronne d'), 219.
Allemagne (églises d'), 159.
Allemagne (électeurs d'), 162.
Allemagne (prélats d'), 135, 284, 285.

Allemagne (roi d'), 151, 152, 155, 158, 160, 161, 170, 171, 178, 217, 264, 271, 321, 335.
Allemagne (royaume d'), 162.
Allemagne (trône d'), 151, 158, 271, 327, 332.
Allemands, 158, 233.
Allemans (seigneur d'), 36.
Alpes, 37, 47, 48, 116, 130, 131, 363.
Alphonse de Castille, 156, 263.
Alphonse de la Cerda, 263.
Amadi (chronique d'), 80.
Amalfi (archevêque d'), 314.
Amanieu, archevêque d'Auch.
Amanieu d'Albret, 62, 355.
Amanieu de Fargues, 355.
Amauri Augier, 80, 81.
Amauri de Lusignan, seigneur de Chypre, 252, 267.
Amédée, comte de Savoie, 172, 177.
Ami, clerc, 63, 147.
Amiens (vidame d'), 380.
Anagni, 9, 11, 14, 15, 20, 22, 179, 183, 185, 191, 192, 221, 222, 224, 364, 371.
Anastase, pape, 120.
Ancône (marche d'), 355, 356.
Andronic Paléologue, 263, 276.
Angers (évêque d'), 283.
Angevins de Naples, 138.
Anglais, 233, 266.
Angleterre, 10, 30, 42, 60, 61, 88, 136, 233, 283.

Angleterre (prélats d'), 283-285.
Angleterre (roi d'), 30, 52, 57, 151, 169, 179, 191, 264, 305, 329, 333, 352, 353.
Anjou (famille d'), 269.
Antioche, 259.
Antioche (patriarche d'), 233.
Aquilée (patriarche d'), 233, 236.
Aquitaine (précepteur d'), 250.
Aquitaine (primatie d'), 32.
Arabes, 76, 270.
Aragon, 80, 82, 248, 249.
Aragon (roi d'), 48, 62, 94, 117, 248, 264, 276.
Aragon (envoyés du roi d'), 25, 38, 43, 115, 238, 248, 252, 284, 352, 357.
Aragonais, 233, 283.
Argenteuil, 138.
Arles (concile d'), 76.
Arles (province d'), 216.
Arles (royaume d'), 154, 174, 178, 208, 210, 229.
Arles (prélats du royaume d'), 284.
Arménie, 257, 259, 275, 284.
Arménie (princes d'), 261.
Arménie (roi d'), 85, 252, 280.
Arménie (royaume d'), 255.
Arméniens, 261, 275.
Arnaud Bernard de Preissac, 342, 355, 358.
Arnaud d'Auch, cardinal, 29, 319.
Arnaud de Canteloup, cardinal, 29, 53, 244, 349, 354, 355.
Arnaud de Faugères, cardinal, 100, 323, 360.
Arnaud de Pellegrue, cardinal, 29, 53, 203, 230, 244, 284, 342, 354, 359.
Arnaud de Villeneuve, 46, 99, 347, 348.
Arnaud Garsias de Got, 35, 36, 51, 355, 357.
Arnaud le Béarnais, cardinal, 52.

Arnaud Nouvel, cardinal, 319, 320, 360, 378.
Arthur de Bretagne, 275.
Asti, 322.
Asti (chronique d'), 26.
Athènes (duc d'), 277.
Athis-sur-Orge, 67.
Athis-sur-Orge (traité d'), 55, 66, 68, 205.
Auch, 288, 289, 291-294.
Auch (province d'), 310.
Auger de Mauléon, 60-62, 66.
Auvillars (vicomté d'), 36, 358.
Auxerre (évêché d'), 361.
Auxerre (évêque d'), 127, 361.
Avignon, 132, 150, 161, 174, 176, 180, 183, 193, 198, 201, 205, 208, 212, 214, 217, 219, 225, 227, 228, 230, 232, 251, 341, 346, 348, 350, 361, 373, 375.
Avignon (évêché d'), 341.

Babylone, 363, 364.
Bagdad, 254.
Baignes (monastère de), 64, 346.
Bâle, 155, 361.
Bâle (évêque de), 155, 172.
Baluze, 80.
Bar (comte de), 153, 154.
Bar (comté de), 151.
Barrois mouvant, 155.
Baudry Biseth, 181, 182, 184, 186.
Bavière (duc de), 330.
Bayeux (évêché de), 361.
Bayeux (évêque de), 138, 150, 210, 213, 224, 226, 235, 361.
Bazadais, 34.
Bazas, 349.
Beaucaire (official de), 180.
Beaudoin II, 275.
Beaudoin, archevêque de Trèves, 165, 167, 169, 330.

Beaulieu en Argonne (abbaye de). 153.
Beaune, 97.
Beauvais, 202.
Beirout, 76.
Bénévent, 355.
Benoît XI, 7, 10-14, 16-19, 21, 22, 43, 52, 56, 69-71, 78, 90, 128, 155, 178, 184, 185, 222, 224, 364, 378.
Benoît Gaëtani, 10, 59. Voir aussi Boniface VIII.
Béraud de Fargues, évêque d'Albi, 355.
Béraud de Got, archevêque de Lyon, cardinal, 30.
Béraud de Got, père de Clément V, 28.
Béraud de Mercœur, 13, 170, 171.
Berbérie, 284.
Berchon, 369.
Bérenger d'Olargues, 380.
Bérenger Frédol, cardinal, 53, 54, 63, 68, 72, 100, 102, 104, 105, 114, 123, 133, 134, 182, 184, 190, 195, 203, 205, 224, 238, 244, 248, 284, 360, 378, 380-382.
Bernard de Castanet, évêque d'Albi, 378, 380, 382.
Bernard de Fargues, 354, 365.
Bernard Délicieux, 348, 366, 375-378, 382.
Bernard de Jarre, cardinal, 342, 354.
Bernard de Roquenegade, 187.
Bernard Gui, 382.
Bernard Pelet, 94.
Bernard Saisset, 54, 199-201, 377.
Bertrand Agace, 187.
Bertrand de Bordes, cardinal, 29, 359, 381.
Bertrand de Got, vicomte de Lomagne, 273, 338, 341, 352, 355-358.

Bertrand de Salignac, 355, 358.
Bertrand de Sartiges, 149.
Béthune (châtellenie de), 68.
Béziers, 13, 48, 53, 81, 82, 377.
Bigorre (sénéchal de), 288, 289, 291.
Blaise de Piperno, 182.
Blanche, sœur de Philippe le Bel, 154.
Blanquefort, 358.
Bohême, 155, 253.
Bohême (roi de), 160, 164, 330.
Bologne (université de), 29.
Boniface VIII, 7-16, 18-23, 27, 29, 31, 32, 36, 73, 40-43, 47, 50, 53-58, 69-73, 78, 79, 82, 88, 92, 101, 105, 108, 109, 126-130, 151, 154, 155, 159, 161, 162, 169, 174, 175, 178-185, 188, 189, 191-193, 195 201, 206, 207, 213, 215, 218, 220-224, 232, 233, 243, 246, 250, 251, 253, 254, 298, 301, 307, 311, 321, 332, 346, 348, 353, 354, 359, 360, 364, 367-372.
Bonifaciens, 11, 19, 20, 22, 26, 37, 38, 41-43, 52, 55, 73, 180, 190, 197, 202, 207, 214, 232.
Bordeaux, 31-33, 46, 58, 59, 83, 288, 346, 348, 349, 351, 355, 379.
Bordeaux (archevêque de), 36.
Bordeaux (cardinal de), 215, 218.
Bordeaux (église de), 30, 349.
Bordeaux (église cathédrale de), 342, 344.
Bordeaux (officialité de), 34.
Bordeaux (province de), 132, 134, 135.
Boson de Salignac, évêque de Comminges, 31.
Boulogne-sur-Mer, 67, 225.
Boulogne (comte de), 230, 244.
Bourges, 32, 33, 58, 59.
Bourges (archevêque de), 32, 353.

Bourges (église de), 349.
Bourgogne, 152, 171.
Bourgogne (comte de), 170, 178, 228, 230.
Bourgogne (comté de), 151, 154, 171, 328.
Bourgogne (comtesse de), 170.
Bourgogne (duc de), 46.
Boutaric, 65, 362, 368.
Brabant, 60, 174.
Brabant (duc de), 170.
Brandebourg, 168.
Brandebourg (margraves de), 168.
Brescia, 230, 322.
Bretagne (duc de), 50, 111.
Brindisi, 275, 276, 281.
Brugeois (les), 67.
Bruges, 67, 202, 204, 205.
Bruges (archidiacre de), 54. Voir Etienne de Suisi.
Bruilhois (archidiacre de), 53. Voir Arnaud de Canteloup.
Budos (seigneurie de), 358.
Bustron (chronique de), 80.
Byblos, 252.

Caen (bailli de), 143.
Cahors (évêché de), 361.
Caire (le), 253.
Calatrava (ordre de), 241, 248.
Calvisson, 16.
Cambrai, 292, 293.
Cambrai (évêché de), 145, 361.
Cambrai (évêque de), 170, 302.
Capitole (le), 323.
Carcassonne, 378, 379.
Carcassonne (évêque de), 54.
Carcassonne (sénéchal de), 111, 375, 376.
Caroccio, chevalier de Catalogne, 251.
Carpentras, 41, 341, 364.
Carpentras (cathédrale de), 343.
Cassel (château de), 68.

Castille, 249.
Castille (roi de), 94, 263.
Castille (royaume de), 263.
Catalane (compagnie), 62, 276, 277, 284.
Catalans (les), 277.
Catalogne, 251, 282.
Catherine de Courtenai, 274.
Célestin V, pape, 17, 18, 30, 40, 52, 57, 126, 129, 192, 198, 199, 254, 364.
Centre de la France, 58.
Charlemagne, 158, 264.
Charles I, de Naples, 156, 157, 322.
Charles II, de Naples, 10, 25, 39, 40, 52, 66, 78, 182, 207, 211, 263, 267, 275, 277, 322.
Charles de Valois, 36, 47, 49, 50, 54, 56, 62, 66, 85, 88, 91, 126, 156, 160-168, 171, 177, 188, 245, 264, 270, 271, 274-278, 318, 328, 330, 333, 360, 372.
Chartres, 225, 287, 288, 291-293.
Châteauneuf, 341, 342.
Chaumont, 95.
Chinon, 132, 133, 141, 240, 360.
Chiprois (geste des), 80.
Chypre, 83, 87, 253, 256, 257, 259, 267.
Chypre (prince de), 261.
Chypre (roi de), 85.
Ciaconius, 344.
Cité (île de la), 333.
Citeaux (abbé de), 193.
Citta del Castello, 355.
Citta della Pieve, 39.
Clément IV, pape, 45, 75.
Clémentines, 308, 341, 349, 381.
Clermont, 137.
Cluni, 58.
Coire (évêque de), 172.
Cologne, 155, 361.
Cologne (archevêque de), 94, 155, 164, 167, 230, 327, 329, 360.

Colonna, 10, 17, 19, 26, 41, 56, 70, 71, 73, 193, 198, 199, 372.
Comminges 31.
Comminges (évêché de), 30.
Comminges (évêque de), 83.
Comtat-Venaissin, 132, 273, 349, 350, 355.
Conrad de Spolète, 184.
Constance, 155, 173.
Constantinople, 266, 270, 274-278, 336, 339.
Constantinople (empereur de), 158.
Constantinople (empire de), 167, 264, 274, 340.
Corbeil, 84.
Cordes, 379, 380.
Cordes (consuls de), 378.
Couci (sire de), 111.
Courtrai, 9.
Courtrai (château de), 68.
Coutances, 108, 113, 305.
Coutances (bailliage de), 263, 298.
Coutances (évêque de), 235.
Coutures (châtellenie de), 34.
Crémone, 229.
Crescentius de Paliano, 182.

Dante, 363, 366.
David, 265.
Deffends (le), 28.
Dino Compagni, 26.
Douai, 67.
Douai (châtellenie de), 68.
Dreux (comte de), 46.
Duchesne (A.), 344.
Duras (château de), 338.
Duras (seigneurie de), 368.

Ecosse, 66, 67, 262.
Edouard I, 30-33, 35, 42, 46-49, 52, 57, 59-62, 66, 67, 78, 153, 154, 261, 262.

Edouard II, 59, 66, 67, 93, 131, 262, 273, 278, 333, 336-338, 356-359.
Egypte, 252, 254-258, 266.
Egyptiens, 252, 256.
Ehrle (F.), 368.
Elie, 120.
Elie Patrice, 377.
Elne, 80.
Empire, 151-153, 155-159, 161, 171, 174, 176, 229, 325, 327, 329, 340.
Empire (pays d'), 157, 172, 217.
Empire (princes d'), 152.
Empire (terres d'), 47, 48, 132, 156, 178, 232, 325.
Enguerran de Marigni, 53, 115, 139, 189, 203, 207, 212, 213, 220, 224, 226-230, 244, 245, 328, 335, 360, 373.
Espagne, 78, 117, 282, 283, 337.
Espagne (prélats d'), 285.
Espagne (roi d'), 263.
Espagnols, 233, 248, 266, 283.
Esquiu de Floyrano, 81, 82, 84, 103.
Est, 325, 327.
Est de la France, 151, 152, 208, 217.
Est (frontières de l'), 171.
Etienne de Sissi, maréchal du Temple, 76.
Etienne de Suisi, cardinal, 54, 63, 68, 72, 100, 102, 104, 105, 123, 133, 134, 150, 172, 177, 182, 184, 189, 190, 195, 203, 205, 215, 224, 242, 359, 360.
Eu (comte d'), 267.
Europe, 78, 103, 137, 208, 253, 254, 256, 259, 260, 263, 264, 267, 268.
Europe (princes de l'), 93.
Européens, 266.
Evreux (comte d'), 183, 203. Voir Louis, comte d'Evreux.
Eymoutiers (prévôt d'), 54. Voir Pierre de La Chapelle.

Ferdinand, chapelain du cardinal Pierre l'Espagnol. 182.
Ferdinand de la Cerda. 263.
Ferentino, 7. 14.
Fernand, infant de Majorque. 276, 277.
Ferrare. 353, 355.
Ferretus de Vicence, 26, 40.
Finke (H.). 77, 82, 95, 103, 125, 133, 236, 362.
Flamands. 67, 68, 202-206, 271, 331, 332, 376.
Flandre. 56, 57, 202-204, 331, 336, 373.
Flandre (affaires de), 225.
Flandre (comte de), 66, 111, 153, 174, 202, 333.
Flandre (comté de), 151.
Flandre (guerre de), 31, 169, 335.
Flandre (procureurs des villes de), 68.
Florence. 19, 21, 157, 327.
Florence (envoyés de). 213.
Forcalquier (comté de), 322.
Forez (comte du). 111.
Foulques de Saint-Georges, inquisiteur de Toulouse. 376.
Foulques de Villaret. 87, 258, 261, 278, 282.
Fournier (P.), 230.
Français. 26, 152, 154, 177, 182, 215, 216, 218, 233, 240, 248, 249, 266, 314, 359, 364, 366.
France, 22, 26, 28, 39, 42, 46, 56-58, 61, 66, 73, 82-85, 87, 90, 91, 94, 98, 103, 106, 116, 118, 121, 124, 126, 130-132, 134, 136, 152-154, 156, 157, 159, 160, 169, 189-191, 193, 194, 199, 207, 209, 218, 223, 231, 235, 238, 242, 252, 253, 262, 267, 268, 271, 274, 275, 278, 280, 283, 316, 317, 319, 325, 327, 331, 351, 354, 357, 359, 361, 364, 365, 373.
France (peuple de), 109, 117, 365.

France (maison de), 334.
France (monastères de), 59.
France (prélats de), 283, 285.
France (royaume de), 42, 72, 110, 137, 139, 152, 176, 214, 325, 372.
France (visiteur de), 140, 250.
France et Angleterre (paix entre), 10, 47.
Franciscains, 365.
François Gaëtani, cardinal, 19, 20.
François Orsini, cardinal, 19, 20, 44.
Francs, 259.
Fraticelles, 366.
Frédéric Barberousse, 261.
Frédéric II, 79, 339.
Frédéric d'Aragon, roi de Sicile, 263, 274, 322, 323.
Fronsac (vicomte de), 35.

Gaëtani, 40, 41, 71.
Gaillac (monastère de), 378.
Gaillard de Preissac, évêque de Toulouse, 355.
Gallicans, 367.
Gand, 67.
Gascogne, 31, 32, 35, 61, 162, 341, 342, 348-350, 352, 364.
Gascogne (duché de), 151.
Gascogne (guerre de), 335.
Gascogne (sénéchal de), 34, 46, 48, 57, 66.
Gascons, 58, 273, 274, 353, 357, 359, 364, 369.
Gaule, 325.
Gauthier, évêque de Poitiers, 32, 33, 366.
Gautier de Liancourt, 98.
Gautier de Winterburn, cardinal, 18, 49, 52.
Gazan, roi des Mongols, 253.
Gênes, 49, 158, 258, 264, 269, 282, 322, 340.
Génois, 274, 275, 280, 340.

Gentile de Montefiore, cardinal, 15, 44, 251.
Geoffroi de Charnai, précepteur de Normandie, 96-98, 132, 320, 360.
Geoffroi de Gonneville, précepteur de Poitou et Aquitaine, 132, 235, 320.
Geoffroi de Paris, 351.
Geoffroi du Plessis, protonotaire de France, 39, 40, 71, 88, 89, 150, 187, 206, 213, 224, 226, 351.
Geoffroi de Saint-Adhémar, 74.
Gérard, comte de Juliers, 94.
Gérard d'Avignon, 155.
Gérard, évêque de Bâle, 230.
Gérard de Landri, 160.
Gérard de Sanzet, précepteur d'Auvergne, 97.
Gérard Gauche, 98.
Géraud, évêque d'Albi, 381.
Gibelins, 158, 207, 209, 210, 218.
Gibraltar (détroit de), 284.
Gilles Aicelin, archevêque de Narbonne puis de Rouen, 35, 46, 112, 118, 138, 181, 310, 355.
Gilles Colonna, archevêque de Bourges, 32, 59, 118, 235, 351.
Giotto, 350.
Gisors (bailli de), 143.
Gmelin, 123, 236.
Got de Rimini, 181.
Got (famille de), 28, 35.
Grandmont (ordre de), 28.
Grayan, 28.
Grèce, 284.
Grèce (îles de la), 256.
Grecs, 158, 269, 276, 340.
Grégoire VII, 357.
Grégoire IX, 32.
Grégoire X, 18, 24, 45, 78, 105, 132, 157.
Grenade, 283-285.
Grenade (royaume de), 263, 264.
Grozeau (prieuré du), 187, 190, 193, 234, 235, 237, 341, 35.

Gueldre, 174.
Guelfes, 158, 207, 209, 212, 213, 218, 324.
Guelfes de Pérouse, 213.
Guelfes de Sienne, 213.
Gui Dauphin, 98.
Gui de Flandre, comte de Zélande, 227, 228, 230.
Gui de Jaffa, 252.
Gui de Saint-Pol, 150, 222.
Gui, évêque d'Utrecht, 95.
Guichard, évêque de Troyes, 81, 93, 127, 200-202.
Guigues, fils aîné du dauphin de Vienne, 178.
Guillaume Bonnet, évêque de Bayeux, 112, 138, 361.
Guillaume d'Ebole, chevalier de Catalogne, 251.
Guillaume de Breix, 347.
Guillaume de Bruniquel, 355.
Guillaume de Chatenai, 14, 19.
Guillaume de Hollande, 330.
Guillaume de Longhi, cardinal, 20.
Guillaume de Maret, 347.
Guillaume de Nangis, 233.
Guillaume de Nogaret. Voir Nogaret.
Guillaume de Plaisians. Voir Plaisians.
Guillaume de Trie, 361.
Guillaume de Villaret, 65, 86.
Guillaume Durant le jeune, évêque de Mende, 35, 138, 297.
Guillaume Humbert de Paris, inquisiteur, 85, 90, 93, 96, 98, 101, 124, 376.
Guillaume le Maire, 35, 245, 260, 283, 295, 301, 360, 365.
Guillaume Pierre de Godin, cardinal, 180, 188, 366.
Guillaume Ricard, 341.
Guillaume Ruffat, cardinal, 29, 53.
Guîtres (abbaye de), 35.
Guyenne, 35, 37, 166.

Guyenne (duché de), 151.
Guyenne (guerre de), 36.
Guyenne (sénéchal de), 34.

Habsbourg, 154.
Hadrien, pape, 158.
Haguenau, 217.
Hainaut (comte de), 152, 153, 330.
Hainaut (comté de), 151.
Heber (M.), 312.
Henri VII, 161, 180, 207-213, 216-219, 226-231, 321-327, 329-331, 353, 366.
Henri VII (fille d'), 208, 324.
Henri de Carinthie, 161, 166.
Henri de Geldon, 171.
Henri de Lusignan, roi de Chypre, 76, 252, 256, 257, 261, 267.
Henri de Luxembourg, 49, 156, 161, 162, 165-176, 178, 202, 262, 370. Voir aussi Henri VII.
Henri de Virnebourg, archevêque de Cologne, 155, 164-166, 168, 331.
Henri, évêque de Trente, 228.
Hethoun, prince arménien, 256, 257, 261.
Hims (bataille d'), 252, 253.
Hongrie, 10, 266.
Hongrie (trône de), 155.
Honorius IV, 18.
Hôpital (ordre de l'), Hospitaliers, 74-78, 83, 85-87, 102, 241, 248-250, 252, 253, 259, 264, 266, 268, 278-282, 311, 315-319, 340.
Hôpital (maître de l'), 65, 258, 261, 282, 284.
Hospitaliers (prieur des), 71.
Hugues de la Celle, 14, 19, 160.
Hugues de Pairaud, 79, 86, 91, 96, 97, 99, 104, 108, 132, 133, 140, 142, 143, 239, 320.
Hugues de Payns, 74.

Hugues d'Ostie, cardinal, 198.
Hugues, duc de Bourgogne, 275.
Hugues Géraud, 227, 361.
Humbert Blanc, précepteur du Temple en Auvergne, 86.

Innocent III, 76, 370.
Innocent VI, 43.
Isabelle, fille de Philippe le Bel, 59, 67, 80.
Israël, 109, 118.
Italie, 22, 30, 37, 39, 43, 45, 48, 49, 57, 58, 73, 129, 131, 158, 172, 175, 190, 199, 207, 208, 210, 211, 213, 218, 228, 242, 250, 264, 269, 274, 276, 331, 339, 353, 364.
Italie (couronne d'Italie), 219.
Italie (prélats d'), 285.
Italiens, 162, 233, 240, 248, 249, 264, 266, 339, 351, 353, 358, 363, 364.

Jacques Colonna, cardinal, 14, 52, 198, 224.
Jacques de Modène, 182, 192, 193.
Jacques de Molai, 80, 83, 87, 89, 91, 96-98, 113, 132, 133, 141-143, 239, 259, 261, 320, 338, 339, 360.
Jacques, fils du roi d'Aragon, 334.
Jacques de Sermineto, 182.
Jacques des Normands, 192, 193.
Jacques Duèze, évêque d'Avignon, 189. Voir aussi Jean XXII.
Jacques, roi de Majorque, 80.
Jacques Stefaneschi Gaëtani, cardinal, 19, 20, 29, 44, 182, 184, 207, 208, 251.
Jaime II, roi d'Aragon, 62, 82, 84, 94, 103.
Jean XXII, 173, 175, 273, 311, 345, 348, 350, 367, 382.

Jean Agarni, prévôt de l'église d'Aix, 138.
Jean Boccamatti, cardinal, 20, 21, 61.
Jean, comte de Dreux, 181.
Jean, comte de Namur, 171.
Jean d'Alais, 347.
Jean d'Antioche, 252.
Jean, dauphin de Vienne, 172, 178.
Jean de Châlons, 227.
Jean de Janville, 140.
Jean de Lucidomonte, prêcheur, 230.
Jean de Mantoue, archidiacre de Trente, 138.
Jean de Melot, 140.
Jean de Montlaur, archidiacre en l'église de Maguelonne, 138.
Jean de Namur, cardinal, 184.
Jean de Saint-Victor, 51, 65, 84, 92, 93, 100, 112.
Jean, duc de Basse-Lorraine, Brabant, Limbourg, 94.
Jean, duc de Bretagne, 49, 50.
Jean, duc de Saxe-Lauenbourg, 167.
Jean, frère de Robert de Naples, 322-324.
Jean Gorget, chanoine de Clermont, 226.
Jean Le Moine, cardinal, 20, 21, 24, 25, 44, 114, 191-193, 198, 223.
Jean Minio ou Morra (frère), cardinal-évêque de Porto, 19, 21, 24.
Jean sans Terre, 75.
Jeanne, fille d'Otton de Bourgogne, 171.
Jérusalem, 74, 78, 270, 278, 284, 311, 338.
Jérusalem (patriarche de), 25.
Jérusalem (royaume de), 267.
Juifs, 83, 92, 121, 259, 293, 302, 303, 309, 363, 375.

Landulphe Brancaccio, cardinal, 20, 21, 44, 123, 133, 177, 203, 223, 360.
Langlois (Ch.-V.), 236.
Langoiran (château de), 344.
Langres, 354.
Langres (évêché de), 348.
Languedoc, 298, 299.
La Roche-sur-Yon, 27.
Latins, 340.
Latran (concile de), 57.
Lausanne, 217.
Lea, 82, 236.
Léon IV, roi d'Arménie, 262.
Léonard Patrassi, cardinal-évêque d'Albano, 19, 20, 42-44, 184.
Le Puy, 225, 380.
Lérida, 84.
Lézignan, 48.
Lichfield, 30.
Liège (évêque de), 94.
Lille, 67, 198.
Lille (châtellenie de), 68.
Limoges, 58.
Limoges (diocèse de), 54.
Livran, 28.
Loches, 68, 99, 303.
Loches (Hôtel-Dieu de), 302.
Loire, 63, 65.
Lomagne (vicomte de), 342. Voir aussi Bertrand de Got.
Lomagne (vicomté de), 36, 51, 358.
Lombardie, 157, 158, 210, 213, 264, 324, 364.
Londres, 67, 253.
Londres (Temple de), 75.
Lorraine, 152, 174.
Lorraine (duché de), 151.
Lothaire (domaines de), 151.
Louis, comte d'Evreux, 46, 49, 61, 177, 181, 222, 244, 245, 328.
Louis, roi de Navarre, 85, 278, 317, 338.

Louis de Clermont, grand chambellan de France, 171.
Louis de Nevers, 15, 225, 242, 331, 332.
Louis de Savoie, sénateur de Rome, 322.
Louis de Villars, archevêque de Lyon, 177.
Louis le Gros, 326.
Loutranges (châtellenie de), 34.
Louvre (le), 80.
Louvre (assemblée du), 9.
Lucas Fieschi, cardinal, 20, 21, 44, 184.
Lucques, 242.
Lucques (envoyés de), 213.
Lusignan, 45.
Luxembourg, 152, 175.
Luxembourg (comte de), 153, 173, 178.
Luxembourg (comté de), 151.
Lyon, 8, 10, 48, 49, 51, 56-60, 62, 83, 84, 86, 119, 128, 151, 155, 169, 176, 177, 179, 193, 217, 239, 243, 245, 251, 252, 274, 288, 290, 291, 321, 322, 325, 349, 351.
Lyon (archevêque de), 29, 58, 156.
Lyon (bourgeois de), 177.
Lyon (concile de), 78, 106.
Lyon (église de), 176, 306.
Lyon (province de), 134.

Mâcon, 58, 244.
Madianites, 118.
Maguelonne (évêque de), 347.
Mahaut, fille du comte de Saint-Pol, 277.
Mahomet, 286.
Majorque, 249.
Majorque (roi de), 264, 377.
Malaucène, 350.
Malte, 254.

Mansourah, 142.
Maremmes de Toscane, 355.
Marguerite, fille de Jean, duc de Brabant, 168.
Marino Sanudo, 255.
Maritime (la), 41, 358.
Marmande, 380.
Marseille, 282.
Massillargues, 16.
Massa Trebaria, 355.
Mathieu de Naples, 138.
Mathieu Rosso Orsini, cardinal, 19, 20, 24, 25, 43, 49.
Maubuisson (abbaye de), 91, 150.
Mauléon (château de), 61, 66.
Mayence, 155.
Mayence (archevêque de), 166-168, 175, 216.
Melun, 49, 101, 110.
Mende (évêque de), 138, 235.
Meuse (rive gauche de la), 155.
Meyrargues, 358.
Michelet, 238.
Midi, 325.
Midi de la France, 12, 58, 82, 83, 349, 356, 377, 378.
Milan, 324.
Moïse, 189.
Mongols, 252, 253, 262, 270.
Mons-en-Pevèle (bataille de), 169.
Montech, 379.
Monteux, 311, 341.
Montfaucon (prieur de), 80, 82.
Montmajour, 225.
Montpellier, 48, 53, 97, 254, 347.
Mont Ventoux, 350.
Mouche, financier, 39, 40.

Namur, 174.
Namur (comte de), 170.
Naples, 364.
Naples (roi de), 209, 217, 267.

Napoléon Orsini, cardinal, 20, 21, 24, 25, 38, 41-44, 49, 129, 162, 197, 223, 311, 348, 359, 364.
Narbonne, 282, 354.
Narbonne (archevêque de), 118, 126, 138, 146, 150.
Narbonne (province de), 134.
Narbonne (vicomte de), 111.
Narni, 355.
Navarre (roi de), 64, 66, 115, 177, 285.
Nègrepont (côte de), 277.
Nevers, 58.
Nevers (comte de), 111, 330, 333.
Nicolas Boccasini, 10. Voir aussi Benoît XI.
Nicolas IV, 18, 78, 80, 254.
Nicolas de Fréauville, cardinal, 53, 198, 215, 223, 244, 319, 332-334, 360, 366, 373, 375-377.
Nicolas de Prato, cardinal, 19, 21, 26, 27, 43, 131, 161, 162.
Nicolas de Verulis, 182.
Nicolas le Lorgne, maître de l'Hôpital, 262.
Nil, 256.
Nîmes, 9.
Nimfa, 41.
Noffo Dei, 81.
Nogaret (Guillaume de), 9, 11-17, 22, 23, 50, 51, 62, 66, 69-73, 82, 84, 88, 90-93, 110, 111, 113, 126-129, 133, 141, 142, 177, 178, 180-187, 189, 191-201, 215, 218-222, 224-226, 244, 268, 269, 271, 316, 319, 321, 337, 338, 340, 360, 370-372, 378.
Nogaret (fille de), 129.
Nord de la France, 119, 151, 152.
Nord-Est de la France, 151, 152.
Normandie, 354.
Normandie (précepteur de), 250.
Notre-Dame de Paris (assemblée de), 8.
Notre-Dame de Paris (chapitre de), 93.
Notre-Dame de Paris (église de), 319, 320.
Notre-Dame du Pré (prieuré de), 310.
Nouaillé, 351.

Occident, 158, 267.
Olivier de Penna, 250.
Ombrie, 40.
Orient, 62, 241, 253, 256, 260, 262, 266, 271, 275-277, 283, 337-339.
Orléans, 29, 54.
Orléans (écoles d'), 29.
Orléans (évêché d'), 361.
Orléans (évêque d'), 127.
Orsini, 15.
Ostie (évêque d'), 324.
Ostrevent 152.
Otton, comte palatin de Bourgogne, 152-154.
Otton de Grandson, 155, 227, 228, 230.
Otton, margrave de Brandebourg, 166.
Outre-Mer (pays d'), 281.
Outre-Mer (précepteur d'), 250.
Oxford, 286.

Palais (jardin du), 93.
Palatin (comte), 164.
Palestine, 76, 267.
Palestrina, 52.
Palma, 255.
Pamiers, 14.
Pamiers (évêque de), 4.
Paris, 22, 27, 28, 30, 53, 60, 87, 93, 96, 99, 101, 102, 110, 135, 137, 139, 143, 153, 168, 169, 177, 204, 228, 234, 236, 237, 239, 253, 255, 286, 319, 339, 362, 376.

Paris (diocèse de), 137.
Paris (église de), 54.
Paris (évêque de), 136, 140, 145, 180, 362.
Paris (moulin à vent de), 147.
Paris (official de), 22.
Paris (prévôt de), 81, 93, 320.
Paris (Temple de), 75, 80, 92, 96.
Paris (université de), 98, 106, 107, 110, 122.
Parme, 49.
Pena Savordona, 358.
Pépin, chroniqueur, 26.
Perbois, 358.
Périgord (comte de), 111.
Périgord (comtesse de), 344.
Périgord (sénéchal de), 34.
Périgueux, 58.
Pérouse, 11, 15, 18, 22, 39, 40, 48, 49, 69, 71, 207, 364.
Pérouse (conclave de), 82.
Pérouse (magistrats de), 24.
Pérugins (les), 18, 24, 42.
Perrens, 162.
Pessac, 346.
Philippe-Auguste, 75, 217.
Philippe III, le Hardi, 59, 118, 156.
Philippe III, le Hardi (veuve de), 168.
Philippe de Marigni, 139, 146, 148, 361, 362.
Philippe de Vohet, 140, 147.
Philippe le Long, 266, 271, 328, 329.
Philippe, prince de Tarente, 277, 322.
Pierre Barrière, 160, 328, 329, 335, 361.
Pierre Colonna, cardinal, 14, 26, 41, 52, 73, 134, 138, 189, 198, 203, 223, 359, 360.
Pierre d'Aquilée, cardinal, 198.
Pierre d'Aspelt, archevêque de Mayence, 155, 165, 216, 347.

Pierre de Belleperche, évêque d'Auxerre, 13, 46, 91, 361.
Pierre de Blanot, 205.
Pierre de Boulogne, 143, 148.
Pierre de Broc, 181.
Pierre de Cambrey, 46.
Pierre de Chambonnet, 149.
Pierre de Galard, 181, 189, 205, 226.
Pierre de Grès, 361.
Pierre de Guarda, 347.
Pierre de la Chapelle, cardinal, 29, 54, 62, 68, 72, 99, 123, 124, 172, 174, 215, 218, 219, 239, 359, 360, 378, 379, 381, 382.
Pierre de Laon, chanoine de Paris et d'Orléans, 361.
Pierre de Latilli, 47, 171, 203, 204, 361.
Pierre de Parai, 11.
Pierre d'Etampes, 38.
Pierre de Sabine, cardinal, 184.
Pierre de Savoie, archevêque de Lyon, 177, 321.
Pierre de Villeblouain, sénéchal du Poitou et de Limoges, 65.
Pierre Dubois, 78, 79, 83, 108, 109, 113, 157-159, 199, 244, 248, 263, 264, 266, 269, 271, 298, 305, 334, 340, 363, 365.
Pierre Flotte, 9, 14, 199.
Pierre l'Espagnol, cardinal, 18-20, 43, 44.
Pierre Murrone, 332.
Pierre Olive, 366.
Pise, 257, 269, 282.
Plaisance, 322.
Plaisans (Guillaume de), 13, 66, 89, 93, 113, 115, 116, 118-121, 124-126, 128, 130, 133, 141, 150, 181, 183, 185, 187, 191-194, 196, 200, 203, 205, 206, 226, 244, 322, 360, 371.
Poli (château de), 41.
Poissi, 28, 170.

Poitiers, 64-68, 70, 71, 84, 85, 88-90, 93, 99, 101, 105, 111, 113, 114, 119, 124, 126, 128, 131-134, 136, 138, 145, 156, 160, 163, 166, 167, 177, 179, 202, 204, 206, 238, 240, 243, 256, 275, 276, 278, 312, 346, 349, 380.
Poitiers (comte de), 334.
Poitiers (évêché de), 109.
Poitiers (évêque de), 352.
Poitiers (official de), 238.
Poitou (précepteur de), 250.
Polignac (vicomte de), 111.
Ponsard de Gisi, 137.
Pontoise, 150, 176, 177.
Pontoise (parlement de), 150.
Portugal, 249, 263.
Portugal (roi de), 94.
Pouille, 282.
Prémontré (ordre de), 256.
Prouille (monastère de), 48.
Provence, 158, 274, 282, 316, 352.
Provence (comté de), 209, 322.
Provence (précepteur de), 250.
Provence (prélats de), 285.

Quatrevaux, 154.

Rabanis, 23, 369.
Rabban Çauma, 270.
Raimbaud de Caron, précepteur d'outre-mer, 132, 133.
Raimond de Fargues, cardinal, 342, 354.
Raimond de Got, cardinal, 53, 61, 68, 109, 115, 164, 172, 203, 205, 354, 359, 360, 365, 366.
Raimond Guillaume de Budos, 342, 355, 357, 358.
Raimond Guillaume de Entiença, 43.
Raimond Lulle, 78, 254, 255, 260, 261, 286, 339.

Rascie, 202.
Ray .ouard, 236.
Reims, 291-293.
Reims (archevêque de), 68, 206.
Reims (province de), 112, 140, 149.
Renan, 22, 36, 368.
Renaud de Provins, 143, 148.
Renaud de Roye, 92.
Renaud de Supino, 11, 15, 72, 180, 181, 185, 224.
Renaud la Porte, évêque de Limoges, 138.
Rhin, 158.
Rhin (comte palatin du), 164, 168, 329.
Rhin (région du), 155, 361.
Rhin (rive gauche du), 154.
Rhodes, 83, 86, 254, 340.
Rhône, 175, 178, 216, 281, 350.
Rhône (rive droite du), 341.
Rhône (rive gauche du), 341, 348.
Rhône (vallée du), 208, 209.
Richard Cœur de Lion, 77, 261.
Richard de Cornouailles, 156.
Richard de Gambertesa, 322, 323.
Richard Petroni, de Sienne, cardinal, 19, 21, 25, 184, 251.
Rieti, 355.
Robert, cardinal, 18, 20, 21, 44, 49.
Robert d'Artois, 152.
Robert de Béthune, comte de Flandre, 55, 67, 202, 205.
Robert de Naples, 107-209, 321-324, 326, 327, 329, 331, 334, 358.
Robert de Salerne, 227.
Robert Viger, 137.
Rocamadour, 225.
Roccafort, 276, 277.
Rodez (évêque de), 281.
Rodolphe de Habsbourg, roi des Romains, 152, 153, 157.
Rodolphe, fils d'Albert d'Autriche, 154.
Rodolphe, comte palatin du Rhin, 163, 167.

Roger, fils de Roger de Loria, 259.
Romain (sénat), 210, 219.
Romains, 210.
Romains (roi des), 152, 155, 156, 167, 167, 168, 170, 171, 175, 191, 207, 210, 212, 219, 227, 223, 230, 233, 262, 322-324, 327.
Romanie, 284, 285.
Rome, 7-11, 14, 19, 36, 37, 41, 42, 75, 114, 129-131, 191, 193, 208, 210-212, 226, 255, 286, 322-424' 326, 350, 353, 363, 364, 368.
Rome (campagne de), 41, 71, 224, 355, 358.
Rome (cour de), 280, 348.
Rome (église de), 45.
Roquemaure, 213, 214, 341, 342.
Rosette, 252.
Rouad (île de), 253.
Rouen, 53, 288-290, 292, 203, 310, 354.
Rouen (archevêché de), 365.
Rouen (archevêque de), 230, 235, 240.
Rouen (bailli de), 143.
Rouen (province de), 119, 111, 140.

Sabine (évêque de), 242, 324.
Saint-André de Bordeaux (église), 350.
Saint-Antoine, 147.
Saint-Augustin (ermites de), 281.
Saint-Benoît (moines de), 145.
Saint-Bertrand de Comminges, 31, 53, 349.
Saint-Bertrand de Comminges (église), 350.
Saint-Caprais (église), 26.
Saint-Denis, 188.
Saint-Denis (abbé de), 68, 206.
Saint-Denis (chronique de), 142.
Saint-Denis (monastère de), 55.
Saint-Emilion, 34.

Saint-François d'Assise, 365.
Saint-Jacques de Compostelle, 225.
Saint-Jean d'Acre, 76, 252, 266, 270, 338.
Saint-Jean d'Angéli, 27, 161.
Saint-Jean de Latran (église), 334, 350.
Saint-Pierre de Poitiers (église), 351.
Saint-Jean in Venere, au diocèse de Chieti (monastère de), 189.
Saint-Just, 48, 58.
Saint-Just (château de), 177.
Saint-Just (église de), 49.
Saint-Lazare (ordre de), 78.
Saint-Louis, 46, 55, 78, 118, 252, 261, 298, 305, 302.
Saint-Médard de Soissons (abbé de), 138, 212, 313, 223, 226, 227, 361.
Saint-Papoul (abbé de), 380.
Saint-Pierre, 120.
Saint-Pierre de Rome (église), 210, 324.
Saint-Pierre, au diocèse de Tarbes (monastère de), 288, 289, 291.
Saint-Pierre (siège de), 45.
Saint-Pol (comte de), 36, 203, 244.
Saint-Salvi d'Albi (chapitre de), 378.
Saint-Séverin d'Aire (monastère de), 52.
Saint-Séverin de Bordeaux (église de), 52.
Sainte-Cécile d'Albi (chapitre de), 378.
Sainte-Croix de Bordeaux (abbaye de), 32, 52.
Sainte-Geneviève de Paris (monastère de), 139.
Sainte-Marie du Mont-Carmel (ordre de), 281.
Sainte-Marie d'Uzeste (église), 342, 343, 350.
Saintonge, 45.

Saladin, 142.
Salamanque. 285.
Salomon, 49.
Salzbourg (concile de), 78
Sanche IV, fils d'Alphonse, roi de Castille, 263.
Sardaigne (royaume de), 263.
Sarrasins, 117, 121, 141, 249, 254-257, 263, 269, 280, 284, 309, 338-340.
Savoie, 152, 158.
Savoie (comte de), 153, 174, 227, 228.
Savoie (comté de), 151, 178.
Saxe, 166, 168.
Schottmüller, 81, 85, 87, 101, 123, 235.
Schwalm (J), 327.
Sciarra Colonna, 15, 224.
Selva Molle (château de), 41.
Senlis, 375.
Senlis (évèque), 68, 206, 329.
Sens, 239-291, 293.
Sens (archevêché de), 139, 145, 361.
Sens (archevêque de), 127, 148, 310.
Sens (province de), 135, 140, 145, 149, 295, 310.
Sens (concile de la province de), 146.
Serbie, 276.

Sicile, 79, 263, 276, 278, 282, 326, 327.
Sicile (roi de), 39, 72, 94, 115, 202, 207, 208, 217, 316, 324.
Sienne, 351.
Simon de Marville, 171.
Simon, cardinal-évêque de Palestrina, 30, 138.
Soissons (évêque de),
Soudan, 255, -258, 334, 338, 339.
Soule, 50.

Spire, 170.
Spirituels, 341.
Spolète (duché de), 355.
Squiu *de Floyrano*, 81..
Staggia (château de), 40.
Strigonia (évêque de), 192.
Sud de la France, 151.
Sud-Ouest de la France, 67, 152, 348, 349, 354, 368.
Syrie, 252, 255-257, 267, 340.

Tarente (prince de), 336.
Tarragone (province de), 246.
Tartares, 256, 257, 261, 269, 270.
Tartares (roi des),
Tadiolo, 351.
Tauro (maître), 351.
Temple, Templiers, 57, 66, 74-79, 91-95, 98-123, 125-135, 137-140, 142-149, 163, 179, 196, 200, 201, 204, 216, 218, 222, 232, 234, 237-250, 252, 253, 259, 260, 264, 266-269, 271, 278, 283-285, 311, 313, 315-317, 319, 341, 353, 360, 363, 366-372, 395.
Temple (maître du), 258, 261. Voir aussi Jacques de Molai.
Térouanne, 290, 291, 293.
Térouanne (évêque de), 203, 208.
Terre Sainte, 75, 78, 85-88, 101, 107, 116, 117, 119, 122, 125, 158-160, 204, 219, 222, 225, 241, 243, 244, 247, 248, 252, 253, 258, 259, 262, 265, 266, 268, 270-274, 278, 279, 281, 283, 315, 328, 329, 332-335, 340, 373.
Teutoniques, 74, 78, 103, 241, 248, 268.
Théodoric Rainieri, cardinal, 19, 20, 44.
Thessalonique (royaume de), 275.
Thibaut de Bernazo d'Anagni, 181.
Thibaut de Chépoi, 276, 277.
Thomas de la Moor, 182.

Thomas d'Ocrea, cardinal, 198.
Thomas Jorz, cardinal, 52, 359, 366.
Todi, 355.
Tolède, 255.
Tolomeo de Lucques, 220.
Toscane, 40, 162, 210.
Toscane (patrimoine de), 355.
Tosti (Luigi), 368.
Toul, 154.
Toulouse, 63, 64, 81, 134, 289, 346, 355, 378.
Toulouse (évêché de), 109.
Toulouse (évêque de), 11, 54, 376.
Toulouse (sénéchal de), 376.
Touraine (clergé de), 301, 302.
Tournai, 289, 291-293.
Tournai (église de), 54.
Tournai (évêque de), 203, 209.
Tours, 63, 64, 111, 112, 114, 127, 243, 292, 293, 295, 346.
Tours (archevêque de), 301.
Tours (bourgeois de), 304.
Tours (cathédrale de), 302.
Tours (église de), 20.
Tours (province de), 135, 295, 298, 301, 310.
Trèves, 361.
Trèves (archevêché de), 156.
Trèves (archevêque de), 169, 327, 329.
Trévise, 10.
Tripoli, 259, 338.
Troyes, 95, 127.
Tunisie, 252.
Turcs, 249.
Turenne (vicomte de), 111.
Tusculum (évêque de), 242.

Ucclès (ordre d'), 241.
Uguccio, évêque de Novare, 230.
Urbain IV, 18.
Urbin, 355.
Urosch, roi de Serbie, 276.
Uzeste, 28, 343, 348, 358.
Uzeste (église d'), 305, 349.

Val d'Aran, 62, 276.
Valence, 351.
Valence (évêque de), 246.
Valenciennes, 152, 168.
Valois (comte de), 203.
Vasari, 350.
Vaucouleurs, 154.
Vauvert (Notre-Dame de), 225.
Venise, 158, 257, 264, 269, 274, 277, 282.
Venise (doge de), 167, 339.
Vénitiens 256, 274-276, 340, 353.
Verdun, 325.
Verdun (évêque de), 156.
Vérune (château de la), 58.
Vienne, 47, 48, 57, 102, 132, 138, 232, 234, 237-329, 242-244, 254, 259, 273, 274, 286, 295, 298, 301, 306, 310-312, 314, 316, 321, 322, 333, 346, 349, 351, 360, 370, 373, 381.
Vienne (dauphin de), 158, 158.
Vienne (province de), 216.
Vienne (royaume de), 229.
Villalier, 48.
Villandraut, 28, 346, 348, 350.
Villani, 21, 25-28, 43, 80, 81, 161, 162, 233, 250, 251, 344, 345, 360, 367.
Vincennes, 153.
Viterbe, 19.
Vivarais, 156.
Viviers, 48, 325.
Viviers (évêque de), 112, 156, 281.

Wenceslas de Bohême, 185.
Wenck (C), 31, 52, 166-168, 173-175, 272, 331, 362.

Ypres, 67.
Ythier de Nanteuil, prieur de l'Hôpital, 39, 40.

TABLE DES MATIÈRES

Avertissement		5
Ch. I.....	Retour sur Benoît VI	7-17
Ch. II....	L'élection de Clément V	18-44
Ch. III...	Le Pape et le Roi de 1305 à 1307	45-73
Ch. IV...	Le procès des Templiers	74-150
Ch. V....	L'élection au trône d'Allemagne et le procès de Boniface VIII	151-231
Ch. VI...	Le concile de Vienne	232-314
Ch. VII..	Le Pape et le Roi de 1312 à 1314	315-343
Ch. VIII.	Conclusion	344-373
Excursus:	Le Pape, le Roi et l'Inquisition avant le procès des Templiers	375-382
Index des noms propres		383-398

www.ingramcontent.com/pod-product-compliance
Lightning Source LLC
Chambersburg PA
CBHW071911230426
43671CB00010B/1567